La pauvreté non monétaire et les inégalités de santé au Cameroun

Collection « Études africaines »

dirigée par Denis Pryen et son équipe

Forte de plus de mille titres publiés à ce jour, la collection « Études africaines » fait peau neuve. Elle présentera toujours les essais généraux qui ont fait son succès, mais se déclinera désormais également par séries thématiques : droit, économie, politique, sociologie, etc.

Dernières parutions

Samba DIOP, *La diaspora africaine en Norvège. Immigration et intégration en Europe*, 2020

Barthélemy MAHOUKOU et Nadège OKEMY ANDISSA, *Formation qualifiante et évaluation de stage au Congo Brazzaville. Constats et perspectives*, 2020.

Gaston MBEMBA-N'DOUMBA, *Femmes et petits commerces du fleuve Congo entre Brazzaville et Kinshasa*, 2020.

Ernestine Antoinette NGO MELHA, *Inclusion scolaire des élèves en situation de handicap en France et au Cameroun*, 2020.

Julien Coomlan HOUNKPÈ, *Le droit de la preuve dans l'espace OHADA*, 2020

Michael AKINPELU, *La langue française au Nigéria. La difficile intégration,* 2020.

Mohamed HARAKAT, *La nouvelle diplomatie économique en Afrique. Paradigmes et modèles*, 2020

Olo SIB PALÉ, *Au cœur d'une administration douanière africaine. Douane en action*, 2020.

Jean KOUFAN MENKÉNÉ, René BIDIAS, *La diplomatie camerounaise au service du nouvel ordre économique international. 1960-1981*, 2020.

Chrysostome CIJIKA KAYOMBO, *Histoire de la pédagogie. Lumière sur la pédagogie traditionnelle africaine*, 2020.

Olo Sib PALE, *Au cœur d'une administration douanière africaine*, 2020.

Thalès DJIMRASSEM et Reoular NDIGMBAYEL, *Pour une éducation à la paix et au développement au Tchad,* 2020. Firmin Marius Olivaint NYAMA (coord.), *La violence au Gabon*, 2020.

Eric Patrick FEUBI PAMEN

La pauvreté non monétaire et les inégalités de santé au Cameroun

Avant-propos de Prof. Augustin Kwasi FOSU

Préface de Prof. Jacques Gabriel SILBER

Post-face de Prof. Adebayo OLUKOSHI

L'Harmattan

5-7, rue de l'École-Polytechnique ; 75005 Paris

http://www.librairieharmattan.com

ISBN : 978-2-343-17737-3
EAN : 9782343177373

« ...Connaissance créée et non transmise devient stérile et risque de disparaître ; connaissance créée et transmise doit être mise au service de la communauté pour contribuer au renforcement de l'efficacité, de l'équité, de la préservation de l'écosystème et du respect total de la liberté..... »

Conclusion du Discours du Professeur Camilo Dagum (Université de Bologne) lors de la cérémonie d'attribution du grade de Docteur *Honoris Causa* de l'Université de Montpellier 1, le 2 Juillet 1996.

« L'estomac du riche n'est pas en proportion avec ses désirs, et il ne contient pas plus que celui du villageois grossier. Il est forcé de distribuer ce qu'il ne contient pas plus que celui du villageois grossier. Il est forcé de distribuer ce qu'il ne consomme pas (à ceux qui travaillent pour lui), et tous ceux qui satisfont à ses plaisirs et à son luxe, tirent de lui cette portion des choses nécessaires à la vie, qu'ils auraient en vain attendu de son humanité ou de sa justice (....). Les riches ne consomment guère plus que le pauvre, et en dépit de leur avidité et de leur égoïsme (quoiqu'ils ne cherchent que leur intérêt, quoiqu'ils ne songent qu'à satisfaire leurs vains et insatiables désirs en employant des milliers de bras), ils partagent avec le dernier manœuvre le produit des travaux qu'ils font faire..... »

Adam Smith, (1759), « Théorie des sentiments moraux ».

AVERTISSEMENT

DEDICACE

C'est pour moi, un réel motif de satisfaction que de dédier l'accomplissement de cet autre effort à mes nièces Camille Maya et Maélys Chéryl, à mes neveux ; Ryan Landry, Marc Alexandre, Arnaud Mathew, William Andrew et Adrien Lincoln, ainsi qu'à Christelle, Thierry et Carole en souvenir à notre enfance à Bafoussam dans l'Ouest-Cameroun. Je n'oublie pas *Mafo Napse* Carèle Guilaine.

REMERCIEMENTS

Au moment où nous arrivons au terme de ce travail de recherche, mes remerciements vont à l'endroit de toutes les personnes ressources, tous les chercheurs du Laboratoire d'Analyses et de Recherche en Economie Mathématique (LAREM) de l'UY II-Soa et d'ailleurs, tous mes proches dont les critiques, l'apport multiforme et inconditionnel ont permis d'améliorer la qualité de ce travail. Que tous ceux que je n'ai pas nommément cités trouvent ici l'expression de ma profonde et constante gratitude.

Sommaire

LISTE DES SIGLES ET ABREVIATIONS

ACG	Analyse Canonique Généralisée
ACM	Analyse en Correspondances Multiples
ACP	Analyse en Composantes Principales
AFC	Analyse Factorielle des Correspondances
BIT	Bureau International du Travail
BM	Banque Mondiale
BUCREP	Bureau Central des Recensements et des Etudes de Population
CFA	Communauté Financière Africaine
CMA	Centre Médical d'Arrondissement
CNLS	Comité National de Lutte contre le Sida
COPA	Consistance Ordinale sur le Premier Axe factoriel
CPC	Centre Pasteur du Cameroun
CSI	Centre de Santé Intégré
DAD	*Distributive Analysis*-Analyse Distributive
DHS	*Demographic Health Survey*
DSCE	Document de Stratégie pour la Croissance et l'Emploi
DSCN	Direction de la Statistique et de la Comptabilité Nationale
DSRP	Document de Stratégie pour la Réduction de la Pauvreté
ECAM II	Deuxième Enquête Camerounaise Auprès des Ménages réalisée en 2001
ECAM III	Troisième Enquête Camerounaise Auprès des Ménages réalisée en 2007
EDSC I	Première Enquête Démographique et de Santé au Cameroun réalisée en 1991
EDSC II	Deuxième Enquête Démographique et de Santé au Cameroun réalisée en 1998
EDSC III	Troisième Enquête Démographique et de Santé au Cameroun réalisée en 2004
EDSC IV	Quatrième Enquête Démographique et de Santé au Cameroun réalisée en 2011
EDSC-MICS 2011	Enquête Démographique et de Santé et à Indicateurs Multiples du Cameroun réalisée en 2011
E.M.E	Economie Mathématique et Econométrie
Euro	Monnaie unique européenne
ESPS	Enquête Santé et Protection Sociale
FAO	Food and Agricultural Organization
F.E.I	Food Energy Intake
FGT	Foster Greer Thorbecke
FNUAP	Fonds des Nations Unies pour la Population
F.S	Formation Sanitaire
F.S.E.G	Faculté des Sciences Economiques et de Gestion
GIC	Groupe d'Initiative Commune
G.P.E	Gestion de la Politique Economique

GSE	Groupe Socio-Economique
ICP	Indice Composite de Pauvreté
IDH	Indice de Développement Humain
INS	Institut National de la Statistique du Cameroun
IPC	Indice des Prix à la Consommation
IPH	Indice de Pauvreté Humaine
LAREM	Laboratoire d'Analyses et de Recherches en Economie Mathématique
MICS	*Multiple Indicators Cluster Survey* (Enquête par Grappe à Indicateurs Multiples)
MICS3	*Third Multiple Indicators Cluster Survey* (Enquête par Grappe à Indicateurs Multiples de troisième génération réalisée en 2006)
MINEPAT	Ministère de l'Economie de la Planification et de l'Aménagement du Territoire
Mn	Minute
OCDE	Organisation pour la Coopération et le Développement Economique
ONG	Organisation Non Gouvernementale
OMD	Objectifs du Millénaire pour le Développement
OMS	Organisation Mondiale de la Santé
PAS	Programme d'Ajustement Structurel
PCS	Profession et Catégorie Socioprofessionnelle
PD	Pays Développés
PED	Pays En Développement
PIB	Produit Intérieur Brut
PNUD	Programme des Nations Unies pour le Développement
PPA	Parité de Pouvoir d'Achat
PRI	Pays à Revenu Intermédiaire
RGPH	Recensement Général de la Population et de l'Habitat
SIDA	Syndrome de l'Immuno-Déficience Humaine
SPAD	Système Pour l'Analyse des Données
SPSS	Statistical Package for the Social Sciences
UEMOA	Union Economique et Monétaire Ouest Africaine
UFD	Unité de Formation Doctorale
UNICEF	Fonds des Nations Unies pour l'Enfance
UPS	Unités Primaires de Sondage
USA	Etats-Unis d'Amérique
USAID	Agence des Etats-Unis pour le Développement International
UY II	Université de Yaoundé II
VIH	Virus Immuno Humain
ZD	Zone de Dénombrement

LISTE DES TABLEAUX

LISTE DES FIGURES

AVANT-PROPOS

Le présent ouvrage est extrait de la version révisée de la thèse de Doctorat/PhD d'Economie Mathématique et Econométrie de l'auteur, soutenue à l'Université de Yaoundé 2-Soa au Cameroun. Cette révision se justifie par les remarques formulées par le jury de soutenance d'alors.

Les questions d'inégalités, de répartition des revenus et de fortune et d'accumulation des richesses ont toujours été au centre des préoccupations des Economistes et des Décideurs. Pendant longtemps et notamment au 18e siècle, les analyses de la pauvreté et des inégalités mélangeaient des arguments qui relèvent indistinctement de la morale, de la philosophie politique, de l'ordre public, ou de la charité. Dit autrement, l'analyse de la pauvreté et des inégalités n'est pas une question essentiellement économique. On peut le remarquer à partir de Bernard Mandeville dans sa « Fable des abeilles» de 1714 ou même de Jean-Jacques Rousseau dans son « Discours sur l'origine de l'inégalité » en 1755.

Toutefois, en 1896 Vilfredo Pareto préconisait déjà un lissage de la distribution des revenus au détriment des plus élevés et en faveur des plus faibles. En 1936, dans le chapitre 24 du livre 6 de sa «Théorie générale de l'emploi, de l'intérêt et de la monnaie», John Maynard Keynes n'hésite pas à conclure que sa conception du fonctionnement des Economies de marché justifie une réduction sensible des inégalités arbitraires et inéquitables qui caractérisent la distribution des revenus et la répartition des fortunes au sein du monde dans lequel il vit. Ces prises de position permettent de comprendre que la réflexion sur la mesure des inégalités a toujours constitué l'un des thèmes de recherche privilégiés des Economistes. En outre, la réduction de la pauvreté et des inégalités est depuis quelques années un objectif prioritaire des politiques dans les Pays en Développement notamment dans les pays d'Afrique Subsaharienne où l'inégalité est l'une de leurs caractéristiques structurelles depuis les premiers bilans sociaux des Programmes d'Ajustement Structurel des années 1980. A cela on peut ajouter les difficultés d'atteindre les Objectifs du Millénaire pour le Développement récemment remplacés par les Objectifs de Développement Durable. A cet égard la réduction de la pauvreté et des inégalités dans l'accès aux soins de santé constitue à la fois une préoccupation majeure et un défi pour le Cameroun qui implémente depuis sa 2009 sa Stratégie pour la Croissance et l'Emploi (DSCE). Le

DSCE est par ailleurs mis en œuvre dans un contexte marqué par le renchérissement du coût de la vie au niveau national, l'accroissement des inégalités, le faible accès aux soins de santé de qualité et la poursuite des méfaits des crises de la décennie 2000 (alimentaire, énergétique, climatique, financière) au niveau mondial.

Les récentes enquêtes sur les conditions de vie des ménages camerounaises (ECAM, EDS-MICS) révèlent, entre autres choses, une stabilité du taux de pauvreté monétaire autour de 40% et que le recours des populations à des structures de santé informelles est plus prononcé chez les pauvres que les non pauvres. Ainsi qu'une faible accessibilité des pauvres aux ambulances et moyens de transports modernes, de longues attentes et le manque de médicaments dans les formations sanitaires, inefficacité des traitements, racket des malades, , etc.). Par ailleurs, les inégalités sociales de santé sont constatées tout le long de l'échelle sociale et ne concernent pas seulement les plus défavorisés, même si ces derniers sont les plus affectés. La relation entre l'inégalité économique et la santé des populations est donc d'un intérêt croissant et il y'a une forte corrélation entre les inégalités économiques et la santé. De plus, les sources d'inégalités de santé peuvent être relatives à l'individu ou à son environnement social. Enfin, la question de l'accès équitable aux soins de santé est liée aux stratégies plus larges de politiques sociales, spécialement les mesures d'éradication de la pauvreté et de promotion du bien-être social. La pauvreté et les inégalités sont tellement répandues que l'on peut dire qu'il s'agit d'un domaine dans lequel la politique menée après les indépendances dans la plupart des pays africains comme le Cameroun a très tôt connu des échecs. Les rapports des enquêtes conduites au Cameroun entre 2001 et 2007, se sont intéressés, particulièrement, à des aspects monnaie-métriques de la pauvreté. Cet ouvrage de Monsieur **Eric Patrick Feubi Pamen** s'appesantit donc d'une part sur les aspects non monétaires de la pauvreté sur cette période. D'autre part et par ailleurs, malgré leur importance, on passe souvent à côté des inégalités de santé car la pratique habituelle consiste à collecter et à analyser les données de manière à produire des moyennes pour l'ensemble de la population. Il ressort de ce constat que la nature du lien entre pauvreté non monétaire et inégalités de santé est controversée. La question centrale à laquelle répond cet ouvrage est donc celle de savoir quelle est la relation entre la pauvreté non monétaire et les inégalités de santé au Cameroun. De manière spécifique, quelle est la tendance de la pauvreté non monétaire au Cameroun? Quelle est la répartition des inégalités de santé au

Cameroun? L'objectif général de cette recherche menée par Monsieur **Eric Patrick Feubi Pamen** est de mettre en évidence la relation entre la pauvreté non monétaire et les inégalités de santé au Cameroun.

Cette étude est d'un intérêt scientifique du fait de la robustesse de l'analyse en matière de pauvreté non monétaire et d'inégalités de santé où deux techniques sont respectivement simultanément utilisées, l'Analyse en Correspondances Multiples (ACM) et la dominance stochastique pour la pauvreté non monétaire et l'entropie généralisée et la décomposition en sous-groupes pour les inégalités de santé. Sur le plan pratique, cette étude permet aux décideurs de connaître l'évolution de la pauvreté non monétaire et également d'avoir une idée de la structure des inégalités de santé au Cameroun et d'accompagner l'élaboration et la mise en œuvre des politiques publiques.

Il ressort de cette étude qu'entre 2001 et 2007, la pauvreté non monétaire s'est aggravée en zone rurale. En 2007, la pauvreté non monétaire en zone urbaine connait une augmentation chez les ménages initialement pauvres et chez ceux qui étaient classés comme non pauvres en 2001. Globalement, quel que soit le seuil de pauvreté fixé, quel que soit l'indice retenu parmi la classe d'indicateurs d'ordre 1, la pauvreté non monétaire au Cameroun tend à être un phénomène davantage rural. Quant aux inégalités de santé, l'auteur montre qu'elles sont beaucoup plus le fait des inégalités intra-groupes et ces disparités restent élevées en zone urbaine et à l'intérieur du groupe des ménages dirigés par les hommes. Les dépenses de consultations médicales se présentent comme l'une des principales causes des disparités en termes de santé.

En somme, cet ouvrage recommande aux Pouvoirs Publics des actions spécifiques en faveur des zones rurales, notamment en ce qui concerne le renforcement de leurs capacités de production, afin d'accroitre le pouvoir d'achat des populations rurales pour leur permettre d'acquérir un certain nombre d'équipements de confort dont la non possession traduit la pauvreté non monétaire. Il faudrait aussi, améliorer la qualité de l'offre des services de santé et rendre disponible et à moindre coût les médicaments essentiels, vaccins et consommables, ainsi que des tests de laboratoire à tous les niveaux de la pyramide sanitaire. Car le coût parfois élevé des services de santé ralentit significativement la lutte contre certaines maladies prioritaires comme le paludisme ou le VIH/SIDA. Des mesures spécifiques devraient aussi être prises en ce qui concerne l'offre d'habitat adéquat, l'accès aux infrastructures sociales de base en milieu de résidence rural et l'accès des populations aux formations sanitaires, à l'eau potable, à l'électricité, et aux moyens de communication.

Au final, cet ouvrage vient ainsi davantage meubler la littérature existante sur l'Economie du Bien-Etre et montre à suffisance l'importance qu'il y'a en termes de robustesse des résultats, à étudier la pauvreté sous l'angle non monétaire et parallèlement aux inégalités de santé. Surtout dans l'actuel contexte marqué des réflexions pour une croissance économique inclusive et durable et une prospérité partagée.

FOREWORD

This book is extracted from the author's doctorate / PhD dissertation in Mathematical Economics and Econometrics, defended at the University of Yaoundé 2-Soa in Cameroon. It focusses on the important well-being issues involving non-monetary poverty and health inequalities in an African country. It not only nicely contributes to understanding these critical issues, but also provides the basis for informing policy, which should indeed engender lessons beyond Cameroon.

The questions of inequality, distribution of income and wealth, as well as accumulation of wealth, have always been at the center of the concerns of economists and decision-makers. For a long time, especially in the 18th century, the analysis of poverty and inequality was often indiscriminately related to morality, political philosophy, public order, or charity; hence, it was not an essential economic question per se. This treatment can be seen from, for instance, Bernard Mandeville in his "Bee Fable (*Fable des abeilles*)" in 1714, and from Jean-Jacques Rousseau in his "Discourse on the Origin of Inequality (*Discours sur l'origine de l'inégalité*)" in 1755.

In 1896, however, Vilfredo Pareto advocated the need to redistribute income from the rich to the poor. Furthermore, in chapter 24 of his 1936 book, "General Theory of Employment, Interest and Money", John Maynard Keynes did not hesitate to conclude that his conception of the functioning of market economies justified an appreciable reduction in the arbitrary and inequitable inequalities which characterized the distribution of income and of fortunes in the world in which he lived.

Since then, the measurement and analysis of inequalities have been among the main research themes for economists. In addition, reducing poverty and inequality has become a key objective of policies in developing countries in recent years, especially in Sub-Saharan Africa where inequality has been among the highest in the world. Indeed, this objective is featured quite prominently in the Millennium Development Goals (MDGs), and also in the more recent Sustainable Development Goals (SDGs).

The reduction of poverty and inequalities in access to healthcare is both a major concern and a challenge for Cameroon which has, since 2009, been implementing its Growth and Employment Strategy Paper (GESP). The GESP is being implemented in a context marked by the rising cost of living at the national level, worsening inequalities, poor access to quality health care, and global challenges of the 2000s involving food, energy, climate, and finance.

Recent surveys on the Cameroonian household's living conditions (CHCS, DHS-MICS) reveal, among other things, that the rate of monetary poverty has remained around 40%, and that the poor visit mostly informal health facilities, compared to the non-poor. The poor have little accessibility to modern facilities, and cannot afford prescribed drugs, etc. Furthermore, social inequalities in health are observed all along the social strata, and do not relate only to the most disadvantaged, even if they are the most affected. The relationship between economic inequality and the health of populations should, therefore, be of great interest. There is a strong correlation between economic inequality and health, while the sources of health inequalities may relate to individuals' conditions and/or their social environment. Finally, the issue of equitable access to healthcare is linked to broader social policy strategies, especially measures to eradicate poverty and promote social well-being. The reports of the surveys carried out in Cameroon between 2001 and 2007 were, however, particularly interested in money-metric aspects of poverty.

The present essay by **Eric Patrick Feubi Pamen,** "Non-Monetary Poverty and Health Inequalities in Cameroon," focuses on the non-monetary aspects of poverty. Despite their importance, health inequalities are often under-estimated, due to the tendency to analyze aggregate data. The central question that this book attempts to answer is: What is the relationship between non-monetary poverty and health inequalities in Cameroon? Specifically, what is the trend of non-monetary poverty in Cameroon, and what is the distribution of health inequalities, and how are these related?

To answer the above questions, the study employs Multiple Correspondence Analysis (MCA) and stochastic dominance for non-monetary poverty, and general entropy for decomposition into sub-groups for health inequalities. From a practical view, this study informs decision-makers about the evolution of non-monetary poverty and the structure of health inequalities in Cameroon, in order to prompt them to support the development and implementation of effective public policies.

The study shows that between 2001 and 2007, non-monetary poverty worsened in rural areas. Over the same period, non-monetary poverty in urban areas also increased in households that were initially poor and even among those who were classified as non-poor in 2001. However, non-monetary poverty in Cameroon tends to be mostly a rural phenomenon, regardless of the index used among the class of first-order indicators. The study shows that health inequalities are mainly the result of intra-group inequalities, which remain high even in urban areas and within the group of households headed by men. Expenditure on medical consultations is observed as one of the main causes of health disparities.

The study recommends to the public authorities specific actions particularly for the rural areas, including strengthening production capacities. It would also be necessary to improve the quality of the supply of health services, and to make available at low cost: essential drugs, vaccines and consumables, as well as laboratory tests at all levels of the health pyramid. Such measures are required, especially given the tendency of the high cost of health services to significantly impede the fight against certain priority diseases, such as malaria and HIV / AIDS. Specific measures, according to the study, should also be taken to improve the supply of adequate housing, access to basic social infrastructure in rural residences, access by the population to health facilities, drinking water, electricity, and the means of communication.

This study, therefore, contributes to the extant literature on well-being economics, at least in the case of an African country. As such, the study constitutes a valuable resource in the current context marked by much concern for inclusive economic growth and shared prosperity. Indeed, the usefulness of this contribution is likely to go beyond Cameroon.

Prof. Augustin Kwasi FOSU

Professor, Institute of Statistical, Social and Economic Research (ISSER)
University of Ghana, Legon, Ghana;
Extraordinary Professor, Faculty of Economic and Management Sciences
University of Pretoria, Pretoria, South Africa; and
Research Associate, Centre for the Study of African Economies (CSAE)
University of Oxford, Oxford, UK

PREFACE

Selon les résultats de l'enquête de l'Institut National de la Statistique (INS) effectuée en 2014-2015 auprès des ménages, le Cameroun n'a pas atteint les objectifs de réduction de la pauvreté que les Nations Unies avaient fixés dans le cadre des Objectifs du millénaire pour le développement (Millenium Development Goals ou MDG's). En fait le nombre de pauvres est passé de 7,1 millions en 2007 à 8,1 millions en 2014, mais le pourcentage de pauvres semble avoir légèrement diminué. L'INS explique comme suit cette forte augmentation du nombre de pauvres: "d'une part une croissance démographique qui se situe à 2,6% en moyenne annuelle, et, d'autre part, une accentuation des inégalités, en termes de consommation des biens et des services entre les pauvres et les non-pauvres".

Ces données sur la pauvreté au Cameroun sont cependant basées sur une approche monétaire de la pauvreté. Suite aux travaux du Prix Nobel Amartya Sen, la tendance aujourd'hui est de considérer la pauvreté comme un phénomène multidimensionnel. En d'autres termes le bien-être d'un individu ne dépend pas seulement de son revenu. Il faut aussi tenir compte de son niveau d'éducation, de sa santé et des caractéristiques de son logement, pour ne citer que quelques-uns des domaines qui déterminent la qualité de vie. C'est donc tout à l'honneur d'**Eric Patrick Feubi Pamen** d'avoir délibérément choisi dans ce livre de mesurer la pauvreté dite non monétaire et d'analyser les inégalités de santé au Cameroun.

Son analyse empirique est basée sur les enquêtes conduites en 2001 et 2007. Pour étudier la pauvreté non monétaire, l'auteur a choisi l'approche de l'Analyse des Correspondances Multiples (ACM). Ayant obtenu un indicateur de pauvreté non monétaire pour chaque ménage, il compare ensuite les résultats obtenus pour chacune de ces deux années, en appliquant la technique de la dominance stochastisque. Cette analyse le conduit à conclure que la pauvreté non monétaire s'est aggravée dans les zones rurales, tandis qu'au niveau national tout dépend des couches sociales considérées.

La seconde partie du livre est consacrée à une analyse des inégalités de santé. L'auteur y examine les dépenses en médicaments, en consultation médicales et en soins personnels, et utilise l'indice de Theil pour mesurer ces inégalités et les décomposer par lieu de résidence et genre du chef de ménage.

Chacune des deux parties de ce livre débute par une excellente revue de la littérature qui démontre que l'auteur domine parfaitement le sujet de ses recherches. La contribution majeure de ce livre est qu'il permet à un lecteur peu au fait des réalités africaines de mieux saisir les disparités économiques et sociales qui peuvent exister dans un pays comme le Cameroun. D'innombrables études ont été publiées durant les quarante dernières années sur la pauvreté et l'inégalité, mais rares sont celles couvrant des pays africains. Le livre d'**Eric Patrick Feubi Pamen** mérite donc toute notre attention.

En fait les deux aspects de la distribution du bien-être qu'il a choisis d'examiner, la pauvreté multidimensionnelle et les inégalités de santé, ont été ces dernières années au centre des préoccupations des économistes s'intéressant aux inégalités. Les outils d'analyse choisis par l'auteur pour examiner ces problèmes ne sont pas les seuls qui existent. Etant données les qualités de chercheur de l'auteur, j'espère que dans le futur il nous présentera d'autres travaux sur le sujet, faisant appel à d'autres techniques, tout en continuant à nous intéresser aux problèmes économiques et sociaux auxquels l'Afrique doit faire face.

Jacques Silber

Professeur Emérite, Université Bar-Ilan, Israel.

PRESENTATION

Eric Patrick FEUBI PAMEN est Economiste Mathématicien Econometre et a effectué des post-doc *research fellowship* [*Luxembourg Institute of Socio-Economics Research* (LISER), Institut Africain de Planification et de Développement Economique (IDEP), etc..]. Il est double lauréat des prix internationaux CEDIMES pour la recherche. Il est diplômé du Centre Africain de Statistique et de la Banque Mondiale en modélisation. Il est Chargé de Mission du réseau académique international CEDIMES et participe régulièrement aux activités d'enseignement et recherche à travers le monde.

RESUME

L'objectif de cet ouvrage est de mesurer et d'analyser la pauvreté non monétaire et les inégalités de santé au Cameroun.

Relativement à l'étude de la pauvreté non monétaire au Cameroun, à l'aide de l'Analyse en Correspondances Multiples (ACM), ce travail de recherche construit un Indice Composite de Pauvreté (ICP) non monétaire. L'analyse de l'évolution de la pauvreté non monétaire, évaluée à partir de l'ICP, est réalisée à l'aide des tests de dominance stochastique. En exploitant les données sur les conditions de vie des ménages camerounais à partir des enquêtes officielles (ECAM II, ECAM III)[1], quel que soit le milieu de résidence, nous présentons un portrait de l'évolution de la pauvreté non monétaire entre 2001 et 2007. Pour analyser les transitions dans la pauvreté en milieu urbain et en milieu rural au Cameroun, nous suivons les trajectoires des ménages dans le temps. Etant donnés divers indicateurs primaires de bien-être des ménages urbains et ruraux, nous mettons en relief un ICP qui résume le bien-être de ces ménages. Le critère principal retenu pour la construction de cet ICP, en ce qui concerne le choix des variables pertinentes, est le critère de Consistance Ordinale sur le Premier Axe factoriel (COPA). Ce critère est une condition nécessaire pour que l'ICP ordonne les ménages en fonction de leur niveau de bien-être. Les résultats montrent que, quel que soit l'indice choisi, l'indicateur primaire de bien-être retenu, et quel que soit le seuil de pauvreté de référence choisi, au plan national la pauvreté non monétaire entre 2001 et 2007 a connu un accroissement pour les ménages initialement les plus défavorisés en 2001. C'est aussi le cas, dans les centres urbains. Quant aux ménages classés comme riches en 2001, ils connaissent aussi une forte entrée dans la pauvreté non monétaire en 2007. La classe des ménages moyens connait au niveau national, comme en milieu urbain, une nette amélioration de sa situation. Par contre le nombre de ménages ruraux en situation de pauvreté non monétaire est plus fort en 2007 qu'en 2001 au Cameroun. On peut donc dire que la pauvreté non monétaire tend à devenir un phénomène rural.

[1] ECAM : Enquête Camerounaise Auprès des Ménages. ECAM I (1996), ECAM II (2001), ECAM III (2007).

En ce qui concerne la mesure et l'analyse des inégalités de santé au Cameroun, nous construisons un indice multidimensionnel d'inégalités de santé à l'aide de la méthode d'entropie généralisée. Du fait de sa propriété de décomposabilité additive, nous décomposons cet indice en sous-groupes par la méthode de Dagum. L'exploitation des données d'enquêtes ECAM II et ECAM III, pour notre analyse en décomposition révèle qu'entre 2001 et 2007, les inégalités de santé sont beaucoup plus le fait des inégalités intra-groupes et ces disparités restent élevées en zone urbaine et à l'intérieur du groupe des ménages dirigés par les hommes. En outre, en 2007, les ménages ruraux et les ménages dirigés par des femmes tendent simultanément, et contrairement à l'année 2001, à réduire les inégalités de santé inter-groupes. Il est à noter que les dépenses de consultations médicales se présentent comme l'une des principales causes des disparités en termes de santé sur notre période d'intérêt. Les inégalités de santé tendraient donc à devenir un phénomène davantage urbain et des ménages dirigés par les hommes.

Les recommandations de politique économique se déclinent en une amélioration de l'accessibilité aux infrastructures sociales de base, aux infrastructures de communication, l'accroissement de l'électrification, de la qualité de l'habitat et de l'offre en eau potable en zone rurale et en zone urbaine, mais surtout en zone rurale. L'Etat pourrait dans le cadre de ses politiques sociales et de la politique sanitaire en particulier, améliorer la qualité de l'offre des services de santé dans les centres urbains et dans les zones rurales parfois difficiles d'accès et rendre disponibles et à moindre coût les médicaments essentiels, vaccins et consommables, ainsi que des tests de laboratoire à tous les niveaux de la pyramide sanitaire aussi bien en zone urbaine qu'en zone rurale.

Mots clés : Pauvreté non-monétaire, Inégalités de santé, Dominance stochastique, Analyse en Correspondances Multiples, Entropie généralisée, Décomposition en sous-groupes, Cameroun.

Classification JEL: C02, C61, C81, D31, D6, I14, I32.

ABSTRACT

This book attempts to investigate on the measure and the analysis of non-monetary poverty and health inequalities in Cameroon.

We focus on the measure and the analysis of non-monetary poverty profiles in urban and rural areas, and all over the whole country. Poverty persistence explains the interest and the stakes of the current study. Using data from the last two Cameroonian's Households Consumption Surveys (CHCS) conducted respectively in 2001 (CHCS II) and in 2007 (CHCS III), our objective is to put on evidence the transition or evolution of non-monetary poverty, without establishing a given poverty line. Having choose this scope for investigation, we built up a non-monetary Poverty Composite Index, from a set of non-monetary household's living conditions indicators, thanks to the Multiple Component Analysis (MCA). And throughout stochastic dominance tests, we compare urban non-monetary poverty profile, rural non-monetary poverty profile and the one of the whole country. Results show that non-monetary poverty has decreased between 2001 and 2007 in urban areas and in the whole country only in middle household's class in Cameroon. For the poor and the rich, non-monetary poverty has increased in urban area. It is the same situation as far as the whole country is concerned. We also see that, rural non-monetary poverty increased over this period of time. Then, we can say that non-monetary poverty seems to be a rural phenomenon.

As far as measuring and analyzing health inequalities are concerned, we provide an overview of the generalized entropy inequality measures decomposition thanks to the Dagum computation. An application on CHCS II and CHCS III data shows that, health inequalities are increasing from 2001 to 2007 in urban areas and in male-headed households. The total health inequalities are much engendered by the within group gaps and female-headed households, and households living in rural areas tend to decrease between groups health inequalities between 2001 and 2007. Finally, health inequalities seem to be an urban phenomenon.

The economic policies recommendations are declined thus improving accessibility to basic infrastructures, to potable water, to electricity and quality of housing in rural areas, making available and at a low cost essential medicines, vaccines and consumables as well as laboratory tests at all levels of the health system, adequate equipment of health units, and greater jobs creation in urban areas, where inequalities are most noticeable and increasing.

Keys Words: Non-monetary poverty, Health inequalities, Stochastic dominance, Multiple Component Analysis, Generalized entropy, Sub-groups decomposition, Cameroon.

JEL Classification: C02, C61, C81, D31, D6, I14, I32.

INTRODUCTION GENERALE

I. CONTEXTE

Les inégalités dans la répartition des revenus et celle des fortunes doivent-elles être réduites ? Plusieurs économistes l'ont soutenu ; Vilfredo Pareto et John Maynard Keynes par exemple. En 1896, Vilfredo Pareto préconise un lissage de la distribution des revenus au détriment des plus élevés et en faveur des plus faibles. En 1936, dans le dernier chapitre[2] de la «Théorie générale de l'emploi, de l'intérêt et de la monnaie», John Maynard Keynes n'hésite pas à conclure que sa conception du fonctionnement des économies de marché justifie une réduction sensible des inégalités arbitraires et inéquitables qui caractérisent la distribution des revenus et la répartition des fortunes au sein du monde dans lequel il vit. Ces prises de position permettent de comprendre que la réflexion sur la mesure des inégalités ait pu constituer et constitue l'un des thèmes de recherche privilégiés des économistes. En effet, il stipule que, « les deux vices marquant du monde économique où nous vivons sont, le premier, que le plein emploi n'y est pas assuré, le second, que la répartition de la fortune et du revenu y est arbitraire et manque d'équité...... »[3]. Ainsi, la réduction de la pauvreté et des inégalités est depuis quelques années un objectif prioritaire des politiques dans les Pays en Développement (PED) notamment dans les pays d'Afrique Subsaharienne où l'inégalité est l'une de leurs caractéristiques structurelles depuis les premiers bilans sociaux des Programmes d'Ajustement Structurel (PAS). A cela, on peut ajouter de nos jours le regain d'intérêt porté vers les inégalités de santé et la santé des pauvres. A cet égard l'analyse de la pauvreté, des inégalités et de l'équité dans l'accès aux soins de santé constitue à la fois une préoccupation majeure et un défi, autant pour les gouvernements que pour leurs partenaires au développement. Etant donné que le cœur du problème demeure la pauvreté, pour élaborer des

[2]Chapitre 24 (Notes finales sur la philosophie sociale à laquelle la Théorie Générale peut conduire) du livre 6, page 167.

[3]John Maynard Keynes, (1936), Livre 6 de la « Théorie générale de l'emploi, de l'intérêt et de la monnaie », chapitre 14, «Notes finales sur la philosophie sociale à laquelle la Théorie générale peut conduire », page 167.

stratégies, des politiques ou des programmes appropriés pour la réduction de la pauvreté, ils ont besoin de savoir qui sont les pauvres, combien ils sont, où ils sont et quelles sont leurs caractéristiques[4]. Au moment où nous rédigeons ce travail, les questions relatives à la pauvreté, aux inégalités et à la santé publique demeurent donc un thème d'actualité et notamment une préoccupation majeure tant au sein de la Communauté Internationale que pour des Gouvernements Nationaux à travers le monde, et le Gouvernement Camerounais en particulier. En effet, réunis en Septembre 2000, lors du Sommet du Millénaire pour le Développement, les dirigeants des Etats membres de l'Organisation des Nations Unies (ONU) adoptaient la « Déclaration du Millénaire » dans laquelle ils se fixaient d'ici à l'horizon 2015, huit objectifs de développement. C'est cet ensemble d'objectifs qui portent le nom d'Objectifs du Millénaire pour le Développement (OMD). Entre autres, le premier de ces huit objectifs (OMD 1), s'intéresse justement à l'élimination de l'extrême pauvreté et de la faim dans le monde à l'horizon 2015, l'OMD 4 met l'accent sur la réduction de la mortalité des enfants de moins de cinq ans, tandis que l'OMD 5 consiste en l'amélioration de la santé maternelle. L'OMD 6 quant à lui renvoie à la lutte contre le VIH/SIDA, le paludisme et d'autres maladies. Pour intensifier les efforts en faveur des OMD liés à la santé et renforcer les systèmes sanitaires dans 49 pays les plus pauvres au monde, les Dirigeants du monde entier ont instauré un Groupe de Travail sur le Financement international Innovateur pour les Système de Santé en Septembre 2008. De plus selon les recommandations du Groupe de Travail, les leaders mondiaux réunis à l'ONU en Septembre 2009 ont engagé 5,3 milliards de dollars supplémentaires pour améliorer les soins dans le monde ; en se concentrant particulièrement sur les femmes et les enfants et en créant un Consensus Global pour la Santé Maternelle, Néonatale et Infantile. En ce qui concerne particulièrement le Cameroun, il s'est inscrit dans ce sillage. Dans la pratique, cet engagement du Gouvernement Camerounais se traduit par l'adoption en Novembre 2009 du Document de Stratégie pour la Croissance et l'Emploi (DSCE)[5]. Le DSCE rentre en droite ligne de la continuité du Document de Stratégie pour la Réduction de la Pauvreté (DSRP) adopté

---

[4] PNUD, 2007, « Mesure de la pauvreté selon la méthode de degré de satisfaction des besoins essentiels : expérience du Niger ».

[5] Ministère de l'Economie, de la Planification et de l'Aménagement du Territoire du Cameroun (MINEPAT) ; 2009, « Document de Stratégie pour la Croissance et l'Emploi », 167 pages.

par le Cameroun en Avril 2003. Le DSCE se pose donc comme la feuille de route des autorités Camerounaises dans la poursuite et la réalisation des OMD. Tant il est vrai que le DSCE est la forme révisée du DSRP ou encore un DSRP de deuxième génération d'après l'expression des bailleurs de fonds que sont le Fonds Monétaire International (FMI) et la Banque Mondiale (BM). Le rapport national sur le suivi des OMD élaboré en 2008, montre d'ailleurs qu'il est très improbable pour le Cameroun d'atteindre les cibles fixées d'ici 2015. Ce constat peut être amplifié par les effets néfastes de la récente crise financière internationale. Le DSCE est donc élaboré dans un contexte marqué par le renchérissement du coût de la vie au niveau national, l'accroissement des inégalités, le faible accès aux soins de santé de qualité, la crise financière internationale, la suite des effets de la crise alimentaire mondiale et des méfaits de la crise énergétique au niveau mondial.

Au Cameroun, à partir des données harmonisées des enquêtes ECAM I et ECAM II, il est établi que, selon le critère monétaire, 53 Camerounais sur 100 étaient pauvres en 1996, contre 40 sur 100 en 2001 ; soient 13 points de pourcentage de pauvres en moins, en l'espace de cinq ans. Ce recul de l'incidence de la pauvreté entre 1996 et 2001 est beaucoup plus important en milieu urbain, avec 19 points de pourcentage en moins contre 10 de moins en milieu rural. D'autres indicateurs de pauvreté monétaire, l'intensité et la sévérité de la pauvreté, ont également évolué à la baisse au cours de la même période. Pour ce qui est des conditions de vie des ménages, l'évolution est globalement positive surtout en ce qui concerne l'accès aux services d'éducation et de santé[6]. Néanmoins, l'amélioration a été plus importante chez les non pauvres que chez les pauvres. Ainsi, les écarts entre les deux groupes se sont accrus. De même, le milieu urbain a connu une amélioration plus importante que le milieu rural, aggravant ainsi le fossé qui les séparait déjà en 1996.

Courant la période située entre l'année 2001 et l'année 2007, on constate une stabilité du taux de pauvreté monétaire autour de 40% sur le plan national[7]. En zone urbaine, le taux de pauvreté monétaire baisse en passant de 17,9% en 2001 à 12,2% en 2007. Le contraste s'opère en

---

[6] INS, Cameroun, 2002, « Dynamique de la pauvreté entre 1996 et 2001 »

[7] INS, Cameroun, Juillet 2008, « Tendances, profil et déterminants de la pauvreté au Cameroun entre 2001 et 2007 ». D'après cette même source, le taux de pauvreté national est de 40,2% en 2001 et de 39,9% en 2007.

zone rurale où on assiste plutôt à une augmentation du nombre de pauvres. En effet, le taux de pauvreté monétaire est de 52,1% en 2001 contre 55% en 2007. Cet état des choses est la résultante des faibles performances macroéconomiques de l'économie camerounaise sur la période en question[8].

Les résultats de la troisième Enquête de Démographie et de santé du Cameroun (EDSC III) réalisée en 2004 révèlent quant à eux que, la prévalence contraceptive est moins élevée en zone rurale (16 %) qu'en zone urbaine (36%) et s'aggrave avec le faible niveau d'instruction des femmes (4%). De plus les femmes issues des ménages très pauvres ne pratiquent que très peu la contraception (7%) par rapport à celles dites non pauvres (46%). Les rapports de la quatrième Enquête de Démographie et de Santé couplée à l'Enquête par Grappes à Indicateurs Multiples (EDS-MICS) réalisée en 2011 montrent une stabilité de cette situation sur le plan national avec une hausse du taux de consultations prénatales de 83% en 2004 à 85% en 2011. De plus, entre autres problèmes de santé de la mère, d'après les résultats de l'EDS-MICS de 2011, la prévalence de l'anémie sévère est plus élevée en zone urbaine (41%) qu'en zone rurale (37%). Relativement au paludisme qui demeure l'endémie majeure et la première cause de morbidité et de mortalité dans les groupes de populations les plus vulnérables notamment les enfants de moins de 5 ans et les femmes enceintes, les statistiques sanitaires de l'EDSC III révèlent que le paludisme est responsable de 35 à 40 % du total des décès dans les Formations Sanitaires (FS) : 50% de morbidité chez les enfants de moins de 5 ans, 40 à 45% des consultations médicales et 30% des hospitalisations. Le paludisme est aussi d'après les résultats de l'EDSC III la cause de 26% des absences en milieu professionnel et de 40% des dépenses de santé des ménages. De plus, sur le plan national seulement un ménage sur cinq (20%) possède au moins une moustiquaire et ce taux varie suivant les milieux de résidence (23,5% en zone urbaine et 16,6% en zone rurale) et les régions (par exemple 9,5% dans le Nord-Ouest et 38,6% à Douala). Certains indicateurs du paludisme sont en amélioration en 2011 (EDSC-MICS) par rapport à 2004. Au niveau national, un peu plus d'un ménage sur deux (52%) possède au moins une moustiquaire qu'elle soit traitée ou non, 36% des ménages possède une moustiquaire imprégnée d'insecticide contre 1,4% en 2004. Ces

[8]Pour plus d'informations, voir: République du Cameroun, (Novembre 2009), « Document de Stratégie pour la Croissance et l'Emploi ».

proportions sont quelque peu plus élevées en zone rurale (respectivement 54% et 38%) qu'en zone urbaine (respectivement 50% et 35%). Entre les périodes 2001-2006 et 2006-2011, les résultats de l'EDS-MICS traduisent une baisse régulière de la mortalité infantile de 80 pour 1000 à 62 pour 1000 et stipulent qu'au Cameroun environ 1 enfant sur 8 meurt avant d'atteindre l'âge de 5 ans. D'après ces mêmes résultats, le niveau de connaissance du VIH/SIDA est plus faible en zone rurale (92% des femmes et 97% des hommes) que sur le plan national (96% des femmes et 98% des hommes) et parmi les personnes sans instruction (86% des femmes et 94% des hommes). Depuis l'EDSC de 2004, le niveau de connaissance sur certains moyens d'éviter l'infection à VIH/SIDA et qui est positivement associé au niveau d'instruction et au milieu de résidence connait une légère tendance baissière, passant de 62% à 60% chez les femmes et de 75% à 68% chez les hommes. Le taux de prévalence du VIH/SIDA a baissé de façon significative depuis 2004. La prévalence estimée à 5,5% lors de l'EDSC III est passée à 4,3% selon les résultats de l'EDS-MICS 2011. Cette tendance baissière concerne aussi bien les hommes (de 4,1% en 2004 à 2,9% en 2011) que les femmes (de 6,8% en 2004 à 5,6% en 2011).

Au final, les réflexions autour des questions de pauvreté, d'inégalité de santé semblent renforcées par les incidences potentiellement négatives de ces crises récentes et les tendances moroses de la croissance économique au Cameroun depuis les dernières enquêtes sur les conditions de vie des ménages (ECAM III réalisée en 2007) et sur leurs conditions sanitaires et démographiques (EDS-MICS réalisée en 2011). Globalement, on se trouve alors dans un contexte où la préoccupation pour la réduction de la pauvreté et des inégalités de santé est des plus ardentes, mais où plusieurs indices montrent plutôt que la prévalence de la pauvreté semble augmenter en zone rurale tandis que les inégalités de santé s'accroissent dans les milieux urbains.

II. PROBLEMATIQUE

Au cours des dernières années, la santé et le bien-être des ménages camerounais ont été identifiés comme une priorité politique, mais les décideurs doivent avoir une vision claire des outils disponibles à cet effet pour mieux comprendre ces phénomènes. La dernière Enquête Camerounaise Auprès des ménages (ECAM III) et la récente Enquête Démographique et de Santé et à Indicateurs Multiples (EDS-

MICS) ont permis, entre autres choses, d'appréhender l'appréciation que les populations ont de leurs conditions de vie, de leur état de santé en général, les dernières consultations de santé effectuées ainsi que l'accessibilité physique et financière aux structures et services de santé. Les résultats de ces enquêtes montrent que près de sept personnes sur dix ont fait leur dernière consultation dans un centre de santé formel au cours des 12 derniers mois. Ce taux de consultation dans les structures formelles est supérieur à la moyenne nationale dans la plupart des régions, mais il reste très faible dans la région de l'Adamaoua (34,1%). Le taux de consultation dans les structures formelles varie fortement avec le niveau de vie des populations. En effet, il est de 60,5% pour les personnes pauvres contre 77,6% pour les non pauvres[9]. De plus, le taux de consultation de santé dans les structures informelles est de 28%. Il a connu une légère augmentation par rapport à 2001 où il était de 24,5%. Cette augmentation résulte de la multiplication des GIC/ONG de santé et des vendeurs informels de médicaments qui concentrent 18,4% des consultations faites auprès des structures informelles. Elle peut aussi s'expliquer par la stratégie des ménages consistant à recourir à des structures de soins moins chères et à se faire consulter à domicile ou au domicile d'un personnel de santé. Le rapport principal d'ECAM III montre que ce recours des populations à des structures de santé informelles est encore plus prononcé chez les pauvres que les non pauvres. En ce qui concerne l'accessibilité physique aux infrastructures de santé, elle semble ne pas être problématique au Cameroun puisqu'en moyenne la majorité des ménages, soit 80,4% y ont accès à moins de 5 km de leur domicile. Il existe cependant des disparités assez nettes entre le milieu rural et le milieu urbain. La proportion des ménages qui résident à moins de 5 km d'un Hôpital de District, d'un Centre Médical d'Arrondissement (CMA) ou d'un Centre de Santé Intégré (CSI) est de 69,3% en milieu rural contre 99,3% en milieu urbain. Aussi, l'accessibilité physique aux Centres de Santé Intégrés mesurée à l'aide du temps mis pour s'y rendre dépend du moyen de locomotion utilisé par les membres du ménage. Au niveau national, ce temps est de 28,1 minutes (mn), avec quelques disparités selon le milieu de résidence et les régions. Suivant le niveau de vie, le temps mis pour se rendre à la structure de santé la plus proche est plus élevé chez les pauvres (48,8 mn) que chez les non pauvres (41,9 mn). Ce résultat pourrait s'expliquer par une faible

[9] Source, INS, Août 2008, «Conditions de vie des populations et profil de pauvreté au Cameroun en 2007», rapport principal de la troisième Enquête Camerounaise Auprès des Ménages.

accessibilité des pauvres aux ambulances et moyens de transports modernes (INS, 2008). Notons que cette accessibilité physique ne garantit pas forcément la qualité des services (longue attente, inefficacité des traitements, racket des malades, manque de médicaments dans les formations sanitaires, etc.). Relativement au VIH/SIDA, la connaissance de la maladie et de ses modes de transmissions a augmenté entre 2004 et 2012 (INS, Février 2012). A côté de cela on note la baisse de la mortalité infantile (80 pour 1000 en 2004 et 62 pour 1000 en 2011) et une légère amélioration des indicateurs du paludisme [(INS ; Juin 2005) et (INS ; Février 2012)].

Leclerc et al. (2010)[10] montre que les inégalités sociales de santé sont constatées tout le long de l'échelle sociale et ne concernent pas seulement les plus défavorisés, même si ces derniers sont les plus concernés. De plus la relation entre l'inégalité économique et la santé des populations est d'un intérêt croissant auprès des épidémiologistes. Il y'a une très forte corrélation entre les inégalités économiques et la santé. Cette corrélation suggère que ce n'est pas seulement les pauvres qui ont tendance à être malade quand tout le monde est sain, mais qu'il existe un gradient continu, à partir du haut vers le bas de l'échelle socio-économique, concernant l'état de santé. Bien qu'il n'y'ait que peu de doute que la probabilité de la mauvaise santé augmente avec le niveau de pauvreté (monétaire et non monétaire) et les inégalités, et que les personnes en moins bonne santé font face à une situation plus difficile sur le marché du travail par exemple, la relation exacte entre les risques de détérioration de la santé et la précarité des conditions de vie semble ne pas être suffisamment appréciée ou, n'est pas bien comprise. Aussi, il existe un lien faible entre les dépenses gouvernementales en santé et l'amélioration de l'état de santé des populations. De plus, les inégalités de santé peuvent avoir deux sources ; la première est relative à l'individu et la deuxième concerne son environnement social. Enfin, la question de l'accès équitable aux soins de santé est liée aux stratégies plus larges de politiques sociales, spécialement les mesures d'éradication de la pauvreté et de promotion du bien-être social. La pauvreté et les inégalités sont tellement répandues que l'on peut dire qu'il s'agit d'un domaine dans lequel la politique menée après les

---

[10] Leclerc Annette, Didier Fassin, Hélène Grandjean, Monique Kaminski, Thierry Lang, (2000), « Les inégalités sociales de santé », Inserm et la Découverte, Paris ; cité par Bihr Alain et Pfefferkorn Roland, (Juin 2008), « Les inégalités sociales de santé » in Interrogations ; revue pluridisciplinaire en Sciences de l'Homme et de la Société, Numéro 6, la santé au prisme des sciences sociales, 18 pages.

indépendances dans la plupart des pays africains comme le Cameroun a très tôt connu des échecs. Les rapports des enquêtes conduites au Cameroun entre 2001 et 2007, sur les conditions de vie des ménages et sur la mise en relief du profil de l'évolution de la pauvreté, se sont intéressés, particulièrement, à des aspects monnaie-métriques de la pauvreté. Les résultats présentés dans les rapports de ces enquêtes (ECAM II et ECAM III) révèlent une stabilité du taux de pauvreté monétaire national (40,2% en 2001 et 39,9% en 2007), une baisse en milieu urbain (17,2% en 2001 et 12,2% en 2007). Le contraste dans cette tendance de la pauvreté s'est observé en zone rurale avec une hausse du nombre de pauvres. En effet le taux de pauvreté est passé de 52,1% en 2001 à 55% en 2007[11]. Il ressort de ces résultats que la pauvreté est un phénomène davantage rural.

Par ailleurs, malgré leur importance, on passe souvent à côté des inégalités de santé car la pratique habituelle consiste à collecter et à analyser les données de manière à produire des moyennes pour l'ensemble de la population (urbaine, rurale, masculin, féminine). Même si certains décideurs s'intéressent systématiquement aux différences dans l'état de santé des populations, ils ne disposent pas généralement d'informations claires sur la nature et l'ampleur des inégalités qui existent entre les individus suivant le milieu de résidence. Il ressort de ce constat que la nature du lien entre pauvreté non monétaire et inégalités de santé est controversée. La question centrale à laquelle nous voulons répondre est donc celle de savoir : Quelle est la relation entre la pauvreté non monétaire et les inégalités de santé au Cameroun ? De cette question centrale, il ressort les questions secondaires suivantes : Quelle est la tendance de la pauvreté non monétaire au Cameroun? Quelle est la répartition des inégalités de santé au Cameroun?

III. OBJECTIF GENERAL

L'objectif général de cette étude est de mettre en évidence la relation entre la pauvreté non monétaire et les inégalités de santé au Cameroun. Ce travail explore les bases théoriques et les évidences empiriques des liens entre pauvreté et inégalités de santé, aussi bien

[11] INS, Cameroun, Juillet 2008: « Tendances, profil et déterminants de la pauvreté au Cameroun entre 2001 et 2007 ».

chez les pauvres que chez les non pauvres, suivant le milieu de résidence et le sexe du chef de ménage. Plus spécifiquement, nous voulons :

- Analyser l'évolution de la pauvreté non monétaire au Cameroun
- Mettre en exergue la répartition des inégalités de santé au Cameroun

IV. HYPOTHESES

Notre étude est structurée autour de deux hypothèses:

- **H 1** : La pauvreté non monétaire est plus forte en zone rurale qu'en zone urbaine.
- **H 2** : Les inégalités de santé sont plus aigües chez les ménages dirigés par les hommes et dans les centres urbains qu'en zone rurale et que chez les ménages dirigés par les femmes.

V. REVUE DE L'EXISTANT

Ce paragraphe aborde d'une part la revue de la littérature sur la pauvreté et d'autre part, la revue de la littérature sur les inégalités de santé.

Une multitude d'études portant sur l'analyse de la pauvreté, des inégalités et de la santé publique au Cameroun et ailleurs ont été menées jusqu'ici. En ce qui concerne la pauvreté, elles se sont intéressées, selon les cas, à l'étude des aspects monnaie-métriques de la pauvreté, à l'analyse spatiale de la croissance pro-pauvre, à la pauvreté en terme de satisfaction des besoins vitaux, au critère genre de la pauvreté, à la distribution des revenus, à la pauvreté en terme de conditions de vie ou en terme de potentialités, à l'importance du capital social religieux dans l'éradication de la pauvreté ; bref on peut dire que la pauvreté au Cameroun comme ailleurs, dans une acception multidimensionnelle a attiré l'attention de la communauté scientifique. Il en est de même des inégalités de santé. Toutefois, peu d'études se sont simultanément intéressées à la pauvreté, aux inégalités et à la santé.

V.1 REVUE DE L'EXISTANT SUR LA PAUVRETE

En ce qui concerne la pauvreté monétaire, nous pouvons évoquer des études telles que celles de la Banque Mondiale [*Cameroon, diversity growth and poverty reduction*, (2000)[12] ,(2001, 2002, 2005)[13]], les rapports issus de la première Enquête Camerounaise Auprès des Ménages (ECAM I, 1996) conduite par la Direction de la Statistique et de la Comptabilité Nationale (DSCN)[14], Njinkeu et al. (1996), le rapport sur le développement humain du Programme des Nations Unies pour le Développement (PNUD, 2001)[15], Dubois et Amin (2000), Fambon S. et al (2001), Emini A. C. et al (2000, [2004, 2005, 2008][16], 2009), et Feunou Kanmi (2007). Cette étude s'intéresse particulièrement à la discrimination en genre au Cameroun en ce qui concerne la pauvreté monétaire et les activités des femmes sur le marché du travail. Ces études aboutissent en général aux résultats selon lesquels la pauvreté est plus aigüe en zone rurale et est inégalement répartie suivant les régions du Cameroun. Il en ressort également que les inégalités dans la distribution des revenus sont plus visibles dans les centres urbains et que l'accroissement de la participation féminine dans les activités du secteur informel urbain à faible rendement est une évidence de la féminisation de la pauvreté au Cameroun. En outre, le différentiel de croissance pro-pauvre est très important entre les régions du pays aussi bien en termes de pauvreté monétaire que non monétaire.

D'autres travaux mettent en relief une ligne de pauvreté à travers la méthode basée sur la satisfaction des besoins nutritionnels (F.E.I), comme par exemple ceux de Fambon S. et al (2000)[17], ou analysent l'impact des échelles d'équivalence[18] sur la répartition spatiale de la pauvreté au Cameroun, suivant une approche dynamique comme Nembot Deffo et al[19].

La dynamique de la pauvreté au Cameroun a aussi attiré l'attention d'un certain nombre de chercheurs. On peut distinguer, entre

---

[12] Cité par Kamgnia Dia et al, (Février 2003).

[13] Cité par Manga et Epo, (2007).

[14]Résultats préliminaires de la première Enquête Camerounaise Auprès des Ménages, (1997).

[15] Cité par Kamgnia Dia et al, (Février 2003).

[16]Cité par Kanmi F., (2007).

[17] Cité par Borel Foko et al, (2006).

[18] Les échelles d'équivalence permettent de comparer le niveau de vie des ménages disposant de conditions démographiques et de revenus différents, en prenant en compte le coût relatif des enfants par rapport à celui des adultes.

[19] Cité par Ningaye Paul, (2005).

autres, l'Institut National de la Statistique (INS, 2002) qui étudie la dynamique de la pauvreté entre 1996 et 2001.Quant à l'impact d'une libéralisation commerciale sur la pauvreté, on peut se référer à Emini A. C. et al (2010). A l'aide d'un Modèle d'Equilibre Général Calculable(MEGC)[20] avec micro simulation, les résultats révèlent que le scénario de libéralisation retenu se solde par une augmentation nette du nombre de pauvres. L'analyse de la dominance (dominance simple) montre un accroissement de la pauvreté parmi les couches de population les plus démunies et un accroissement de la contribution de la pauvreté rurale à la pauvreté nationale.

Etant donné que chaque groupe de la population peut avoir une perception différente de la pauvreté, l'impact des aspects culturels dans la description de la pauvreté au Cameroun, de la diversité ethnoculturelle et le différentiel de pauvreté multidimensionnelle, ou l'influence de la religion et du capital social (capital social religieux) sur la réduction de la pauvreté des ménages, etc., ont attiré l'attention des auteurs comme Baye Menjo (2003), Ningaye et al (2005), Ndongo Odia et al (2006). Les travaux de ces auteurs montrent que certains traits culturels et normes peuvent perpétuer ou atténuer la transmission de la pauvreté dans la société, et que les variables religieuses impactent positivement la pauvreté des ménages dans la ville de Yaoundé.

Certaines études sont particulièrement basées sur la construction d'un Indicateur Composite de Pauvreté (ICP) pour mieux cerner le caractère multidimensionnel de la pauvreté; en l'occurrence celles de Foko Tagne et al., (2007), et de Njong (2007). Cette dernière conclut que la pauvreté non-monétaire affecte 80,9 % des ménages tandis que 39,6 % des ménages souffrent de la pauvreté monétaire. Foko Tagne et al (2007) dressent le profil de pauvreté multidimensionnelle non monétaire au Cameroun et en testent la concordance avec le profil de pauvreté monétaire existant. Ils débouchent sur les conclusions selon lesquelles la pauvreté des conditions de vie se traduit par l'exclusion des ménages de la consommation de certaines commodités de base, du fait de l'indisponibilité de celles-ci ou de leur faible accessibilité

[20] Un MEGC est un modèle d'équilibre général. Il prend en compte l'ensemble de l'économie et il détermine les prix relatifs sur tous les marchés, des produits et des facteurs de façon à assurer les équilibres de ces derniers. Un MEGC est un modèle calculable, il permet une analyse quantitative des problèmes économiques qui sont parfois difficiles, voire impossible à étudier sur la seule base d'une modélisation théorique. Il prend en compte tous les flux de l'économie et des possibilités d'ajustement par les prix.

corrélée à cette dernière, et tend à mieux rendre compte de l'état de pauvreté des ménages tel qu'ils le perçoivent. Ces résultats appellent des stratégies mixtes de lutte contre la pauvreté, particulièrement ciblées selon le cycle de vie des individus, la zone agro-écologique et le groupe socioéconomique.

A notre connaissance, très peu d'études se sont intéressées à la mesure et l'analyse de la pauvreté non monétaire entre 2001 et 2007 au Cameroun. En l'occurrence, Emini A. C. et al (2009) sur l'analyse spatiale de la croissance pro pauvre, à travers une double approche monétaire et non monétaire, et Emini A. C. et al (2010), portant sur l'impact de la crise économique mondiale 2008-2009 sur la pauvreté des enfants au Cameroun. Ces études bien que traitant de la pauvreté ne se sont pas intéressées aux aspects non monétaires et à l'analyse en dominance stochastique, et aussi sur l'évolution du phénomène sur la période située entre 2001 et 2007. Dans la présente étude, nous utilisons donc notre ICP dans le sens de la dominance stochastique afin de faire des comparaisons inter temporelles de la pauvreté non monétaire au Cameroun sur l'intervalle de temps situé entre 2001 et 2007.

V.2 REVUE DE L'EXISTANT SUR LES INEGALITES DE SANTE

La définition des inégalités va au-delà de simples différences de revenu ou de niveau de dépenses de consommation entre individus ou ménages et qui leur empêchent d'atteindre un certain niveau de bien-être (Justino, 2003). Durant la dernière décennie peu d'études se sont intéressées aux inégalités comparativement à celles traitant de la pauvreté ou de la croissance. Celles qui néanmoins se sont intéressées aux inégalités font référence au revenu ou aux dépenses de consommation. L'une des multiples facettes de l'inégalité qui n'a été que très peu abordée est la santé (Omilola, 2004).

Certaines études ne traitent que de la pauvreté et des inégalités de revenu notamment, celle de Chameni Nembua et Miamo Wendji (2009), qui s'intéressent aux déterminants de l'inégalité et de la pauvreté au Cameroun via une analyse en décomposition multidimensionnelle. En adoptant le cadre théorique de l'approche des capabilités de Sen A. qui présente la pauvreté comme la privation des fonctionnements élémentaires en termes de logement, santé, emploi, loisir, relations sociales et ressources économiques, associée à la théorie des ensembles flous [Cérioli et Ziani (1990)] et la décomposition des inégalités par les sources (Shapley-Shorrocks, 1999), ils analysent les privations en termes d'inégalité de pauvreté au Cameroun. Les résultats de cette étude révèlent que les capabilités humaines (instruction, logement) et les capabilités économiques (emploi et autre confort) expliquent aussi bien le niveau élevé de la pauvreté totale que celui des inégalités de la pauvreté. Leurs résultats illustrent une forte vulnérabilité de certaines catégories de ménages face à la pauvreté. D'autres auteurs étudient simultanément la pauvreté, les inégalités de revenu, et les inégalités liées au capital humain ou à la santé en particulier. Ainsi, Srinivasan (2000) reconnait que les phénomènes de pauvreté et d'inégalité ont plusieurs facettes qui vont au-delà de la prise en compte du revenu, en intégrant la faible espérance de vie, la mortalité infanto-juvénile et maternelle, la morbidité. Contrairement aux nombreuses études sur la pauvreté, l'équité et la redistribution de la richesse existante dans un pays, très peu d'études mettent l'accent sur l'équité et la distribution des opportunités d'accès aux services de santé, tant il est vrai que le bon état de santé d'un individu accroit sa productivité et lui permet de sortir de la pauvreté. Ceci se justifie par le fait que dans la littérature une sorte de confusion s'installe généralement stipulant les inégalités de revenu sont étroitement liées à toutes les autres formes d'inégalités et pourraient donc servir de proxy ou d'approximation de l'ensemble des inégalités au sujet d'un groupe d'individus ou de ménages. Case A. (2000) étudie la relation existant entre la santé, le revenu et le développement économique. Elle stipule que d'un pays à un autre, il y'a relation positive forte entre le revenu et la santé. Du fait de cette relation causale l'auteur estime que les mesures de soutien au revenu des ménages ou des individus tels que les transferts aux pauvres ou les pensions de retraite pour les personnes âgées sont des instruments de politiques à côté de l'offre de service de santé, rendant les populations aptes à accroitre leur capital santé. Les résultats auxquels Case A. (2000) parvient, à l'aide des données d'enquête réalisée en 1999 auprès d'un échantillon stratifié et aléatoire de 300 ménages (1300 individus) des trois groupes raciaux d'Afrique du Sud [*The South African Integrated Family* (Langeberg) *survey*] montrent qu'effectivement il y'a un lien positif entre le revenu et la santé, car le doublement de revenu d'un ménage améliore son statut sanitaire dans la même proportion. De plus, les maladies chroniques ont un effet significatif sur la baisse de revenu des individus. Réciproquement, le niveau de revenu et plus précisément les sources de revenu, influencent l'état de santé, notamment lorsque l'on prend en compte le revenu issu des pensions de retraite pour les personnes âgées. Les résultats de l'enquête montrent que le montant des pensions est en moyenne équivalent au revenu médian, ce qui permet aux personnes âgées (à partir de 60 ans pour les femmes et 65 ans pour les hommes) d'avoir accès aux services de santé. Pradhan M., Sahn E. D. et Younger D. S. (2001) explorent l'inégalité mondiale en matière de santé en la décomposant en inégalité inter et intra pays. Ils utilisent des indicateurs avec un poids standardisé tels que la mortalité, la morbidité et l'espérance de vie et évitent les erreurs de mesure dues à l'usage du revenu dans le temps et dans l'espace pour approcher le bien-être. Contrairement aux études similaires et utilisant le revenu comme unité de mesure des inégalités, ils montrent que la variation intra pays est la source la plus importante des inégalités de santé comparativement aux variations inter pays. Wagstaff A. et al. (2001), à l'aide des données sur la malnutrition des enfants au Vietnam entre 1993 et au 1998, proposent une méthode de décomposition des causes des inégalités dans le secteur de la santé à l'aide de l'indice de concentration et d'une analyse en régression. Ils montrent que la variation des inégalités dans le temps et entre différents pays peut être décomposée en variation due à la variable d'intérêt de la dynamique des inégalités, à la moyenne des déterminants, et en variation due aux effets des déterminants des inégalités sur la variable d'intérêt. Ils aboutissent aux résultats suivant lesquels les inégalités relatives au rapport taille/âge en 1993 et 1998 au Vietnam sont largement dues aux inégalités de consommation des ménages et aux facteurs inobservables au niveau de la communauté. De plus, l'accroissement des inégalités est aussi expliqué par ces mêmes facteurs. En ce qui concerne la consommation des ménages, l'augmentation des inégalités joue un rôle, plus précisément la hausse de la consommation moyenne des ménages a un impact positif sur l'effet protecteur du statut nutritionnel sur la santé. Au niveau communautaire, l'influence des facteurs inobservables est au final semblable à l'impact du statut nutritionnel (consommation des ménages) sur les inégalités en matière de malnutrition. Deaton A. (2003) met en exergue la santé, l'inégalité et le développement économique aussi bien dans les pays riches que dans les pays pauvres, ceci en ce qui concerne les aspects théoriques et empiriques. Sahn E. D. et Younger D. S. (2007) reconnaissent qu'il y'a une faible corrélation entre le revenu et d'autres mesures du niveau de vie comme la santé. Le statut sanitaire est corrélé au revenu des individus aussi bien dans un pays qu'entre différents pays. De plus, la performance du système de santé dans les Pays à Revenu Intermédiaire (PRI) est inéquitable. Montpetit C. et al. (2007) traite de l'effet de quartier sur la santé à Montréal. Ils présentent le cadre sous-tendant leur démarche dans le but de produire des outils susceptibles d'orienter l'action visant la réduction les inégalités sociales de santé. Le questionnement central de cette étude est de savoir si à statut socio-économique égal, le lieu de résidence peut faire une différence sur l'état de santé. Cette étude révèle qu'à Montréal, l'écart d'espérance de vie entre les résidents du territoire socio-sanitaire le plus riche et ceux du territoire socio-économique le plus pauvre de la métropole est d'une dizaine d'années. De semblables écarts, pourtant évitables, entre hommes et femmes, entre groupes socio-économiques et entre territoires influent sur de nombreux aspects de la santé des populations. Les auteurs les désignent sous l'appellation d'inégalités sociales de santé. Ces inégalités sont de plus en plus documentées, mais ce qu'on sait moins, c'est la manière dont elles sont générées par les contextes de vie des individus et des familles, autrement dit, l'effet de quartier. Pour Montpetit C. et al. (2007), l'effet de quartier ou de voisinage (*neighbourhood effect*, en anglais) n'est pas le fruit de la seule concentration de la pauvreté ou de la richesse, mais bien le résultat d'un ensemble de processus par lesquels l'environnement immédiat agit entre autres, sur la santé, sur la situation économique, sur les comportements comme la délinquance, la violence ou la dépression, sur le développement individuel et sur la réussite scolaire. Les auteurs concluent qu'une part significative de la variation de l'état de santé est associée au contexte, et ce, indépendamment de caractéristiques individuelles. L'effet varie toutefois, entre autres, selon l'objet d'étude, les variables contextuelles (ou les attributs des environnements dont on mesure l'effet), et les frontières géographiques définies pour représenter le quartier[21]. Baye Menjo et Epo Ngah (2008), appliquent la méthode décomposition en régression pour mettre en évidence les déterminants des inégalités de revenu au Cameroun à l'aide des données de la troisième Enquête Camerounaise Auprès des Ménages (ECAM III) réalisée en 2007. Ils utilisent l'approche par la fonction de contrôle qui teste l'endogénéité potentielle et l'hétérogénéité inobservée des variables synthétiques pour l'éducation et la santé tout en contrôlant les variables corrélées à la consommation des ménages, afin de mesurer

[21]Pour plus de précision à ce sujet, lire, [Riva M., Gauvin L., et Barnett T. A., (2007), «Toward the next generation of research into small area effects on health : a synthesis of multilevel investigations published since july 1998 », Journal of Epidemiology and Community Health, in press.], cité par Christiane Montpetit et al. (2007).

l'inégalité de revenu. Etant donné, le caractère multidimensionnel de l'éducation et de la santé, ils utilisent la technique d'Analyse en Correspondance Multiple (ACM) pour construire les variables synthétiques d'éducation et de santé. Ces auteurs montrent que la contribution de chaque source à la mesure des inégalités de revenu est la somme de sa contribution dans les configurations possibles de la valeur de Shapley. La décomposition des sources d'inégalités de revenu par la valeur de Shapley révèlent que l'éducation, la santé, la zone de résidence, la taille du ménage, le nombre de personnes du ménage en activité dans le secteur informel, et la possession de terre sont graduellement les déterminants des inégalités de revenu entre les ménages. Pour Baye Menjo et Epo Ngah (2008), les recommandations de politique économique visant à réduire ces inégalités se déclinent en l'augmentation des opportunités d'emploi, le développement équilibré, le planning familial et l'éducation pour tous. Berchet C. et Jusot F. (2009), procèdent à une analyse en décomposition des inégalités de santé liées à l'immigration et au capital social. Ces auteurs étudient la contribution du capital social à l'explication des différences d'état de santé entre la population immigrée et la population native en France, à partir des données de l'Enquête Santé et Protection Sociale (ESPS) menée entre 2006 et 2008. Leur analyse des différences de santé existantes entre la population française et la population immigrée se fait en trois étapes. La première étape est menée à l'aide d'une régression Probit dans le but de mettre en évidence la différence de santé existante entre les deux populations considérées. Ensuite, elles procèdent à une décomposition des inégalités de santé entre les deux populations en utilisant la méthodologie proposée par Fairlie[22] (1999, 2003, 2005) dans le but d'identifier la part des différences de santé attribuable à la distribution des caractéristiques observables. Il s'agit ici d'étudier la contribution relative des déterminants sociaux de la santé susceptible d'expliquer la différence de santé observée entre la population

[22]La méthode de décomposition proposée par Fairlie est similaire à celle initialement proposée par Blinder(1973) et Oaxaca (1973), permettant d'étudier les discriminations existantes sur le marché du travail entre deux groupes de populations. Fairlie (1999, 2003, 2005) propose une analyse équivalente qui s'applique à des modèles non linéaires où la variable d'intérêt est binaire, comme la variable d'état de santé perçu. Il s'agit de décomposer en deux parties la différence de probabilités moyennes de se déclarer en bon état de santé entre la population française et la population immigrée. La première partie de la décomposition fait référence à une différence attribuable à la distribution des caractéristiques observables alors que la seconde partie représente une différence attribuable aux effets de ces caractéristiques.

immigrée et la population native en France. A la troisième étape, Berchet C. et Jusot F. (2009) comparent les effets des caractéristiques observables au sein des deux populations d'intérêt. L'utilisation de la méthode de décomposition proposée par Fairlie et qui est similaire à celle initialement proposée par Blinder (1973) et Oaxaca (1973) montre que 38,7% des différences d'état de santé entre les deux populations sont liées à une différence de la distribution des caractéristiques observables. Alors que l'âge contribue négativement aux disparités de santé, les résultats indiquent que le capital social présente la contribution la plus importante (53,9%) devant le revenu (42,5%) et la Profession et Catégorie Socioprofessionnelle [PCS, (16%)]. Husain M. J. (2010) s'intéresse à la contribution de la sante au développement économique, partant des approches traditionnelles et des perspectives nouvelles quant à la relation entre "santé" et "revenu", mieux encore les canaux par lesquels la santé influence le revenu. Il montre que les politiques pour une meilleure santé, la réduction de la pauvreté et des inégalités pour être efficaces dépendent d'une bonne compréhension du lien entre la santé et le niveau de richesse (revenu). Contrairement à certains auteurs qui estiment que le niveau de santé dépend du niveau de richesse, Husain M. J. stipule que la relation entre ces deux paramètres est inverse et ajoute que le bon état de santé d'un individu ou d'un ménage n'est systématiquement la résultante de facteurs économiques (amélioration du niveau de développement économique). Il estime à contrario que des mesures visant à réduire le fardeau de la maladie au sein d'un pays, l'amélioration de la santé des enfants, l'accroissement de l'espérance de vie, etc... pourraient contribuer elles-mêmes à la création des richesses et au développement économique. Epo Ngah et Baye Menjo (2011), passent en revue la technique d'ACM relative à la mesure de la pauvreté multidimensionnelle au Cameroun et construisent un indicateur multidimensionnel de bien-être pour l'éducation et la santé. L'application de cet indicateur aux données des deux plus récentes Enquêtes Camerounaises Auprès des Ménages [ECAM II (2001) et ECAM III (2007)] révèle que le niveau d'instruction (savoir lire et écrire), le secteur de consultation, le type de Formation Sanitaire (FS) pour une consultation médicale, l'appréciation que fait l'individu de son statut sanitaire (état de santé), le coût de la consultation, le temps et la distance entre le domicile et l'école ou la FS la plus proche, affectent la santé et l'éducation et donc le bien-être économique (niveau de vie) des ménages. Ils recommandent de ce fait des politiques macroéconomiques mettant en exergue la valorisation du capital humain (éducation, santé) et des mesures complémentaires, notamment des investissements en infrastructures pouvant renforcer le capital humain et le bien-être des ménages. Awoniyi Olabisi A. et al. (2012) procèdent à une analyse en décomposition des inégalités de santé pour 59 567 ménages ruraux nigérians ; échantillon obtenu en se servant des données collectées par le Bureau National de la Statistique du Nigéria en 2006. A l'aide de la méthode d'entropie généralisée ils construisent un indicateur d'inégalité de santé avant de procéder à sa décomposition à l'aide de la valeur de Shapley. Ils relèvent conséquemment une forte disparité entre les régions relativement à l'accès aux services de santé et qui est en corrélation avec l'incidence des inégalités de santé. Ils montrent que 80% des inégalités de santé sont la résultante de dynamiques socio-économiques à l'intérieur des différents groupes de population rurale. En somme, la partie Nord du pays est la plus touchée par les inégalités de santé où ils suggèrent une plus grande implication des pouvoirs publics en matière de dépenses publiques santé afin de d'accélérer la marche du pays vers l'atteinte des OMD en matière de santé (réduction de la mortalité infantile, amélioration de la santé de la mère, lutte contre le VIH/SIDA, le paludisme et les autres maladies). Pour leur part, Nana Djomo J. M. et Fondo Sikod (2012) mettent l'accent sur l'analyse multidimensionnelle de l'état de santé des producteurs agricoles au Cameroun. Ils évaluent la demande en service de santé des agriculteurs en mesurant le degré d'accès de ces derniers aux services de santé publics et en mettant en exergue les facteurs de leur demande de santé. Leur méthodologie consiste en la construction de la courbe de Lorenz, une ACM et la construction d'un modèle de demande de santé. Les résultats obtenus à partir des données d'ECAM III, révèlent que les paysans les plus démunis ont un faible accès aux services de santé public par rapport aux moins démunis. Le coût de la consultation détermine le choix du type de secteur (public, privé ou informel) de santé pour la consultation. Les agriculteurs les moins démunis ne parcourent que de faibles distances pour se rapprocher des structures sanitaires pour leur prise en charge. Les recommandations de politique économique de Nana Djomo J. M. et Fondo Sikod (2012), se déclinent en la stimulation d'une demande de santé discriminante par les prix, donnant plus d'opportunités aux agriculteurs démunis d'accéder aux services de santé publics.

Il ressort de ce qui précède que la littérature économique sur les inégalités de santé est relativement peu dense au Cameroun. Certains auteurs bien que s'intéressant aux inégalités de santé au Cameroun ne prennent pas en compte l'approche de l'analyse dynamique. Dans notre ouvrage, nous utilisons un Indicateur Composite d'inégalités de santé décomposable en sous-groupes et par facteurs pour effectuer des comparaisons du niveau d'inégalités de santé sur la période 2001-2007.

VI. METHODOLOGIE

Notre travail utilise deux approches méthodologiques ; la première est relative à l'étude de la pauvreté non monétaire (première partie), et l'autre nous permet de mesurer et analyser les inégalités de santé (deuxième partie).

VI.1 METHODOLOGIE POUR L'ETUDE DE LA PAUVRETE NON MONETAIRE

Pour ce qui est de la pauvreté, la méthodologie de cette recherche relève d'une approche comparative reposant sur l'analyse en dominance stochastique. Pour savoir comment la pauvreté non monétaire a évolué entre 2001 et 2007 au Cameroun, nous procédons à des tests de dominance stochastique. Cette approche exige donc l'usage d'un indice de pauvreté (Indice Composite de Pauvreté, ICP) qui nous permette de faire nos tests de comparaison. Comme l'attention de notre étude est portée sur la pauvreté non monétaire, nous utilisons un ICP non monétaire (ICP multidimensionnel). Dans la littérature (Asselin L.M., 2002), il existe diverses approches de construction d'un ICP que l'on regroupe d'une part en approches basées sur l'entropie et d'autre part en approches centrées autour de l'inertie ou approche factorielle. L'approche d'inertie tire ses fondements de la mécanique statique[23]. Elle repose sur des techniques d'analyse des données d'enquêtes ou encore analyse factorielle (Benzécri et Coll, 1970) et (Bertier P. et Bouroche J. M., [1975] ; F. Caillez et J-P. Pagès, [1976]; Volle, [1985]). L'analyse factorielle se décompose généralement en trois variantes (Benzécri et coll, 1970), l'Analyse en Composantes Principales (ACP), l'Analyse Canonique Généralisée (ACG), et l'Analyse en Correspondances Multiples (ACM). L'objectif de l'analyse factorielle ou analyse des données d'enquêtes est de pouvoir extraire l'information contenue dans des variables dites préliminaires ou à priori pour décrire

[23]Picard André (2006), « Mécanique des corps rigides : Statique ».

la pauvreté, sous une forme plus simplifiée et ordonnée, de résumer l'information à l'aide de nouvelles variables indépendantes appelées variables latentes, de ressortir les proximités entre les variables et entre les individus. C'est la raison pour laquelle cette dernière approche est fréquemment utilisée pour la mesure de la pauvreté multidimensionnelle. Il s'agit d'agréger les différentes dimensions directement au niveau des unités primaires, sous la forme d'un indice composite. Plus précisément, Les analyses statistiques multivariées encore appelées analyses factorielles consistent à rendre homogène des données d'enquêtes (sur les conditions de vie des ménages ou des individus) de nature disparate sur plusieurs variables, puis à mettre en évidence des liaisons entre celles-ci. Les méthodes statistiques multi variées sont des techniques permettant de représenter un nuage de points ou un champ de vecteurs situés dans un espace de dimension m ($m>2$) dans un espace de dimension inférieure p ($p<m$). Elles permettent de visualiser les relations entre plusieurs variables et de résumer ainsi l'information apportée par l'ensemble de ces variables. Dans l'espace des variables, les ménages forment autour d'un centroïde, un nuage de points, avec un poids associé à chacun. Il apparait donc nécessaire d'identifier une méthode appropriée pour déterminer les poids des ménages. L'ACM (Asselin, 2002) est un cas particulier de l'ACG appliquée sur une base de données ne comportant que des variables qualitatives dont les catégories deviennent des variables dichotomiques codifiées en 0 ou 1 par exemple. Il ne sera pas nécessaire pour nous de normaliser les variables car elles sont toutes codifiées en 0 ou 1. Ce processus de codification binaire est une technique reconnue dans tout processus de recherche d'informations. Il permet d'éliminer la linéarité observée dans le cas de l'ACP [Pritchett (1998)[24], Stifel (2000)]. Cette présentation des variables a un avantage par rapport à l'ACP qui s'intéresse aux seules variables quantitatives. En faisant l'ACM on peut inclure aussi bien des variables qualitatives que des variables quantitatives sous leur forme catégorielle obtenue par découpage. C'est la raison pour laquelle c'est cette dernière variante de l'approche d'inertie que nous retenons dans la première partie de notre Thèse.

Pour pouvoir apprécier la dynamique de la pauvreté nous procédons à des tests de dominance stochastique en comparant le niveau de cet indice (en représentant cet indice sous forme de courbe)

[24]Cité par Jean de lagarde (1998).

que nous obtenons grâce à l'ACM. Ces tests nous permettent de faire des comparaisons multidimensionnelles de la pauvreté dans le temps pour différents groupes de ménages camerounais suivant la zone de résidence. Nous mettons alors en relief la technique usitée dans le cadre de l'approche factorielle que nous retenons pour la construction de notre ICP (paragraphe VI.1.1), et nous présentons sommairement par la suite l'analyse en dominance stochastique (paragraphe VI.1.2), pour notre étude.

VI.1.1 ANALYSE EN CORRESPONDANCES MULTIPLES ET ANALYSE DE LA PAUVRETE

La technique de l'ACM est celle qui est adaptée lorsque les indicateurs primaires du bien-être des ménages peuvent être codifiés sous forme binaire ou plus. On obtient alors une base multidimensionnelle de données où tous les indicateurs primaires sont codifiés en 0 ou 1. Avec k indicateurs et n ménages (ou individus), chaque unité de la population peut être représentée par un vecteur-ligne de dimension $(1\ ;\ k)$. De même, chaque indicateur peut être représenté un vecteur-colonne de dimension $(n\ ;\ 1)$. Les relations entre les variables et ou les ménages ne sont pas directement appréhendables dans cet espace de dimension$(n\ ;\ k)$. Comme toutes les autres techniques d'analyse factorielle, l'ACM recherche un sous-espace optimal dans lequel on peut dépister les liaisons (non linéaires) entre les indicateurs, entre les individus ou entre indicateurs et individus. Le processus de recherche des sous-espaces optimaux passe par la maximisation de l'inertie du nuage de points. A partir de la matrice des données, nous recherchons les vecteurs propres associés aux premières valeurs propres qui mesurent l'inertie du nuage des points projetés. Le premier vecteur propre associé à la première valeur propre (la valeur propre la plus élevée) est appelé premier axe factoriel ; il a un sens particulier. C'est en effet l'axe en direction duquel l'étalement du nuage de points est maximal. Sur le premier axe factoriel issu de la projection du nuage des points-variables, chaque indicateur primaire de bien-être a une coordonnée factorielle encore appelée score. Ce score traduit l'importance de l'indicateur sur le premier axe factoriel. Le poids recherché dans la forme fonctionnelle de l'ICP correspond à ce score normalisé c'est-à-dire le rapport entre le score et la valeur propre, (pour plus amples détails voir Bibi S., 2002). L'ICP ainsi obtenu nous permet au final de faire des comparaisons robustes des niveaux de pauvreté en dominance stochastique.

VI.1.2 NOTION DE DOMINANCE STOCHASTIQUE

Dans la dominance stochastique, on s'intéresse à la distribution d'un indice de pauvreté (ICP) dans une population à un instant donné. Ensuite on considère cette même population à une autre date avec le même indicateur. Notons qu'à chaque date, on ne fixe pas de ligne de pauvreté et qu'on tient compte de l'intervalle de variation de l'ICP. La dominance stochastique, nous amène alors à procéder à des comparaisons robustes de la pauvreté au Cameroun, et ensuite dans les zones rurale et urbaine prises séparément. En appliquant les concepts des fonctions d'utilité mesurable au problème des choix parmi des distributions de probabilité de revenus, Quirk et Saposnik (1962) ont contribué à spécifier la théorie de la dominance stochastique. Dans la première partie de cette Thèse, nous étendons l'approche de la dominance pour des comparaisons de pauvreté multidimensionnelle, telle que mise en évidence par Atkinson (1987) et Shorrocks et Foster (1988) dans un cadre unidimensionnel[25].

Il est souvent difficile lorsque l'on procède à des comparaisons des niveaux de pauvreté, de définir des seuils de pauvreté cardinale. Aussi, les changements de pauvreté observés dans le temps peuvent être sensibles aux choix d'indices, de seuils, voire d'échelle d'équivalence. Une manière de dépasser cette difficulté consiste à adopter une méthode d'analyse ordinale. Ce type de méthode part du constat que la détermination du seuil de pauvreté est entourée d'incertitudes. Pour tenir compte de cela, Atkinson (1987), propose d'utiliser l'approche par la dominance stochastique introduite par Rotschild et Stiglitz (1970) dans le cadre des comportements en univers incertain. Dans le cadre de cette méthode, on cherche à identifier les conditions sous lesquelles on peut comparer deux situations de manière non ambigüe. Lorsqu'on procède à des comparaisons de mesures de la pauvreté entre plusieurs périodes ou entre différents groupes, il est important de tester la résistance des changements observés dans les indices de la pauvreté. En effet, ces changements peuvent dépendre de la ligne de pauvreté

[25] Atkinson et Bourguignon (1982, 1987) ont été les précurseurs de cette approche dans un contexte de bien-être social multidimensionnel. Voir aussi Crawford (1999).

choisie, au point que l'utilisation de deux lignes de pauvreté différentes peut indiquer des changements en sens contraire. La comparaison des mesures à l'aide de techniques de dominance stochastique peut aider à estimer la résistance de classements ordinaux de la pauvreté. En outre, afin de faire une comparaison robuste du faible revenu pour deux distributions de revenu, il est important de vérifier que le faible revenu dans l'une des distributions domine toujours le faible revenu dans l'autre, quel que soit le faible revenu utilisé. Cette exigence peut être satisfaite en s'appuyant sur la méthode de dominance stochastique, qui est fondée sur les comparaisons des fonctions de répartition cumulatives de revenus des ménages au sein d'une population. On distingue plusieurs ordres de dominance.

Une dominance stochastique de premier ordre implique la comparaison des fonctions de distribution cumulative de l'indicateur de bien-être (revenu ou consommation), pour chacune des périodes (année de l'enquête) ou pour les différents groupes de ménages. Une distribution domine une autre si la fonction de distribution des revenus pour l'année ou le groupe de ménages considérés se situe au-dessus de celle qui correspond à l'autre année ou à l'autre groupe à tous les niveaux de revenu ou de consommation. S'il s'avère que la dominance de premier ordre se confirme pour deux années ou deux groupes différents, il s'ensuit que toutes les mesures de la pauvreté de la classe FGT, à savoir le nombre de pauvres, l'écart de pauvreté et l'écart de pauvreté au carré, de la première année ou du premier groupe sont plus élevés que celles de l'autre année ou de l'autre groupe pour toutes les lignes de pauvreté. Les tests de dominance de deuxième ordre reposent sur l'analyse de courbes dites de « déficit ». Ce sont les intégrales des fonctions de la distribution cumulative des revenus. Elles permettent de déterminer si la pauvreté a reculé ou avancé avec le temps pour toutes les mesures de la pauvreté de l'ordre de l'écart de pauvreté ou d'un ordre supérieur (écart de pauvreté au carré).

Des niveaux de dominance encore plus élevés peuvent être définis, et la dominance stochastique à variables multiples peut être utilisée dans un contexte de distributions multidimensionnelles. Des tests de dominance stochastique séquentielle ont également été développés pour vérifier la résistance des comparaisons de la pauvreté aux différentes hypothèses d'évolution des besoins des ménages en fonction de leur taille, quelles que soient les lignes de pauvreté choisies (pour des applications récentes, voir, par exemple, Duclos et Makdissi, ou

Makdissi et Wodon, 2001)[26]. L'intérêt de l'analyse en dominance est que la dominance stochastique, pour différents ordres permet d'inférer, pour une large classe d'indices, si la pauvreté, le bien-être ou l'inégalité sont plus ou moins élevés dans une distribution que dans une autre ; résultats valables pour une large classe d'indices suivant l'ordre de dominance retenu. Ce qui facilite le ciblage des pauvres en ce qui concerne les politiques de lutte.

VI.2 METHODOLOGIE POUR L'ETUDE DES INEGALITES DE SANTE

La méthodologie de cette recherche relativement à l'étude des inégalités de santé relève d'une approche descriptive basée sur la théorie de l'information (méthode d'entropie). Pour apprécier les inégalités dans l'accès aux soins de santé publique au Cameroun, nous construisons un indice d'inégalité à l'aide de la technique d'entropie. Par la suite, à l'aide de la décomposition par la méthode de Dagum (1997a, 1997b), nous mesurons la distribution de notre indice au sein de l'ensemble de la population camerounaise (ECAM II de 2001 et ECAM III de 2007) divisée en quatre sous-groupes [population urbaine, population rurale, ménages dirigés par une femme, ménages dirigés par un homme population masculine] en utilisant la méthode d'entropie. Nous mettons en évidence les enjeux sous-jacents à la mesure des inégalités dans l'accès aux soins de santé publique. La littérature économique montre que les mesures d'inégalités sélectionnées dépendent des axiomes les définissant. A cet effet, en 1967 Theil s'interroge sur la notion de décomposabilité en sous-groupes des mesures d'inégalité entre hommes et femmes, catégories socioprofessionnelles, groupes d'âge, régions, etc.... . Cette méthode permet de considérer que la mesure des inégalités ne peut être réalisée en supposant que la population est constituée d'agents économiques identiques ou homogènes et que des inégalités peuvent exister entre les agents économiques. Mussard S. (2005) affirme à ce sujet que les mesures issues de l'entropie, tout comme celles appartenant à la classe des indices d'Atkinson-Kolm-Sen [Blackorby, Bosset et Donalson (1999]), reposent sur un axiome[27] de décomposabilité additive

[26]Cité par Duclos et al. (2006).

[27] Un axiome est une proposition évidente, première, non démontrable dont on tire des conséquences logiques.

comparable à l'axiome d'utilité de Neuman V. J. et de Morgenstern O.. Il ajoute par ailleurs que dans la littérature, il est admis que la finalité de la décomposition en sous-groupes est d'expliquer les inégalités d'accès aux soins de santé par exemple, par le degré d'implication des différents groupes qui composent la population mère. Il est à cet effet question d'expliquer la contribution des divers groupes de la population à l'existence des inégalités de santé. Lesquelles inégalités pourraient provenir des disparités de niveau de vie (inégalité et pauvreté non monétaire) à l'intérieur ou entre les différents groupes de la population camerounaise.

VI.2.1 METHODE D'ENTROPIE ET MESURE DES INEGALITES DE SANTE

Cette approche relève du champ de la théorie de l'information[28]. La théorie de l'information se développe en 1940 avec pour précurseur Shannon C., comme une discipline de la théorie mathématique de la communication. Le but de la théorie de l'information est de déterminer comment des données peuvent être transmises en chaîne sans pertes ou erreurs significatives (Shannon C., 1948). La théorie de l'information ne s'intéresse pas au contenu, ni aux moyens de comprendre l'information. La mesure de la perte d'information contenue dans un système (données transmises) est connue sous le nom d'entropie, en référence au concept utilisé en thermodynamique. Shannon propose de mesurer l'information espérée contenue dans un échantillon en utilisant un indice d'entropie[29] :

$$H(X) = -\sum_{i=1}^{n} p(x) log_i p(x) = \sum_{i=1}^{n} p(x) log \frac{1}{p(x)} \quad (1)$$

[28]Léon Brillouin (1889-1969), cité par Philippe Jacquet (2009), définit l'information en s'appuyant sur le dictionnaire de Webster, comme : « communication ou réception de renseignements. Faits, tous prêts à être communiqués, et que l'on doit distinguer de ceux relevant de la pensée ou incorporés dans une théorie ou un corps de doctrine. Données, faits nouveaux, renseignements, connaissances résultants de l'étude d'une observation ».On peut poser que l'information est le matériau brut et qu'elle consiste en une collection de données, tandis que la « connaissance », la science, demande une certaine réflexion, un effort de la pensée et l'organisation de cet ensemble de données par comparaison et classification. Ce n'est que dans une étape ultérieure que l'on parvient à la connaissance scientifique et à la formulation scientifique des lois.
[29]Cité par Maria Ana Lugo et Maasoumi Esfandiar (Mars, 2009).

Où X est une variable aléatoire avec une fonction ou distribution de probabilité $p(x) = \Pr(X = x)$. Plus l'évènement est probable, plus $p(x)$ est grand, et plus l'entropie causée par l'occurrence de l'évènement est faible. L'indice d'entropie est une mesure de la moyenne de l'incertitude d'une variable aléatoire. En d'autres termes, cet indice mesure la quantité d'information requise, en moyenne, pour décrire une variable aléatoire[30]. La valeur de $H(X)$ est comprise entre $0\ et\ \log N$, et la valeur minimum de l'entropie est atteinte lorsque la probabilité d'un évènement i est égale à l'unité (un) et $p(x_j) = 0\ , \forall\ j \neq i$. L'entropie est maximale lorsque tous les évènements sont vraisemblables ou ont la même probabilité d'occurrence. $H(x)$ est une fonction concave de $p(x)$, et respecte les propriétés de décomposabilité que sont la continuité, la normalisation, la ressemblance de groupe (Shannon C., 1948).

Relativement à loi logarithmique de l'information, L. Brillouin (1956), expose dans le premier chapitre de son ouvrage la relation entre l'information définie par Shannon C. (1948) et la probabilité. Envisageons de ce fait un problème qui comporte un certain nombre de réponses possibles, lorsque l'on ne possède pas d'informations particulières sur la situation présente. Si l'on parvient à obtenir quelques informations sur le problème, le nombre des réponses possibles se trouve diminué et une information totale peut même conduire à une seule réponse possible. L'information est une fonction du rapport des réponses possibles après et avant qu'on l'ait reçue ; on a choisi une loi logarithmique afin de pouvoir additionner les informations qui correspondent à des situations indépendantes.

Lorsque l'on compare deux distributions de probabilité, $p(x)\ et\ q(x)$, l'entropie relative est utilisée pour mesurer la distance entre les deux distributions. Cette mesure relative d'entropie est définie par :

$$D(p \parallel q) = \sum_{i=1}^{n} p(x) \log \frac{p(x)}{q(x)} \quad (2)$$

L'entropie relative $D(p \parallel q)$ donne le minimum additionnel d'information que $q(x)$ fournit sur $p(x)$. Shannon (1948) montre que

[30]Lire pour cela, Cover T., et al., (2003).

$D(p \parallel q) \geq 0, D(p \parallel q) = 0$ si et seulement si $p(x) = q(x)$ et que $D(p \parallel q)$ est convexe par rapport à la paire (p, q).

En 1967, Henri Theil propose d'utiliser la mesure d'entropie relative pour construire les indices d'inégalités économiques. Il stipule que le revenu peut être vu comme une variable aléatoire et chaque individu de la population ayant une probabilité $p(x_i) = \frac{s_i x_i}{\sum_{i=1}^{n} x_i}$ (part du revenu) de recevoir le revenu x_i , s_i étant la proportion d'individus ayant un montant de revenu x_i. Une telle distribution de revenu est comparée à une autre distribution de revenu dite « idéale » où chaque individu de la population considérée reçoit la même quantité de revenu, avec la probabilité $q(x) = \frac{1}{n}$. Le premier indice de H. Theil est ainsi défini comme suit :

$$T_1 = \frac{1}{n} \sum_{i=1}^{n} \frac{x_i}{\bar{x}} \ln \frac{x_i}{\bar{x}}$$
(3)

Où $\bar{x} = \frac{1}{n} \sum_{i=1}^{n} x_i$ est la moyenne du revenu et n la taille de la population considérée. Si tout le monde dispose du même revenu $(x_i = \bar{x})$, cas de l'égalité parfaite, l'indice T prend la valeur $T = 0$, puisque $\ln \frac{\bar{x}}{\bar{x}} = \ln 1 = 0$. A l'autre extrême, si un seul individu de la population totale, détient toutes les unités du revenu disponible $(x_i = n\bar{x})$ pendant que les autres individus de la même population ne disposent d'aucune unité de revenu $(x_j = 0, \forall j \neq i)$, cas de l'inégalité parfaite, cet indice de H. Theil atteint alors son niveau maximum, $T = \ln n$.[31]

Une mesure alternative des inégalités fondée sur l'entropie peut être définie de manière analogue en inter-changeant les probabilités telles que la distribution de la population soit $p(x)$ et celle de revenu $q(x)$. Le deuxième indice de Theil[32] se formule alors ainsi qu'il suit :

---

[31]Theil montre de plus queT_1a un lien direct avec l'indice d'entropie$H(x)$ tel que $T_1 = \ln n - H(x)$, avec $\ln n$ le niveau maximum d'inégalité possible et $H(X)$ pouvant être interprété comme une mesure d'égalité.

[32]Ce second indice de Theil est l'information espérée contenue dans le message transformant la distribution de la population en probabilité à priori en la distribution de revenu à postériori (Henri Theil, 1967, page 125).

$$T_2 = \frac{1}{n}\sum_{i=1}^{n} \ln\left(\frac{\bar{x}}{x_i}\right)$$

T_2 prend la valeur zéro en cas de parfaite égalité dans la distribution de revenu au sein de la population totale considérée ; il prend une valeur positive sinon.

Ces deux mesures proposées par Theil H. satisfont à l'ensemble des propriétés désirables des mesures d'inégalités (principe de transfert de Pigou-Dalton, principe de population de Dalton, principe d'anonymat ou de symétrie, principe de normalisation, d'invariance relative, de décomposabilité additive, de décomposition cohérente en sous-populations)[33]. En particulier, ces indices sont invariants par changement d'échelle (si tous les revenus varient proportionnellement, la mesure ne change pas ; donc cette mesure est indépendante des unités de mesure de revenu), satisfont au principe de transfert (un transfert de revenu d'un individu riche vers un individu pauvre, sans inversion de la distribution de revenu dans la population, diminue l'inégalité), et sont décomposables en sous-groupes ou sous-populations (composantes inter et intra sous-populations des inégalités). S'appuyant sur cette dernière propriété et comme le montre lui-même Theil H., nous préférons sa mesure pour l'étude des inégalités de santé au Cameroun au détriment d'autres mesures d'inégalités comme le coefficient de Gini (Gini, 1912) dont la décomposition n'est pas parfaite[34].

Une fois la technique de construction de notre indice d'inégalité multidimensionnel retenue, nous nous intéressons à la méthode de décomposition en sous-groupes de Dagum C. (1997a et 1997b) grâce à laquelle nous procéderons à la décomposition de notre indice.

VI.2.2 DECOMPOSITION EN SOUS GROUPES DE DAGUM ET ANALYSE DES INEGALITES DE SANTE AU CAMEROUN

Dans le cadre de cette recherche, ce sont les résultats obtenus par Rao en 1969 qui retiennent notre attention. Pendant cette année 1969, Rao essai de comprendre la détermination des mesures d'inégalités du revenu ou de tout autre indicateur de bien être comme la santé, en privilégiant soit une décomposition en sous-groupes soit une décomposition en sources de revenu. La première, celle qui nous

[33] Stéphane Mussard et Michel Terraza (2005).

[34] Cité par Henri Theil (1967).

intéresse, est consacrée à la détermination des inégalités à l'intérieur des groupes et entre les groupes

Courant l'année 1967, Theil H. met en exergue la notion de décomposition en sous-groupes (ou sous-populations)[35] des mesures d'inégalité (par exemple, hommes et femmes, catégorie socioprofessionnelles, régions, groupes d'âges, etc.….). Cette méthode permet de considérer que l'étude des inégalités ne peut être réalisée en supposant que la population est réduite à un agent représentatif. Les techniques de décomposition en sous-populations permettent donc de comprendre que les populations sont constituées d'agents économiques différents par nature et que des disparités entre ces agents peuvent être observables. D'après Blackorby, Bossert et Donaldson (1999)[36], les mesures issues de l'entropie, tout comme celles appartenant à la classe des indices d'Atkinson-Kolm-Sen, reposent sur un axiome de décomposabilité additive similaire à l'axiome d'indépendance qui caractérise l'espérance d'utilité de Neumann V. N. et Morgenstern O. Ces auteurs ajoutent d'ailleurs que cet axiome qui revient dans l'axiome de Savage renvoie au paradoxe mis en relief par Allais M. et Ellsberg, dans le cadre de la théorie de la décision prenant en compte les incertitudes et les aléas. Ils concluent alors qu'une propriété moins exigeante que celle de décomposition additive serait bienvenue pour caractériser les indices d'inégalités.

Notre méthode de décomposition en sous-groupes s'intéresse à décomposer la structure de l'indice d'inégalité de santé en une mesure intra-groupe et une mesure inter-groupes. En divisant la population camerounaise (ECAM II et ECAM III) en plusieurs groupes (ménages urbains, ménages urbains, ménages dirigés par une femme, ménages dirigés par un homme), le coefficient intra-groupe est l'intensité des inégalités de santé qui prévalent à l'intérieur des groupes. La mesure inter-groupes symbolise les inégalités de santé qui existent entre les groupes de population. A ce sujet, la décomposition en sous-groupes de Dagum C., à l'aide du *Program for Dagum's Gini index decomposition* (Dagum C. et al., 2012), nous permet de mettre en relief la propriété de séparabilité additive en deux éléments des mesures d'inégalités de santé décomposables et construites comme notre indicateur d'inégalité de santé à l'aide de la méthode d'entropie généralisée.

---

[35]Pour plus de précision, voir Henri Theil, (1967), « *Economics and information theory* ».

[36]Cité par Stéphane Mussard et Michel Terraza (2009).

En général, la finalité de la décomposition en sous populations est d'expliquer les inégalités de santé par le degré d'implication des différents groupes composant l'ensemble des ménages camerounais. On voudrait par exemple savoir si les ménages ruraux participent plus que les ménages urbains à l'explication des inégalités de santé au Cameroun. Ou encore si les inégalités de santé proviennent des différences à l'intérieur du groupe des ménages dirigés par les hommes ou des différences entre les groupes de ménages en fonction du sexe de leurs chefs.

Relativement à la décomposition en sous-populations des inégalités de santé, la mesure d'entropie est souvent préférée à celle de Gini en raison des propriétés de monotonie et de la cohérence en sous-groupes. Elle permet une analyse simple des inégalités en sous-groupes. En effet, si les inégalités de santé augmentent (respectivement diminuent) au sein de certains groupes, toutes choses égales par ailleurs, l'inégalité de santé totale augmente (respectivement diminue). Cependant, il serait légitime de penser que les inégalités de santé suivent une logique bien plus complexe. Un relâchement de la condition de monotonie permet d'envisager le cas selon lequel l'inégalité de santé totale diminue (respectivement augmente) même si les inégalités à l'intérieur des groupes augmentent (respectivement diminuent). Il suffit pour cela que le montant des inégalités de santé inter-groupes soit supérieur à la somme des inégalités de santé intra-groupes.

VII INTERET DE L'ETUDE

Cette étude est d'un double intérêt. Un intérêt pratique pour les professionnels de la politique économique, et un intérêt scientifique pour les chercheurs. Pour ce qui est de l'intérêt scientifique, l'ACM approchant la pauvreté sous l'angle multidimensionnel, et l'analyse en dominance stochastique permettant de faire des comparaisons robustes, notre recherche tire partie de l'avantage conféré par la combinaison de ces deux techniques. En effet, sur les plans théorique et pratique, divers arguments peuvent être avancés pour justifier le recours à des approches multidimensionnelles pour mesurer la pauvreté que ce soit en milieu urbain ou en milieu rural. La constatation repose sur le fait que la pauvreté n'est pas liée uniquement à la faiblesse du revenu ou des dépenses de consommation par exemple. Elle est aussi due à des manques au niveau d'autres dimensions du bien-être. Pour le PNUD

(1997) par exemple, la pauvreté humaine n'est pas qu'une question de revenu, c'est une privation des possibilités de choix et d'opportunité qui permettraient aux individus de mener une vie décente. C'est dans ce même sillage qu'abonde l'approche des capacités de Sen A. (Sen, 1992), s'appuyant principalement sur la théorie de la justice développée en 1971 par Rawls J. (cité par Audard, 1997). Dans la pratique, il est admis que le seul indicateur de pauvreté basé sur une mesure monétaire (revenu, dépense ou consommation) ne reflète pas le niveau de vie d'un individu et ne permet pas de concrètes comparaisons robustes dans le temps et ou dans l'espace, de l'évolution de ses conditions de vie. L'approche multidimensionnelle est beaucoup plus large et plus riche que l'approche basée sur un seul indicateur (le revenu ou les dépenses de consommation) et nécessite l'utilisation de plusieurs données individuelles sur plusieurs dimensions du bien-être. Relativement aux inégalités de santé, l'importance de cette recherche se situe au niveau de la technique décomposition additive de la population mère en sous-populations. L'intérêt de cette séparabilité est d'obtenir toute l'information sur la structure des inégalités de santé au sein de notre population mère. Elle autorise l'évaluation des inégalités provenant des différences entre les sous-populations et des différences à l'intérieur des sous-populations, suivant le sexe et le milieu de résidence.

Sur le plan pratique, cette étude permet aux décideurs de politique économique de connaître l'évolution de la pauvreté non monétaire au Cameroun depuis les deux dernières enquêtes sur les conditions de vie des populations, en zone urbaine comme en zone rurale, et aussi de compléter le DSCE[37] qui ne prend en compte que la pauvreté monétaire. Ceci peut aider les autorités gouvernementales à évaluer le niveau d'atteinte des OMD. En effet le DSCE du Cameroun se présente comme un ensemble de stratégies ou un cadre stratégique visant à faire sortir le Cameroun du sous-développement et donc de la pauvreté pour en faire une Economie émergente. C'est la raison pour laquelle il met un accent particulier sur la conduite et l'atteinte des OMD. Dans cet ensemble de huit objectifs, le premier consiste justement à réduire l'extrême pauvreté et la faim dans le monde. L'intérêt de cette étude est aussi d'implémenter la décomposition en sous-groupes de Dagum des inégalités de santé afin de capter leur

[37] Le DSCE (Document de Stratégie pour la Croissance et l'Emploi) se pose comme la version revue et corrigée du DSRP. Le Cameroun a adopté son DSCE en Novembre 2009.

répartition depuis les deux dernières enquêtes sur les conditions de vie des ménages. Ce type de décomposition de la structure des inégalités de santé établit un lien entre l'analyse statistique des inégalités et les effets des politiques économiques. Cette décomposition permet de tester l'impact d'une politique de gratuité des soins de santé pour un groupe de population sur les inégalités de santé inhérentes aux groupes et aux sources de privation. Il s'agit de savoir si une politique de gratuité de soins va réduire les inégalités inter-groupes (ménages dirigés par les hommes et ménages dirigés par les femmes par exemple) ou au contraire si une telle mesure de politique sociale va accroître les inégalités intra groupes.

PLAN:

Le présent ouvrage se décline en deux parties. Dans la première partie nous mettons l'accent d'une part sur la définition et les concepts de la pauvreté, sur les mesures de la pauvreté et d'autre part sur l'Analyse en Correspondances Multiples et les tests de dominance stochastique de la pauvreté non monétaire au Cameroun et à la discussion des résultats obtenus. La seconde partie s'intéresse à l'analyse des inégalités de santé au Cameroun. Il est question pour nous, à l'aide d'une analyse en décomposition en sous-populations de l'indice d'entropie par la méthode de Dagum, de mesurer la répartition des inégalités de santé au Cameroun.

PREMIERE PARTIE : LA PAUVRETE NON MONETAIRE AU CAMEROUN

INTRODUCTION DE LA PREMIERE PARTIE

Cette première partie est consacrée à la mesure et l'analyse de la pauvreté non monétaire au Cameroun. Elle se décline en deux Chapitres. Le Chapitre premier traite de la définition, des concepts et de différentes mesures de la pauvreté. Au deuxième chapitre, nous mettons en œuvre l'approche d'inertie à travers l'Analyse en Correspondances Multiples et ensuite nous procédons à des tests de dominance stochastique pour étudier la pauvreté non monétaire au Cameroun. Nous terminons ce Chapitre 2 par la discussion des résultats obtenus.

CHAPITRE I: DEFINITIONS, CONCEPTIONS ET MESURES DE LA PAUVRETE

VII. INTRODUCTION AU CHAPITRE I

Paul Valery stipule que, « tel mot qui est parfaitement clair quand vous l'entendez ou l'employez dans le langage courant et qui ne donne lieu à aucune difficulté quand il est engagé dans le train rapide d'une phrase ordinaire devient magiquement embarrassant, introduit une résistance étrange, déjoue tous les efforts de définition quand vous le retirez de la circulation pour l'examiner à part et que vous lui cherchez un sens après l'avoir soustrait de sa fonction momentanée »[38]. Le mot «pauvreté» est une illustration qui fonde en raison une telle assertion. En effet, malgré l'abondance des écrits, le concept de pauvreté reste à maints égards imprécis et ambigu. Les analystes reconnaissent qu'il n'existe pas de définition absolue et universelle de la pauvreté [Ravallion M. (1996), Asselin L. M. (2002)]. Aussi rencontre-t-on plusieurs définitions de la pauvreté qui renvoient soit à des aspects monétaires (insuffisances des revenus), matériels (absence de certains biens), nutritionnels (calories alimentaires insuffisantes), sanitaires (accès insuffisant aux soins de santé adéquats), culturels (analphabétisme), etc. ... Ce caractère multidimensionnel de la pauvreté fait aujourd'hui l'objet d'un consensus. Ainsi la pauvreté peut être définie comme un manque, une insuffisance ou une privation de quelque chose, comme l'incapacité d'atteindre un certain bien-être ou un niveau de vie, que l'on peut essayer de capter à partir de critères monétaires, matériels, nutritionnels, sanitaires, culturels, etc. ... Dès lors qu'un consensus est trouvé au sujet de la définition de la pauvreté, il se pose désormais le problème de sa mesure. Dans ce chapitre, en première section, nous explorons les principales écoles de pensée auxquelles le concept de pauvreté peut renvoyer (section 1). Dans la section suivante, nous passons en revue les notions de pauvreté absolue, pauvreté relative, et de pauvreté subjective. Par la suite, nous nous intéressons aux différentes approches rencontrées dans la littérature pour mesurer

---

[38]Abdelkhalek Touhami et al (2009).

la pauvreté dans un cadre unidimensionnel d'une part (section 3), et d'autre part dans un cadre multidimensionnel (section 4). La section 5 met l'accent sur les techniques de construction des indicateurs composites de pauvreté. Enfin dans la section 6 nous mettons en relief la méthode que nous retenons pour la construction de notre ICP.

SECTIONI. PRINCIPALES ECOLES DE PENSEE EN MATIERE DE PAUVRETE

Dans la littérature, les fondements philosophiques du concept de pauvreté sont nombreux et fournissent plusieurs approches pour définir la pauvreté. On distingue ainsi deux principales écoles de pensée: l'école *welfariste*, et l'école non *welfariste*. Cette dernière école se subdivise en deux approches à savoir l'approche des besoins de base, et l'approche des capacités. Notons ainsi que chaque école conduit à une identification différente des pauvres et a ses recommandations spécifiques en matière de politique de réduction de la pauvreté.

I.1 L'ECOLE WELFARISTE

Encore appelée approche utilitariste de la pauvreté, l'approche des *welfaristes* proposée par les néoclassiques (Koloma Y., 2008)[39], prend appui sur la théorie du bien-être. Cette approche est ainsi associée au niveau des revenus ou des dépenses de consommation des personnes, à travers une fonction d'utilité définie sur l'ensemble des biens et services capables de rendre compte des préférences de chaque individu pour des ensembles alternatifs de biens et services de consommation. Le consommateur retire une certaine utilité qui est fonction du type et de la quantité des biens consommés d'une part et d'autre part de ses caractéristiques de choix. Formellement, étant donné le vecteur (K) représentant les caractéristiques du consommateur et (X) le vecteur des quantités de biens et services disponibles, nous pouvons écrire :

$$U = U(X; K), \quad \text{où } U(.) \text{ est la fonction d'utilité.} \qquad (1)$$

Le consommateur étant rationnel, il cherche à maximiser son utilité en choisissant un vecteur Y de biens et de services dans X. Ce choix va

[39] Cité par Bibi, S. (2002)

dépendre non seulement de son revenu, mais aussi des caractéristiques du consommateur. D'où

$$Y = Y(K; P; R) \qquad (2)$$

avec K, le vecteur des caractéristiques ; P le vecteur des prix des biens et services ; R le revenu du consommateur.

Considérons le vecteur des biens et services choisis par le consommateur c'est-à-dire le vecteur Y. La dépense de consommation liée à ce vecteur Y s'écrit :

$$D = PY(K, P, R) \qquad \text{avec} \quad D \leq R$$

Sous l'hypothèse que tout le revenu est consacré à la consommation, l'inégalité précédente devient :

$$D = PY(K; P; R\,) = R \qquad (3)$$

Les relations (1) et (2) permettent d'écrire : $U = U(K; P; R)$ (4)

Les relations (3) et (4) entrainent à leur tour la relation: $U = U(K; P; D)$ (5)

Cette relation (5) n'est valable que si le coût que représente le montant D est minimum.

Dans cette perspective utilitariste maximaliste où le but est d'atteindre le bien-être le plus élevé possible sous contrainte budgétaire, l'approche consiste donc au final à évaluer la pauvreté à partir de préférences ou des choix exprimés par les individus eux-mêmes. En théorie on peut dire qu'il y'a autant de préférences que d'individus, même si celles-ci peuvent faire l'objet de typologies ou de regroupements. D'où la possibilité de construire des indicateurs simples et composites de bien-être sur la base du revenu moyen ou bien des dépenses de consommation évaluées en termes monétaires, après des ajustements qui utilisent les Indices de Prix à la Consommation (IPC).

Cette approche présente des limites importantes[40] : elle sous-tend une conception trop étroite du bien-être [Lachaud (1998), Deaton A. (2003)[41]][42] et fait abstraction de certains facteurs qui ont

[40] En plus de l'hypothèse de comparabilité interindividuelle des préférences (Arrow, [1963] ; cité par Ravallion, [1996]).

[41] "*Even if you have enough goods, they are worth little if you are not healthy enough to enjoy them*". (page 12).

[42] Cité par Fusco (2005).

vraisemblablement une utilité[43]dont la valeur n'est toutefois pas quantifiable, lorsqu'elle ne se manifeste pas dans le comportement de consommation, comme les biens non marchands et les aspects non matériels de la condition humaine [Ravallion M. (1996), Deaton A. et Muellbauer (1980)[44]]. En outre, considérer le revenu comme seul moyen de ciblage des pauvres réduit l'efficacité des politiques de lutte contre la pauvreté, notamment en asymétrie d'information [Ponty, (1998), Ayadi et al. (2005)]. Comme le souligne Sen A. (1997), le fait de disposer d'une consommation élevée ne signifie pas toujours qu'on réalise toutes les aspirations-« *functionnings* »- valorisées par la société dans laquelle on vit et qui sont susceptibles de permettre à un individu de mener une vie décente. De plus, ces mesures ne tiennent pas toujours compte du choix des individus qui peuvent décider de réduire volontairement leurs dépenses de consommation en vue de la satisfaction d'un besoin inobservé. Fort de ce constat, il nous semble utile d'examiner la notion de pauvreté vue sous l'angle de l'école non *welfariste*.

I.2 L'ECOLE NON WELFARISTE

En nous inspirant de Ravallion M. (1996), nous pouvons dire qu'à l'opposé l'école *welfariste* ou utilitariste, se dresse l'école dite non-utilitariste ou non *welfariste*. Cette autre approche conventionnelle préconise d'évaluer la pauvreté selon des normes et valeurs non pas propres à chaque individu, mais d'après un contexte social donné. L'approche non-utilitariste, approche normative, a tendance à mettre en valeur l'idée d'un minimum vital pour se nourrir, se vêtir ou se soigner de manière adéquate, selon les normes propres à chaque société. L'approche non-utilitariste qui insiste sur la multidimensionnalité du bien-être se subdivise en deux approches. Elle peut ainsi être mise en relief en considérant les capacités de l'individu d'une part ou ses besoins d'autre part (Ravallion M., 1996).

---

[43] Selon le PNUD (2000, cité par Zerbo [2003] p.4), certains biens ont à la fois une valeur utilitaire directe et une valeur instrumentale dans la réalisation du bien-être : indépendamment de tout autre effet, ils influent directement sur le bien-être, mais sont aussi des moyens d'accès à d'autres biens et peuvent avoir des effets au plan des capacités des individus.

[44] Cité par Borel Foko et al (2006).

I.2.1 L'approche des besoins de base ou des besoins essentiels

Cette approche a été impulsée par le B.I.T dans les années 1970. Elle permet d'analyser la pauvreté en fonction des critères de satisfaction ou non de certains besoins essentiels qui sont socialement définis dans chaque société. Par exemple, les besoins essentiels peuvent être: « une alimentation adéquate, une bonne santé, savoir lire et écrire, un logement décent, un bon habillement, etc. ». Nous pouvons donc dire, dans le même sillage qu'Asselin et Dauphin (2000), que les pauvres sont ceux qui sont privés d'un ensemble de commodités de base perçues comme préalables à l'atteinte d'une certaine qualité de vie[45].

Malgré son apparente simplicité, la mise en œuvre de l'approche des besoins pose des problèmes de définition de ce qu'on entend par besoins essentiels. Par exemple, qu'est ce qu'une alimentation adéquate? Quelle est la ration adéquate quantitativement et qualitativement, même au niveau d'une société, en présence notamment de communautés culturellement différentes? C'est la raison pour laquelle ces besoins sont souvent déterminés de manière exogène, par le planificateur, l'analyste ou les experts (nutritionnistes, physiologistes, etc. ….) indépendamment des perceptions des populations. Une autre difficulté, souvent évoquée, concerne l'agrégation de ces besoins en un indicateur de pauvreté et la subjectivité dans les choix des seuils de pauvreté.

Ainsi, comme le souligne, PNUD (2007), sous l'angle des besoins essentiels, il ne peut y avoir de définition universelle de la pauvreté et par conséquent des critères universels d'identification des pauvres. Les critères dépendent de chaque société. Si l'on prend par exemple la notion de « minimum vital », elle renvoie selon Smith A. (1776), non seulement aux «produits de base qui sont indispensables à la subsistance» mais également à tous ceux dont la coutume du pays, quelle qu'elle soit, fait de la carence de ceux-ci une indécence pour les personnes dignes d'estime ». En d'autres termes « la pauvreté économique demande un examen culturel ». Ces réflexions indiquent que les critères économiques et socioculturels doivent être associés pour bien comprendre et mesurer le phénomène de la pauvreté. On peut ainsi dire qu'il n'existe pas de définition absolue et universelle de la

[45] Cité par Foko Borel et al, (2006, page 5).

pauvreté et que celle-ci est un phénomène multidimensionnel, relatif, subjectif et dynamique :

-Multidimensionnel, parce que c'est un phénomène qui concerne plusieurs aspects de la vie humaine (alimentation, santé, éducation, habillement, loisir, logement, etc. ...) ;

-Relatif, du fait que son appréciation et sa perception varient d'un individu à l'autre ; sa conception varie aussi d'une société à l'autre, en fonction des ressources disponibles ;

-Subjectif, car au sein d'une même société, la notion de besoin de base varie d'un individu à un autre. Ainsi chacun sait ce qui est nécessaire ou important pour lui, selon le système de référence social auquel il adhère ;

-Dynamique, parce que la pauvreté est conditionnée par des changements structurels et conjoncturels de nature économique, climatique, politique, culturelle, technologique, etc. Ainsi, c'est un phénomène qui évolue et qui varie selon les époques au gré des circonstances du moment.

I.2.2 L'approche des capacités

L'analyse des capacités considère que le type de vie que mène un individu est fonction de ses capacités à bien combiner ses atouts physiques et intellectuels (savoir-faire ou habileté). Cette combinaison permet à chaque individu d'accéder ou non à un minimum vital dans un contexte social et environnemental donné. C'est à l'économiste Sen A. que l'on doit cette approche[46]. En effet, dans les années 1980 (Foko Tagne B. et al, 2006), Sen A. rejette l'utilité comme l'étalon du bien-être, de même que les formules non utilitaristes basées sur les besoins. Pour lui, le bien-être signifie être bien, être en mesure de vivre longtemps, être bien nourri, être en bonne santé, éduqué, etc. ... Selon Sen A., la valeur du niveau de vie n'a rien à voir avec la possession de biens, c'est la faculté qu'ont les individus de fonctionner[47]. La pauvreté devant être perçue comme une privation de cette faculté.

[46] Cité par Ravallion, (1996, page 6)

[47] Ce fonctionnement décrit, selon Sen, les différentes choses qu'une personne peut aspirer à être ou faire, ses beings and doings (voir Bertin, 2003, p.5, cité par Borel Foko et al. 2006).

-La capacité renvoie à la liberté que possède l'individu, étant donné d'une part ses caractéristiques (âge, sexe ethnie, religion, santé, niveau d'instruction, patrimoine, migrant, etc..) et, d'autre part, les opportunités qui lui sont offertes par la société (accès à l'emploi, accès aux infrastructures publiques de base, accès au crédit, sécurité, corruption, pratiques discriminatoires, perception des conditions de vie, etc..), de rechercher le bien-être: choisir parmi tous ses fonctionnements potentiels, ceux qui vont lui permettre de satisfaire ce qu'il a raison de valoriser. Ces fonctionnements peuvent être des plus simples, comme « se nourrir décemment », ou plus compliqués, comme « vivre une vie digne d'être vécue ». Le bien-être d'un individu est mesuré par l'utilité retirée de ses capacités et des fonctionnements effectivement accomplis. Ainsi en se focalisant sur les réels moyens que possèdent les individus pour convertir leurs ressources en satisfaction, cette approche élargit l'évaluation du bien-être à des aspects autres que monétaires.

-Cependant la mise en œuvre empirique de cette approche pose plusieurs problèmes : (i) le choix de la base informationnelle retenue pour évaluer le bien-être soulève une difficulté d'ordre conceptuelle, et (ii) la construction d'un indicateur synthétique de bien-être pose un problème factuel de choix entre « capacités » ou « fonctionnements ». Pour Brandolini et d'Alessio (1998)[48], se concentrer sur la capacité c'est tenir compte d'alternatives potentielles, infinies, qui ne seront jamais choisies par l'individu (car il ne les valorise pas). Il serait donc nécessaire de se tourner vers les fonctionnements accomplis comme mesure ultime du bien-être.

SECTIONII. PAUVRETE REELLE-ABSOLUE-RELATIVE-SUBJECTIVE

En vue de présenter les différents concepts de pauvreté relative, pauvreté absolue, pauvreté apparente et pauvreté subjective, mettons d'abord en relief la notion de seuil de pauvreté. D'après Ayadi et al (2005), le seuil de pauvreté désigne le niveau de bien-être en deçà duquel un individu sera considéré comme pauvre. Il représente le niveau minimum de bien-être jugé nécessaire pour mener une vie décente. Selon l'approche monétaire, c'est le niveau de revenu ou de

[48] Cité par Bertin (2003, page 8) et Borel Foko et al (2006, page 5).

dépenses de consommation minimal requis pour atteindre ce niveau de bien-être. Il représente donc la « frontière de démarcation » entre les pauvres et les non pauvres. On parle encore de ligne de pauvreté. Il existe différents types de seuil de pauvreté.

II.1 Pauvreté absolue, seuil de pauvreté absolue

La notion de seuil de pauvreté absolue renvoie à l'utilisation d'une ligne de pauvreté indépendante du niveau de bien-être dans la population. Le seuil de pauvreté absolue présente l'avantage de favoriser les comparaisons entre différentes périodes et différents pays. Il existe plusieurs méthodes de détermination d'un seuil de pauvreté absolue. Nous relevons entre autres:

-L'approche nutritionnelle que Lachaud (1999) qualifie de pragmatique. Elle consiste à déterminer le minimum calorique nécessaire pour une existence saine. Le niveau calorique utilisé en général dans les différentes études est celui fourni par l'OMS[49] (Organisation Mondiale de la Santé) ou la FAO (*Foods and Agricultural Organization*), (cité par Akoété et al, 2009). Le seuil de pauvreté ici est déterminé, en estimant le revenu nécessaire pour acquérir un panier d'aliments fournissant une valeur calorique égale au seuil (calorique) retenu. Cependant Lachaud (1999) souligne que l'utilisation de cette approche n'est pas indiquée pour les comparaisons dans le temps et dans l'espace. En effet la relation entre les dépenses et les besoins dans divers groupes est fonction du niveau d'activité, des prix relatifs, des goûts.

-La méthode du coût des besoins essentiels. D'après Ponty (1998), suivant cette méthode, en plus de s'intéresser au seuil calorique minimum, on s'intéresse aussi à la satisfaction de certains besoins jugés essentiels. Le seuil de pauvreté s'obtient en additionnant le montant des dépenses nécessaires pour l'atteinte du seuil calorique et celui nécessaire pour acquérir certains biens vitaux. Le seuil indiqué par la Banque Mondiale (BM, 2005b) est de 1,25 US $ par jour et par personne en PPA de 2005.

---

[49] OMS, (1995), « An evaluation of infant growth, the use and interpretation of anthropometry in infants », Bulletin of the world health organization, 73, pages 165-174.

La pauvreté absolue est attachée à l'utilisation d'un seuil absolue. Elle renvoie à une conception de la pauvreté indépendamment de la distribution de revenu (ou de l'indicateur de bien-être), de la période, et de la culture de la population étudiée. En effet un seuil absolu représente le minimum nécessaire pour acquérir certains biens et services de base jugés primordiaux pour l'atteinte d'un certain niveau de vie. Ainsi la pauvreté absolue est donc une insuffisance de ressources pour satisfaire des besoins jugés primordiaux.

II.2 Pauvreté relative-seuil de pauvreté relatif

On parle de pauvreté relative lorsque le seuil de pauvreté est fonction de la distribution de bien-être (en l'occurrence le revenu ou les dépenses de consommation). Ainsi le seuil de pauvreté varie dans le temps et dans l'espace. Il est alors dit relatif. Dans la pratique on utilise très souvent une fraction du revenu médian ou moyen. On retrouve très souvent dans la littérature les taux de 50%[50] ou de 60%[51] de la médiane comme seuil. On retrouve aussi d'autres seuils comme ceux retenus par Grootaerd dans une étude sur la pauvreté en Côte d'Ivoire (cité par Ponty, 1998) qui utilise le troisième décile des dépenses de l'année 1985 pour la mesure de la pauvreté et le premier décile pour mesurer l'extrême pauvreté. De par sa définition, le seuil de pauvreté relatif varie en fonction de la distribution de revenu. On note qu'une augmentation de tous les revenus d'un même montant n'a pas d'effet sur le niveau de pauvreté. L'utilisation d'un seuil relatif de pauvreté monétaire est très fréquente pour les PD. Le seuil de pauvreté renvoie donc à une conception de la pauvreté appelée pauvreté relative. Selon le concept de pauvreté relative, une personne est pauvre lorsque les ressources dont elle dispose sont faibles comparativement à celles des autres membres de la société.

II.3 Pauvreté subjective

En nous inspirant de Ravallion M. (1996), la pauvreté subjective est encore appelée approche participative. Cette démarche consiste à

[50] Le taux de 50% de la médiane est très utilisé en France, notamment dans les études menées par l'INSEE.

[51] Ce seuil est généralement utilisé dans les études européennes.

définir le concept de pauvreté en fonction des perceptions que les individus concernés ont de leur situation. Il s'agit ici de ne plus laisser les populations à l'écart du débat sur la pauvreté, mais plutôt d'intégrer la vision qu'elles ont de celle-ci dans l'étude de ce phénomène. Cette approche fait appel à la construction d'un seuil de pauvreté subjectif. Les seuils de pauvreté selon les individus auront tendance à croître en fonction de leurs niveaux de richesse. Sur la figure 1.1 ci-dessous, qui matérialise la détermination d'un seuil de pauvreté subjectif Z, en dessous de la première bissectrice, le revenu minimum subjectif est inférieur au revenu effectif. Conséquemment, tous les individus ou les ménages disposant d'un niveau de revenu inférieur au seuil Z se perçoivent comme pauvres. Quant à ceux des ménages possédant un revenu situé au dessus de ce seuil de pauvreté subjectif Z, ils se considèrent comme non pauvres car ils estiment détenir une dotation de richesse suffisante.

Figure 1.1 : Détermination d'un seuil de pauvreté subjectif

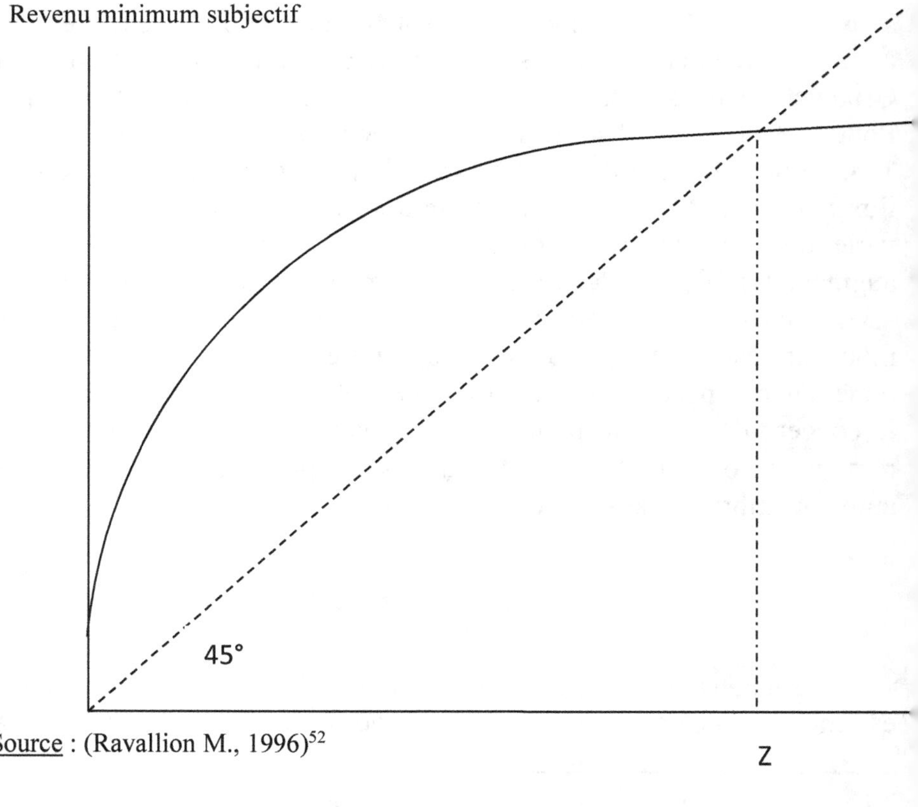

Source : (Ravallion M., 1996)[52]

[52] Ravallion M., 1996, « Comparaisons de la pauvreté, concepts et méthodes ».

SECTIONIII. CADRE UNIDIMENSIONNEL DE LA MESURE DE LA PAUVRETE

III.1 Les indices de Foster-Greer-Thorbecke (FGT)

Ces sont des indicateurs de pauvreté de la famille FGT proposés en 1984 par Foster, Greer, et Thorbecke E. . Leur formule générique s'énonce comme suit :

$$P_\alpha = \frac{1}{n}\sum_{i=1}^{i=q}\left(\frac{Z-Y_i}{Z}\right)^\alpha \quad \text{avec } \alpha \geq 0$$

où "n" représente le nombre d'individus dans la population totale, "Z "le seuil de pauvreté, "Y" l'indicateur de bien-être (généralement le revenu ou la consommation des ménages), "q" le nombre de pauvres dans la population (nombre de personnes dont le revenu est inférieur à Z), "α" est un paramètre qui s'interprète comme le degré d'aversion à l'inégalité en matière de pauvreté. Le choix de "α" est orienté par l'importance accordée à la tranche la plus pauvre de la population. En effet le poids attribué aux pauvres est d'autant plus grand que la valeur de "α" augmente. Selon que "**α**" soit égal à zéro, un ou deux, on obtient trois indicateurs de pauvreté qui sont complémentaires et tiennent compte des insuffisances de l'indicateur de rang inférieur.

Pour α=0, P_0 équivaut à l'incidence de la pauvreté. Cet indice permet de mesurer l'ampleur ou encore l'étendue de la pauvreté dans une population. Il se définit comme la proportion des pauvres dans la population. L'incidence est mesurée par la proportion de la population se situant sous la ligne de pauvreté. Son expression est donnée par

$$H = \frac{q}{N}$$

où *q* et *N* représentent respectivement le nombre de pauvres et l'effectif de la population totale.

Pour α=1, P_1 équivaut à la profondeur de la pauvreté. Cette profondeur ou gap représente le déficit moyen à combler par les individus considérés comme pauvres pour qu'ils atteignent la ligne de pauvreté. Cette mesure a été introduite en vue de tenir compte à la fois de l'incidence de la pauvreté et de son intensité. On a ainsi la formulation :

$$P_1 = H \times I \text{ avec } I = \frac{1}{qz}\sum_{i=1}^{i=q}(z - y_i) \ ,$$

où H désigne l'incidence de la pauvreté et I l'intensité, cet indicateur correspond aussi au rapport entre le montant minimum pour éradiquer la pauvreté et le montant maximum pour éliminer celle-ci. En effet le montant minimum est celui nécessaire pour l'élimination de la pauvreté en utilisant des ciblages appropriés. Sa valeur est de$\sum_{i=1}^{i=q}(z - y_i)$. Tandis qu'en l'absence de tout ciblage, le montant nécessaire est de *nz*.

Pour α=2, P_2 équivaut à la sévérité de la pauvreté. Cette mesure prend en compte la distribution de l'indice de bien-être entre les pauvres. Elle est influencée par l'inégalité de bien-être, entre les pauvres.

Pour une distribution continue de revenus ou des dépenses, la classe P_α des mesures de la pauvreté est donnée par :

$$P_\alpha = \int_{i=1}^{Z} \{((Z - y_i)/Z)^\alpha f(y)\}dy$$

L'atout majeur des indices FGT est leur propriété de décomposabilité. L'axiome de décomposabilité assure que la pauvreté est additivement décomposable par sous groupe de population, c'est-à-dire que la pauvreté agrégée peut être représentée comme une somme adéquatement pondérée des niveaux de pauvreté dans les différents sous groupes de la population. L'axiome de décomposabilité facilite la construction des profils de pauvreté et permet ainsi de garantir que lorsque la pauvreté augmente dans un sous groupe, la pauvreté globale s'accroît *ceteris paribus*.

III.2 La mesure de Sen

En 1981, Sen A. propose une forme générale pour les indices de pauvreté, à savoir :

$$P_\alpha = \sum_{i=1}^{q} (z - y_i) v_i(z, y_i)$$

où$y_i$désigne l'indicateur de bien-être, pour l'individu "i" et "q" le nombre de pauvres. Pour sa construction, Sen s'appui sur trois axiomes que doit vérifier cette mesure (Ponty, 1998) :

L'axiome C : Classement ordinal de privation. Les poids accordés aux individus sont fonction décroissante de leur niveau de bien-être. D'où, plus l'individu est pauvre, ou éloigné du seuil de pauvreté, plus le poids qui lui est accordé est grand. Sen propose à cet effet d'affecter à chaque individu un poids égal à son rang parmi les pauvres.

L'axiome M : Monotonie du bien-être par rapport au revenu. Le bien-être est une fonction strictement croissante du revenu.

L'axiome N : Normalisation des privations absolue. La mesure de la pauvreté est égale au gap de pauvreté si tous les ménages pauvres disposent d'un même revenu. En définitive, Sen A. obtient l'indicateur suivant :

$$P(y,z) = \frac{2}{(q+1)nz}\sum_{i=1}^{q}(q+1-i)g_i$$

où $g_i = (z - y_i)$

SECTIONIV. CADRE MULTIDIMENSIONNEL DE LA MESURE DE LA PAUVRETE

On peut répartir les différentes approches de mesure de pauvreté multidimensionnelle en deux catégories, les approches axiomatiques et les approches non axiomatiques.

IV.1 LES APPROCHES AXIOMATIQUES

La démarche axiomatique provient du souci d'éliminer l'aspect arbitraire dans le choix ou la construction d'une mesure de pauvreté. Elle consiste à se fixer des axiomes que doit vérifier une « bonne » mesure de pauvreté. Comme le souligne Koloma Y. (2008)[53], il s'agit principalement des axiomes utilisés dans le cadre unidimensionnel.

IV.2 LES APPROCHES NON-AXIOMATIQUES

Elles peuvent être scindées en deux catégories. Une première catégorie où la méthodologie consiste à utiliser un indicateur agrégé dans chacune des dimensions étudiées pour construire une mesure de

[53] Cité par Borel Foko et al, 2006.

pauvreté et une deuxième catégorie où l'on agrège les indicateurs relatifs aux différentes dimensions au niveau des unités primaires.

IV.2.1 Approche basée sur l'utilisation de plusieurs indices unidimensionnels

Cette démarche consiste à utiliser les indices unidimensionnels de bien-être pour construire une mesure agrégée de pauvreté sur l'ensemble de la population étudiée. On note à ce niveau deux étapes. La première consiste à construire pour chaque dimension une mesure pour l'ensemble de la population. On obtient ainsi une série d'indices relatifs à chaque dimension. La seconde étape consiste à intégrer ces indices en un seul ; ce qui donnera un aperçu général de la pauvreté sur l'ensemble des dimensions au sein de la population. Cette étape est d'autant plus nécessaire, qu'elle facilite les comparaisons entre plusieurs pays ou régions. En effet, les études comparatives entre pays ne sont pas aisément réalisables lorsqu'elles intègrent plusieurs dimensions. C'est dans cette logique que sont construits les indicateurs tels que l'IDH (Indice de Développement Humain) ou l'IPH (Indice de Pauvreté Humaine). L'IPH est une mesure de pauvreté élaborée surtout dans le cadre des études de pauvreté au niveau des PED (Pays en Développement). En effet d'après le PNUD (2007), elle se focalise surtout sur des variables qui expriment le mieux cette pauvreté dans les pays pauvres. Ainsi, l'IPH repose sur trois composantes couvrant des dimensions jugées primordiales à l'existence. On distingue en l'occurrence:

-Une composante relative à la longévité ou encore à la privation en termes d'espérance de vie. Elle est exprimée par le pourcentage d'individus susceptibles de mourir avant quarante ans.

-Une composante relative aux privations en termes d'éducation. Elle est représentée par le pourcentage d'individus analphabètes.

-Une dernière composante synthétisant les privations de trois dimensions. Il s'agit entre autres de l'accès aux services de santé, l'accès à l'eau potable, et le pourcentage d'enfant de moins de cinq ans souffrant de malnutrition.

Si on note respectivement P_1, P_2, et P_3 , les première, deuxième et troisième composantes de l'IPH, l'expression de celui-ci est donnée par :

$$P(\alpha) = (\frac{\omega_1 P_1^{\alpha} + \omega_2 P_2^{\alpha} + \omega_3 P_3^{\alpha}}{\omega_1 + \omega_2 + \omega_3})^{1/\alpha}$$

où ω_1 ,ω_2 ,ω_3 représentent les pondérations pour les différentes composantes.

Il est à souligner que le choix de α est fonction du degré de substituabilité entre les différentes composantes. Ainsi, une valeur de α=1 traduit une substituabilité parfaite entre les différents aspects de la pauvreté pris en considération. Par contre une valeur de α tendant vers l'infini traduit une non substituabilité totale. En effet lorsque α tend vers l'infini, l'IPH tend vers max (P_1, P_2, P_3)[54].

En ce qui concerne l'IDH, c'est un indicateur proposé par le PNUD dans son « Rapport sur le développement humain » qui paraît annuellement depuis 1990. Estimant que les indicateurs (tels que le revenu national) sur le développement ne répondaient pas assez à la question : « Est-ce que les populations profitent du développement ? », le PNUD a proposé cet indicateur prenant en compte trois facteurs essentiels : la longévité et la santé, l'accès à l'éducation et enfin l'acquisition des ressources nécessaires pour mener une existence décente. L'IDH s'établit donc à partir de trois composantes :

-L'espérance de vie, qui est la composante relative à la longévité et la santé,

-L'alphabétisation, pour avoir une image concernant le domaine de l'éducation et de la connaissance[55],

-L'accès aux ressources nécessaires pour mener une vie décente. Pour l'évaluer trois mesures sont souvent utilisées. Il s'agit du revenu par habitant, du PIB (Produit Intérieur Brut) par habitant, et du logarithme du PIB par habitant.

Définissons X_1, X_2 , X_3représentant respectivement l'espérance de vie, le taux d'alphabétisation des adultes et le PIB par habitant. Pour le calcul de l'IDH on commence par définir une mesure de privation dans chacune des dimensions évoquées précédemment. Pour ce faire, on définit dans chacune de ces dimensions un seuil maximal $X_{i,max}$

---

[54] Pour la démonstration, voir PNUD (1997), cité par Nembot Ndeffo et al. (2009).

[55] Le PNUD estime en effet que malgré que le taux d'alphabétisation soit très faible pour donner un aperçu du niveau d'éducation, elle représente une donnée essentielle car l'alphabétisation c'est la porte d'entrée au domaine de la connaissance.

(seuil pour la dimension i) et un seuil minimal $X_{i,min}$. La privation pour la dimension i est donnée par :

$$I_i = \frac{X_{i,max} - X_i}{X_{i,max} - X_{i,min}}$$

L'expression de l'IDH est donc,

$$IDH = 1 - (\frac{1}{3}\sum_{i=1}^{3} I_i)$$

IV.2.2 Approche basée sur la construction d'un indicateur multidimensionnel

Ces approches sont fréquemment utilisées pour la mesure de la pauvreté multidimensionnelle. Il s'agit d'agréger les différentes dimensions directement au niveau des unités primaires. En d'autres termes, il s'agit de construire un indicateur composite de pauvreté encore appelé indice micro multidimensionnel de pauvreté. On distingue plusieurs approches pour la construction des indicateurs composites de pauvreté. On peut citer entre autres la méthode des scores, l'ACP non linéaire. Dans les PED trois grandes approches sont généralement utilisées (Ambapour S., 2006). Il s'agit précisément de l'approche basée sur la théorie de l'information, de celle fondée sur la théorie des ensembles flous et l'approche de l'inertie. Ces trois approches sont mieux explicitées dans le cadre de la section suivante.

SECTIONV. INDICATEURS COMPOSITES DE MESURE DE LA PAUVRETE

Dans cette section, nous présentons trois approches de construction d'indicateurs composite de pauvreté.

V.1 L'APPROCHE D'ENTROPIE

Cette approche encore appelée approche par la théorie de l'information tire ses fondements de la mécanique dynamique. C'est probablement Theil H. qui en 1967 introduit les applications de cette théorie en économie. La mesure d'entropie d'une distribution de probabilité P donnée, se définit comme la mesure de l'incertitude de cette distribution. Il existe plusieurs mesures d'entropie. La plus usitée est celle de Shannon.

Soit X une variable aléatoire, soit $\{x_1, x_2, x_3, \ldots\ldots\ldots\ldots x_n\}$ son espace d'arrivée. Posons $p_i = P\{X = x_i\}$ pour tout $i = 1 \ldots\ldots\ldots\ldots\ldots\ldots\ldots\ldots n$

L'entropie de cette distribution de probabilité est donnée par :

$$H(P) = E\big(h(x)\big)$$

Où $h(x)$ désigne la quantité d'information associée à la réalisation de l'évènement$\{X = x\}$.

Dans le cas de l'entropie de Shannon C., $h\{x\} = log_2\{x\}$. D'où l'expression de l'entropie de Shannon[56] :

$$H(P) = \sum_{k=1}^{k=n} p_k log_2(p_k)$$

Un enseignement important qui ressort de cette théorie est la mesure de la divergence entre deux distributions. On enregistre plusieurs classes de mesures des divergences parmi lesquelles celle de Rényi (Asselin, 2002) ou encore celle proposée par Massoumi E.

Considérons deux distributions de probabilité $P = (p_1 \ldots\ldots\ldots\ldots p_n)$ et $Q = (q_1 \ldots\ldots\ldots\ldots\ldots\ldots q_n)$. Selon Batana (2007), la classe de mesure de divergence utilisée par Massouni s'exprime comme suit :

$$GE_\gamma(Q, P) = \frac{1}{\gamma(\gamma+1)} \sum_{i=1}^{n} Q_i \left[\left(\frac{Q_i}{P_i}\right)^\gamma - 1\right] \quad \text{avec } \gamma \neq 0;-1$$

L'idée de Massouni E. dans le cadre de la construction d'un indicateur multidimensionnel est de minimiser la divergence entre la distribution de l'indicateur composite et les distributions des indicateurs primaires. Soit $I_k, k \in \{1 \ldots\ldots\ldots\ldots K\}$, une famille d'indicateurs primaires. Soit C l'indicateur composite, pour mesurer la proximité ou la divergence entre C et I_k, Massouni utilise la classe $GE_\gamma(Q, P)$. Ainsi la divergence entre C et I_k est donnée par

---

[56] On utilise très souvent le logarithme népérien.

$$GE_\gamma(C, I_k) = \frac{1}{\gamma(\gamma+1)} \sum_{i=1}^{n} C_i \left[\left(\frac{C_i}{I_{k,i}} \right)^{\gamma} - 1 \right]$$

Les différentes dimensions n'ayant pas toutes la même importance dans la mesure de la pauvreté, le choix optimal d'un indicateur composite se fait en minimisant la somme pondérée des divergences entre les distributions des indicateurs primaires et celle de l'indicateur composite. Cet indicateur optimal s'obtient donc en minimisant l'expression

$$GE_\gamma(C, I, \lambda) = \sum_{k=1}^{K} \alpha_k \left(\frac{1}{\gamma(\gamma+1)} \sum_{i=1}^{n} C_i \left[\left(\frac{C_i}{I_{k,i}} \right)^{\gamma} - 1 \right] \right)$$

avec α_k, $k = 1 \dots\dots\dots K$, qui désigne le poids accordé à l'attribut k. D'après Asselin (2002), la solution générale est donnée par

$C_i = \left(\sum_{k=1}^{K} \alpha_k {I_{k,i}}^{-\gamma} \right)^{-1/\gamma}$ avec $\gamma \neq 0;-1$

L'une des principales critiques adressées à l'encontre de l'approche d'entropie est l'aspect arbitraire dans la détermination des différents poids accordés aux attributs.

V.2 L'approche fondée sur la théorie des ensembles flous

La théorie des ensembles flous permet d'identifier les personnes pauvres par leur degré de possession d'un attribut. Elle a été développée par Zadeh L. en 1965. En 1990, Cerioli et Ziani développent une première méthode multidimensionnelle pour mesurer la pauvreté basée sur cette théorie. Dagum C. et Costa M. (2004) ont ensuite introduit les indices unidimensionnels pour mesurer l'état de privation de chaque attribut pour l'ensemble de la population, permettant de mesurer la contribution de chaque dimension à la pauvreté globale. Mussard S. et Pi Alperin M. N. (2006) ont pu alors proposer une décomposition synthétique qui combine à la fois le rôle des groupes de population et les dimensions de la pauvreté dans l'explication de la pauvreté totale. Les partisans de cette approche estiment que la transition entre la pauvreté et la non-pauvreté est continue. Comme les contributions calculées sont normalisées et bornées dans [0;1], les changements dans les indices concernent des valeurs très petites. Il est assez restrictif d'établir une frontière nette entre la pauvreté et la non-pauvreté, de faire une partition dichotomique de la population selon les critères pauvres/non-pauvres. Selon cette approche la pauvreté n'est pas une propriété que l'on possède ou pas. Résumons les principales notions concernant cette approche de la pauvreté multidimensionnelle.

Soit $A = \{a_1, a_2, \dots\dots\dots\dots\dots\dots\dots\dots a_n\}$ l'ensemble des ménages situés dans un espace économique, et soit $X = \{X_1, \dots\dots\dots\dots\dots\dots X_j, \dots\dots.X_m\}$, un vecteur d'ordre m des attributs socio-économiques sélectionnés pour étudier la pauvreté de A. Appelons B un sous ensemble flou de A tel que chaque $a_i \in B$ présente un degré de privation dans au moins un des m attributs inclus en X.

La fonction d'appartenance au sous-ensemble flou B du i-ème ménage, $(i = 1 \dots\dots\dots.n)$ par rapport au j-ième attribut$(j = 1 \dots\dots\dots.m)$, est définie de la manière suivante

$$x_{ij} : \mu_B\left(X_j(a_i)\right), \qquad 0 \leq X_{ij} \leq 1(1)$$

Avec :

-$X_{ij} = 1$, si le i-ème ménage n'a pas le j-ième attribut,

-$X_{ij} = 0$, si le i-ème ménage possède le j-ième attribut,

-$0 \leq X_{ij} \leq 1$, si le i-ème ménage possède le j-ième attribut avec une intensité comprise entre (0 ; 1)

La fonction d'appartenance du i-ème ménage au sous ensemble flou B, mesure le ratio de pauvreté multidimensionnelle du ménage a_i où w_j est le poids attaché au j-ième attribut. Cette fonction peut être définie comme le poids moyen de X_{ij} :

$$\mu_B(a_i) = \frac{\sum_{j=1}^{m} x_{ij}w_j}{\sum_{j=1}^{m} w_j} \qquad 0 \leq \mu_B(a_i) \leq 1(2)$$

Plus précisément,

-$\mu_B(a_i) = 0$, si α_i possède les m attributs,

-$\mu_B(a_i) = 1$, si a_i est totalement dépourvu des m attributs,

-$0 \leq \mu_\beta(a_i) \leq 1$, si a_i est partiellement privé de quelques attributs, mais pas totalement démunis de tous les m attributs.

w_j est le poids de l'attribut j, et $w_j \in [0; 1]$.

Le poids des pondérations dépend du contexte social et des croyances du chercheur. Lelli (2000), et Cerioli et Zani (1990) proposent d'utiliser un poids égal à l'inverse de la population des individus pauvres en termes de l'attribut considéré :

$$w_j = log\left[\sum_{i=1}^{n} g(a_i) / \sum_{i=1}^{n} x_{ij}\, g(a_i)\right] \geq 0 \quad (3)$$

En imposant :

-$\sum_{i=1}^{n} g(a_i) \geq 0$ pour exclure les attributs X_i / $x_{ij} = 0$, c'est-à-dire qu'on exclut les attributs dont le niveau de privation est nul pour les ménages.

-$\sum_{i=1}^{n} g(a_i) = n$.

Les pondérations w_j dépendent négativement du degré de privation en terme des attributs X_j. Plus la fréquence de privation est importante, plus la valeur de w_j est proche de 0. Ainsi si un grand nombre de ménages ne possède pas un attributX_j, alors cet attribut ne se présente pas comme une source importante de privation. (Exemple : une voiture de moins de 5ans). Par contre lorsqu'une grande proportion de la population jouit du service public d'électricité, à titre d'exemple, le sentiment de privation des ménages qui en sont exclus est très intense.

La théorie des ensembles flous permet aussi de déterminer un indice multidimensionnel représentant le degré de privation du *j-ième* attribut pour la population des *n* ménages :

$$\mu_B(X_j) = \frac{\sum_{i=1}^{n} x_{ij} g(a_i)}{\sum_{i=1}^{n} g(a_i)} \quad (4)$$

Où $g(a_i) / \sum_{i=1}^{n} g(a_i)$ est la fréquence relative associée à l'observation de l'échantillon a_i de la population.

L'indice de pauvreté multidimensionnelle de la population *A* peut être définie comme une moyenne pondérée de $\mu_B(a_i)$ donné par :

$$\mu_B(a_i) = \frac{\sum_{j=1}^{m} x_{ij} w_j}{\sum_{j=1}^{m} w_j}$$

Et aussi une moyenne pondérée des indices unidimensionnels pour chaque attribut $[\mu_B(x_j)]$:

$$\mu_B = \frac{\sum_{i=1}^{n} \mu_B(a_i) g(a_i)}{\sum_{i=1}^{n} g(a_i)} = \frac{\sum_{j=1}^{m} \mu_B(x_j) w_j}{\sum_{j=1}^{m} w_j} \quad (5)$$

L'analyse des résultats obtenus de $\mu_B(x_j)$ pour [j=1...........m], donne la possibilité aux décideurs d'identifier la pauvreté et d'intervenir structurellement pour la réduire.

V.3 L'approche d'inertie

Elle tire ses fondements de la mécanique statique[57]. Elle repose sur des techniques d'analyse des données (Benzécri et Coll, 1970), (P. Bertier et Bouroche J. M., 1975 ; Caillez et Pages J., 1976 ; Volle M., 1978)[58]. L'objectif de l'analyse des données est de pouvoir extraire l'information sous une forme plus simplifiée et ordonnée, de résumer l'information à l'aide de nouvelles variables indépendantes appelées variables latentes, de ressortir les proximités entre les variables et entre les individus. Les principales méthodes sont l'ACP, l'AFC, l'ACM, et l'ACG.

L'ACP et l'AFC relèvent de la géométrie euclidienne et conduisent à diagonaliser une matrice carrée en extrayant les valeurs propres et les vecteurs propres. Si on considère un tableau X à n lignes et p colonnes, c'est-à-dire p variables mesurées sur n individus ; $X = \{x_{ij}/i \in I, j \in J\}$, $Card\ I = n$, le nombre d'éléments de l'ensemble I des individus, $Card\ J = n$, le nombre d'éléments de l'ensemble J des variables. A un tel tableau, on peut associer deux nuages de points:

-Le nuage $N(I)$ des individus avec n lignes dans l'espace E des individus, et on note

$E = \mathbb{R}^P$.

-Le nuage $N(J)$ des variables avec p colonnes dans l'espace F des variables, et on note $F = \mathbb{R}^n$.

En réalité, le problème géométrique de l'analyse factorielle que l'on se pose est de pouvoir obtenir dans un système d'axes appropriés, la meilleure représentation des nuages ci-dessus explicités pour la population faisant l'objet de l'étude. Pour obtenir ce système d'axes dits axes factoriels, ou axes d'inertie on opère graduellement, en cherchant successivement l'espace à une dimension E_1, à deux dimensionsE_2, et de façon générale l'espace à k dimensions E_k, en ajustant au mieux (au sens de l'inertie) les nuages des points. Pour le cas de l'ACP :

[57] André Picard, « Mécanique des corps rigides : Statique », 2006.

[58] Cité par Bosco et al, 2005.

$N(I) = \{x_i; m_i \ / \ i \in I\}$ est situé dans l'espace $\mathbb{R}^P$ dont on désigne par M la métrique pour mesurer les proximités entre individus. On suppose que chaque point i est muni d'une masse m_i : avec $m_i > 0$ et $\sum_{i=1}^{i=n} m_i = 1$. On suppose aussi que le tableau X est centré, c'est-à-dire que l'origine est placée au centre de gravité g_i: $\sum_{i=1}^{i=n} m_i x_{ij} = g_j = 0$. Mathématiquement, le problème de l'ACP s'énonce de la façon suivante : trouver le meilleur sous-espace affine$E_k (k < p)$ tel que l'inertie du nuage $N(I)$ par rapport à E_k soit minimum. Ce qui s'écrit :$I_n(E_k) = \sum_{i=1}^{i=n} m_i d^2(x_i, E_k) = \min d^2$ $(distance\ au\ carré)$.

Ce qui revient encore à déterminer E_k de telle sorte que l'inertie du supplémentaire orthogonal à E_k, $\left(I_n(E_k^{\perp})\right)$ du nuage $N(I)$ projeté sur E_k soit maximale, puisque :

$I_n(E_k) + I_n(E_k^{\perp}) = I_T$; (avec I_T, l'inertie totale).

On montre alors que :

-$I_n(E_1^{\perp}) = \lambda_1$, avec λ_1 la première valeur propre de matrice $X'XM$ (valeur de l'inertie sur le premier axe factoriel) ;

-$I_n(E_2^{\perp}) = \lambda_2$, avec λ_2 la deuxième valeur propre de la matrice $X'XM$ (valeur de l'inertie sur le deuxième axe factoriel) ;

-$I_n(E_k^{\perp}) = \lambda_k$, avec λ_k la $k'ième$ valeur propre de la matrice $X'XM$ (valeur de l'inertie sur le $k'ième$ axe factoriel).

Et $I_T = \sum_{\alpha=1}^{\alpha=p} \lambda_\alpha$ est l'inertie totale du nuage.

Notons que si :

-$M = I$ (métrique euclidienne classique), I_T est égale, à la somme des variances des p variables ;

-$M = D_{1/\sigma^2}$ (matrice des inverses et des écarts types), $I_T = trace\ de\ R$ (matrice de corrélations des p variables.

Si dans le tableau X, les lignes représentent les ménages et les colonnes les variables caractérisant le bien-être des ménages, les coordonnées factorielles des individus sur le premier axe (axe d'inertie maximale) sont considérés comme des indicateurs composites de richesses (ICP) de ces ménages.

La méthode d'inertie basée sur l'ACM, qui est un cas particulier de l'ACG est davantage explicitée au Chapitre 2 de cette étude.

SECTIONVI. LA DOMINANCE STOCHASTIQUE

La plupart des travaux empiriques sur la pauvreté ne juge le bien-être d'une personne qu'avec une référence unidimensionnelle, habituellement les dépenses ou bien le revenu par tête ou par adulte. Quand plusieurs indicateurs de bien-être sont utilisés, les comparaisons de pauvreté sont faites pour chaque indicateur indépendamment des autres[59], soit sont établies en utilisant une agrégation arbitraire de plusieurs indicateurs en seul indice[60]. Dans chacun des cas, l'agrégation par indices d'indicateurs individuels ou par individus de statuts individuels de bien-être requiert des règles d'agrégation spécifiques, et aucune d'entre elles n'a encore été connue de sorte à recevoir une approbation unanime[61]. Les comparaisons multidimensionnelles de la pauvreté requièrent également l'estimation des lignes de pauvreté multidimensionnelle.

L'analyse de la pauvreté exige donc l'identification des pauvres parmi la population totale et la construction d'un indice de pauvreté. Malgré les progrès des dernières décennies quant au mode d'appréhension de ces deux dimensions méthodologiques, la distinction analytique entre les questions d'indentification-- la détermination d'une ligne de pauvreté -- et d'agrégation --la dérivation d'un indice de pauvreté--demeure encore nettement affirmée. Or comme le souligne Foster et Shorrocks (1988), le fait de considérer séparément la génération d'indices de pauvreté--et la question implicite de l'ordre des distributions en termes de pauvreté-- et l'élaboration des seuils de pauvreté, peut se heurter à des difficultés pratiques, notamment lorsque l'on souhaite préciser quelle est, parmi deux distributions, celle qui exhibe le plus de pauvreté. En effet du point de vue des comparaisons de pauvreté, l'ambigüité réside dans la possibilité de classements contradictoires des états sociaux pour différentes lignes de pauvreté. Toutefois, cette difficulté peut être surmontée si les comparaisons de pauvreté sont fondées sur une variété de lignes de pauvreté. Ainsi, il

---

[59] Ce qui impliquerait par exemple de comparer les taux d'alphabétisation dans chacun des pays, puis les taux de mortalité dans chacun des pays, et ainsi de suite.

[60] L'exemple le mieux connu de cette pratique est l'IDH du PNUD qui utilise une moyenne pondérée d'indicateurs moyens de population.

[61] De telles règles ont été le sujet d'études de quelques travaux récents. Voir par exemple Tui (2000) et Bourguignon et Chakravarty (2002). Ces derniers donnent également plusieurs exemples intéressants dans lesquels les classements de pauvreté varient selon le choix de la méthode d'agrégation.

sera possible de conclure qu'une distribution englobe, sans ambigüité, moins de pauvres qu'une autre, si le classement obtenu pour une ligne de pauvreté n'est pas inversé en prenant en compte tout autre seuil admissible. Dans le cas contraire, les comparaisons de pauvreté demeurent ambigües. Par conséquent, malgré les efforts pouvant être réalisés quant à l'élaboration des lignes de pauvreté, il demeure utile de préciser les circonstances dans lesquelles deux distributions de revenus peuvent être ordonnées avec certitude en terme de pauvreté , de bien-être et d'inégalité[62], et de spécifier la relation qui prévaut entre les classements inhérents à plusieurs indices de pauvreté. En d'autres termes, la robustesse des comparaisons de pauvreté – tout comme d'inégalité et de bien-être, -- exige des jugements fondés sur des classements exempts d'ambiguïté pour des classes générales d'indices et une plage de variation des seuils de pauvreté. La dominance stochastique, pour différents ordres ; permet alors d'inférer, pour une large classe d'indices, si la pauvreté, le bien-être et l'inégalité sont plus ou moins élevés dans une distribution que dans une autre.

De plus, il est souvent difficile lorsque l'on procède à des comparaisons des niveaux de pauvreté, de définir des seuils de pauvreté cardinale. Aussi, les changements de pauvreté observés dans le temps peuvent être sensibles aux choix d'indices, de seuils, voire d'échelle d'équivalence. Une manière de dépasser cette difficulté consiste à adopter une méthode d'analyse ordinale. Ce type de méthode part du constat que la détermination du seuil de pauvreté est entourée d'incertitudes. Pour tenir compte de cela, Atkinson (1987), propose d'utiliser l'approche par la dominance stochastique introduite par Rotschild et Stiglitz (1970) dans le cadre des comportements en univers incertain. Avec cette méthode, on cherche à identifier les conditions sous lesquelles on peut comparer deux situations de manière non ambigüe.

D'une façon générale, considérons deux distributions de revenu A et B, dont les fonctions de répartition cumulatives sont F^A et F^B, respectivement ; ces fonctions sont supposées continues sur un domaine bien spécifié ;$[0 \ldots\ldots\ldots x]$, par exemple. Soit

[62] Naturellement, cette question soulève une autre tout aussi importante ; la relation entre les classements de pauvreté et les classements de bienêtre ou de distribution de revenus.

$D^1(x) = F(x)$ et $D^s(x) = \int_0^x D^{(s-1)}(y)dy$ pour tout entier $s \geq 2$

Nous disons que la distribution B domine stochastiquement la distribution A à l'ordre s si $D_A^s(x) \geq D_B^s(x)$ pour tous les seuils de faible revenu du domaine d'intérêt. Graphiquement, $D^1(x)$ est souvent appelé courbe d'incidence du faible revenu parce qu'il est tracé en portant le taux de faible revenu sur l'axe vertical et le seuil de faible revenu sur l'axe horizontal, ce qui permet au seuil de faible revenu de varier d'une valeur nulle à un seuil de revenu maximal sélectionné arbitrairement. Le graphe de $D^2(x)$ est habituellement considéré comme la courbe de déficit du revenu par rapport au seuil de faible revenu et le graphe de $D^3(x)$ est appelé courbe de gravité du faible revenu.

Puisque les deux courbes de densité peuvent être très proches l'une de l'autre, il est nécessaire de déterminer si leur écart est statistiquement significatif. Diverses hypothèses susceptibles d'être utilisées dans une procédure de test de la dominance stochastique sont proposées[63] dans la littérature. Par exemple, si on emploi une hypothèse nulle de non dominance de B sur A :

$H_0: D_B^s(x) - D_A^s(x) \geq 0$ pour tout "x" sur un domaine d'intérêt. Si l'hypothèse nulle est rejetée, nous pouvons légitimement inférer la dominance de B sur A. Nous pouvons montrer qu'une telle hypothèse est asymptotiquement bornée par le niveau nominal d'un test fondé sur la loi normale standard. Le test s'appuie sur l'approche de la statistique "t" minimale proposée par Kaur, Prakasa-Rao et Singh (1994) pour l'hypothèse nulle contre l'hypothèse alternative de dominance. Ces auteurs calculent la statistique "t" pour chaque valeur de "x" observée dans l'échantillon considéré, et rejettent l'hypothèse nulle de non-dominance et acceptent l'hypothèse alternative de dominance si la valeur de la statistique "t" minimale est significative au seuil de signification de 5 %. Cette méthode est souvent interprétée comme un test d'intersection-union, parce que la dominance de B sur Ane peut

[63] Voir Davidson et al. (2000) et Duclos et al. (2006) pour une discussion plus approfondie des divers tests d'hypothèses.

avoir lieu que si la statistique "t" pour la différence dans toute paire ordonnée est significative[64].

En réalité, il arrive souvent que deux distributions des revenus se recoupent dans l'intervalle d'intérêt. Le cas échéant, nous observons deux intervalles fermés et obtenons deux statistiques "t "minimales de signes opposés. Si les statistiques "t" minimales sont toutes deux significatives à un certain seuil de signification, nous concluons à la dominance de B sur A sur un domaine (intervalle) de distribution de revenu$[Z_{min}^{B} \dots\dots\dots\dots\dots Z_{max}^{B}]$, ainsi qu'à la dominance de A sur B entre $[Z_{min}^{A} \dots\dots\dots Z_{max}^{A}]$.

Par conséquent, la relation de dominance sur le domaine complet est incertaine ou indéterminée. Si cette situation se produit, nous pouvons résoudre le problème en recherchant un ordre plus élevé de dominance stochastique, axé sur une mesure qui accorde plus de poids aux personnes plus pauvres, afin d'arriver à une conclusion catégorique. Dans le cas d'une dominance du deuxième ordre, il s'agit de comparer les courbes de déficit du revenu par rapport au seuil de faible revenu, qui peuvent être tracées en calculant l'aire sous la courbe de la fonction de répartition (courbe d'incidence du faible revenu) et en représentant graphiquement sa valeur en fonction du seuil de faible revenu. De même, nous pouvons employer la dominance du troisième ordre en comparant les courbes de gravité du faible revenu (l'aire sous la courbe du déficit du revenu par rapport au seuil de faible revenu). Si nous n'arrivons pas à rejeter l'hypothèse nulle de non-dominance jusqu'aux conditions de troisième ordre, nous déclarons que les deux distributions du revenu ne sont pas comparables. Si on appelle Z^* le seuil de pauvreté qui varie entre $[Z^- \dots\dots Z^+]$, on peut examiner les classements des différentes distributions de revenu en fonction de l'incidence de la pauvreté dans l'intervalle de Z^* . Si le résultat en terme de classement de distributions est le même, alors la condition de dominance de premier ordre nous amène à conclure que Z^* appartient effectivement à l'intervalle $[Z^- \dots\dots Z^+]$ et qu'une distribution est effectivement dominée par l'autre.

Par exemple, Lachaud (1999), en s'intéressant au différentiel spatial de pauvreté en Mauritanie, effectue un test de dominance à partir des enquêtes nationales auprès des ménages réalisées en 1990 et en

---

[64] Il s'agit du contraire d'un test d'union-intersection [par exemple, Bishop, Smith, et Formby, (1991), cité par Bishop et al. (1995, 1997)], où la dominance de B sur A peut être déclarée s'il existe au moins une valeur de x telle que $D_A(x) - D_B(x)$ est rejetée.

1995/1996. Il aboutit au résultat suivant lequel, il existe une relative robustesse des classements des états sociaux en terme de pauvreté dans les trois groupes sociaux que sont, et par ordre décroissant de pauvreté : le secteur rural, les zones urbaines, et la capitale Nouackchott et les autres villes. Duclos J-Y (2002) fait une comparaison robuste de la pauvreté multidimensionnelle. Il s'intéresse entre autres exemples, à la pauvreté au Vietnam. En mesurant le bien-être suivant deux dimensions, les dépenses du ménage par tête et le statut nutritionnel. Ce dernier paramètre est mesuré par la taille des enfants standardisée par l'âge et le sexe. Et à l'aide de données du Vietnam LSMS (*Living Standards Measurements Surveys*) de 1993, les tests de dominance montrent que la, pauvreté est plus forte dans les zones rurales que dans les zones urbaines au Vietnam. Boccanfuso D. et Siméon A. (2006) mettent l'accent sur la dynamique et les déterminants de la pauvreté observée en Haïti sur la période 1986/1987 et 1999/2000. A partir de données d'enquêtes sur les conditions de vie des ménages haïtiens entre ces deux dates, ils utilisent la classe d'indicateurs décomposables FGT et des tests de dominance stochastique afin de tester la robustesse des changements de pauvreté dans le temps dans ce pays qui appartient au groupe des pays les plus sous développés dans le monde (PNUD, 2005)[65]. Au final, les résultats montrent une baisse importante de la pauvreté tant au niveau national que sur le plan sectoriel. Concernant les déterminants de la pauvreté, leurs résultats montrent que le milieu de résidence et l'appartenance à une catégorie socioprofessionnelle constituent les deux principaux facteurs influençant la pauvreté en Haïti. Batana Y. (2007), s'intéresse à la dominance en pauvreté multidimensionnelle. Il procède à une inférence statistique appliquée au cas des pays de l'UEMOA. Ils analysent les relations de dominance de pauvreté multidimensionnelle dans six pays de l'UEMOA que sont la Côte d'Ivoire, le Togo, le Benin, le Mali, le Niger, le Burkina Faso. Ils considèrent deux dimensions, le statut nutritionnel et l'indice de richesse. A l'aide de données d'Enquêtes de Démographie et de Santé (EDS), cet indice de richesse est bâti à partir de l'ACM d'une part et de la maximation d'une fonction de vraisemblance et l'analyse bayésienne d'autre part. Il utilise des tests de *bootstrap*, pour identifier 12 relations de dominance entre ces pays. Ainsi la, pauvreté apparait plus aigüe en zone rurale qu'en zone urbaine. Ces résultats concordant avec ceux issus de l'approche unidimensionnelle. Araar A. (2007); propose un

[65] Cité par Boccanfuso Dorothée et Siméon Alex (2006).

ensemble de règles qui peuvent être utilisées pour comparer les dominances des états de pauvreté ou d'inégalités, à l'aide données discrètes. Il montre que dans la réalité, contrairement au cadre théorique habituel, il n y'a pas continuité dans le revenu, ni dans les sous-groupes de population. Toutefois, il ajoute que cette discontinuité qui est due à la qualité des enquêtes réalisées auprès des ménages, peut être exploitée dans le cadre d'un test de dominance stochastique. Il propose par conséquent des conditions de dominance pour la robustesse des inférences statistiques. En utilisant les données d'enquêtes conduites en 1994 et 1998, auprès des ménages du Burkina Faso, et en se basant sur la famille d'indicateurs FGT et en captant le niveau de vie des ménages à partir de la consommation par tête, les applications montrent qu'on ne peut pas arriver à des conclusions robustes sur les changements observés dans la pauvreté ou en terme d'inégalités entre les deux périodes. Il explique cela essentiellement par l'absence de robustesse statistique dans la distribution des niveaux de vie entre les deux périodes.

VIII. CONCLUSION DU CHAPITRE I

Au terme de ce Chapitre où nous présentons entre autres choses les différentes écoles ou courants de pensée en ce qui concerne l'approche de la pauvreté, notre démarche se situe dans le sillage de l'école des besoins de base. Tant il est vrai que nous nous intéressons au caractère non monétaire de la pauvreté sur le plan national, en milieu rural comme en milieu urbain au Cameroun. De plus, sur la base de ce que nous avons énoncé tout au long de ce chapitre, nous considérons la mesure de la pauvreté dans un cadre multidimensionnel, quel que soit le milieu de résidence. En ce qui concerne l'approche, nous retenons une approche non axiomatique basée sur la construction d'un indicateur multidimensionnel de pauvreté via la méthode de l'inertie, à partir des données camerounaises. Cet indicateur nous permet par la suite de procéder à des comparaisons multidimensionnelles de la pauvreté non monétaire au Cameroun à travers l'analyse en dominance stochastique.

CHAPITRE II : ANALYSE EN CORRESPONDANCES MULTIPLES ET DOMINANCE STOCHASTIQUE DE LA PAUVRETE NON MONETAIRE AU CAMEROUN

IX. INTRODUCTION AU CHAPITRE II

Ce Chapitre est consacré à la présentation de la méthodologie mise en œuvre dans cette recherche pour étudier la pauvreté non monétaire au Cameroun, en milieu urbain et en milieu rural. Plus précisément la démarche de construction de l'ICP (section 1), l'approche d'application de la technique de dominance stochastique (section 2) et les sources de données que nous utilisons (section 3). Par la suite, nous mettons en exergue des différents résultats (sections 4 et 5) et leur interprétation (section 6).

SECTIONI. CONSTRUCTION DE L'INDICATEUR DE BIEN-ETRE (ICP) AVEC L'ACM

Ayant opté pour l'approche d'inertie dans notre recherche pour construire un indicateur composite de pauvreté non monétaire, ce choix est dicté par le souci d'éliminer l'arbitraire dans le calcul d'un tel indicateur tout en évitant la redondance dans le choix des dimensions pertinentes de la pauvreté (Asselin, 2002). Nous utilisons une technique de la statistique multivariée basée sur l'analyse factorielle, l'ACM, permettant d'agréger différentes dimensions non monétaires du bien-être en vue de construire un ICP. L'ACM retenue comme méthode va nous permettre de transformer les variables qualitatives en variables quantitatives par découpage en classes ou par codage binaire. Afin de formuler notre ICP, nous présentons d'abord un certain nombre de notations de base, et par la suite nous mettons en relief les éléments d'aide à la formation de l'ICP tels que la distance du Khi-Deux, les axes factoriels, l'inertie des différents nuages. Nous débouchons par la suite sur la forme fonctionnelle de l'indicateur composite de pauvreté et son exploitation pour le calcul de l'ICP.

I.1 NOTATIONS

Selon Lebart et al. (1995 et 1997)[66], on note :

I = Ensemble des sujets i ayant répondu à un questionnaire. $Card\ I = n$

Q= Ensemble des questionnaires

J_q = Ensemble des modalités de réponse à la question q.

$J = \cup \{J_q \ / \ q \in Q\}$ est l'ensemble des modalités de réponses à toutes les questions.

$Card\ J = p$;

X= Tableau de réponses à n lignes et p colonnes ; $x_{ij} = 1$ ou $x_{ij} = 0$ selon que le sujet i a choisi la modalité de la question q ou non. Un tel tableau est appelé tableau disjonctif complet. Il est la juxtaposition de Q sous tableaux :$X = [X_1, X_2, \dots . X_q \dots . X_Q]$.

L'ACM est l'analyse du tableau X ou du tableau $B = X'X$ appelé tableau de contingence de Burt de terme général : $b_{jj'} = \sum_{i=1}^{n} x_{ij} x_{ij'}$. Il y'a équivalence entre les deux analyses.

Les marges en ligne du tableau X sont constantes et égales au nombre Q de questions:

$$x_i = \sum_{j=1}^{p} x_{ij} = Q$$

Les marges en colonne correspondent au nombre des sujets ayant choisi la modalité j de la question q : $x_j = \sum_{j=1}^{p} x_{ij}$.

Pour chaque sous-tableauX_q , l'effectif total est : $x_q = \sum_{j \in q} x_{.j} = n$

La somme des marges donne l'effectif total $x$du tableau X, soit :

$$x = \sum\nolimits_{i=1}^{n} \sum\nolimits_{j=1}^{p} x_{ij} = nQ$$

---

[66] Cité par Bibi S. (2002).

On muni chaque individu i d'une masse identique égale à $m_i = \frac{1}{n}$ et chacune des modalités j est pondérée par sa fréquence $m_j = \frac{x_{.j}}{nQ}$

I.2 LA DISTANCE DU KHI-DEUX (χ^2)

Dans $\mathbb{R}^n$ la distance entre deux modalités s'écrit :

$$d^2(j,j') = \sum_{i \in I} n \left(\frac{x_{ij}}{x_{.j}} - \frac{x_{ij'}}{x_{.j'}} \right)^2$$

Dans $\mathbb{R}^p$, la distance entre deux individus i et i' est donnée par :

$$d^2(i,i') = \frac{1}{Q} \sum_{j \in J} \frac{n}{x_{.j}} (x_{ij} - x_{i'j})^2$$

La distance entre la modalité j et le centre de gravité du nuage g s'écrit :

$$d^2(j,g) = nd^2(j,g) = n \sum_{i=1}^{n} \left(\frac{x_{ij}}{x_{.j}} - \frac{1}{n} \right) = \frac{n}{x_{.j}} - 1$$

I.3 AXES FACTORIELS ET FACTEURS

Si l'on note par D la matrice d'ordre (j,j') ayant les mêmes éléments diagonaux (effectifs correspondant à chacune des modalités) que B, pour trouver les axes factoriels, on diagonalise la matrice : $V = \frac{1}{Q} X'XD^{-1}$

Dans $\mathbb{R}^p$, l'équation du α-ième axefactorielu_α est : $\frac{1}{Q} X'XD^{-1}u_\alpha = \lambda_\alpha u_\alpha$

L'équation du α-ième facteur φ_α s'écrit : $\frac{1}{Q} D^{-1}X'X\varphi_\alpha = \lambda_\alpha \varphi_\alpha$

De même, l'équation du α-ième facteur ψ_α dans $\mathbb{R}^n$ est :

$$\frac{1}{Q} XD^{-1}X'\psi_\alpha = \frac{1}{Q} XD^{-1}X' = \lambda_\alpha \psi_\alpha$$

Entre les deux facteurs, on a les relations de transition suivantes :

$$\varphi_\alpha = \lambda_\alpha^{-1/2} D^{-1} X' \psi_\alpha$$

$$\psi_\alpha = \frac{1}{Q} \lambda_\alpha^{-1/2} X \varphi_\alpha$$

La coordonnée factorielle de l'individu i sur l'axe α s'écrit :

$$\psi_{\alpha i} = \lambda_\alpha^{-1/2} \sum_{j=1}^{p} \frac{x_{ij}}{x_{i.}} \varphi_{\alpha j} = \frac{1}{Q} \lambda_\alpha^{-1/2} \sum_{j \in p(i)} \varphi_{\alpha j}$$

Où$p(i)$ désigne l'ensemble des modalités choisies par l'individu i. De même la coordonnée de la modalité j sur l'axe α est donnée par :

$$\varphi_{\alpha j} = \lambda_\alpha^{-1/2} \sum_{i=1}^{n} \frac{x_{ij}}{x_{.j}} \psi_{\alpha i} = \frac{1}{x_{.j}} \lambda_\alpha^{-1/2} \sum_{i \in I(j)}^{n} \psi_{\alpha i}$$

Où $I(j)$ désigne l'ensemble des individus ayant choisi la modalité j.

I.4 FORMULATION DE L'INERTIE

L'inertie $I_n(j)$ de la modalité j vaut :

$$I_n(j) = m_j d^2(j,g) = \frac{1}{Q}\left(1 - \frac{x_{.j}}{n}\right)$$

L'inertie de la question vaut :

$$I_n(q) = \sum_{j \in J_q} I_n(j) = \frac{1}{Q}(J_q - 1)$$

On en déduit que l'inertie totale vaut :

$$I_T = \sum_q I_n(q) = \sum_{j=1}^{p} \frac{x_{.j}}{nQ} d^2(j,g) = \frac{P}{Q} - 1$$

Cette inertie totale dépend uniquement du nombre de variables et de modalités et non des liaisons entre les variables.

I.5 FORME FONCTIONNELLE DE L'ICP

I.5.1 FORME GENERALE

Considérons Q indicateurs primaires qui reflètent les conditions de vie d'un ménage tels que la source d'approvisionnement en eau, le mode d'éclairage ou même la possession d'un actif (télévision, radio, etc..). Le problème que nous voulons résoudre est d'agréger ces indicateurs qualitatifs en un seul indicateur composite simple qui a la propriété d'être un bon résumé de l'information apportée par les indicateurs initiaux. L'idée basique est donc de résumer l'information apportée par ces indicateurs qualitatifs en un seul Indice Composite de Pauvreté que nous notons ICP_i . Pour la suite, nous reconsidérons un certain nombre de notations parmi celles précédemment évoquées:

J_q est le nombre de modalités de l'indicateur q ;

W_j^q est le poids accordé à la modalité $j, j \in J_q$ et déterminé de façon non arbitraire par l'ACM ;

x_j^q est une variable prenant la valeur 1 lorsque le ménage i a adopté la modalité j, et 0sinon.

Au final l'ICP pour le ménage i peut être présenté sous la forme fonctionnelle,

$$ICP_i = \frac{\sum_{q=1}^{Q} \sum_{j \in J_q} W_j^q x_j^q}{Q}$$

Pour le ménage i, cet indicateur est simplement une moyenne des poids des variables binairesx_j^q . Le poids W_j^q à attribuer à chaque composante de l'indice ICP_i est le score (coordonnées factorielles sur le premier axe) normalisé (score/ $\lambda_1^{1/2}$) de la modalité x_j obtenu après application d'une ACM. A ce stade de notre exposé, il apparaît nécessaire d'identifier la méthode appropriée pour déterminer les poids W_j^q .

Dans la littérature, plusieurs méthodes sont proposées et se basent généralement sur l'analyse statistique multivariée. Sahn et Stifel (2000,2001)[67] proposent d'utiliser la technique de l'AFC pour

---

[67] Cité par Manga E. et al (2007).

déterminer les poids W_j^q . Filmer et Pritchett (1998)[68] préconisent l'ACP[69] pour déterminer les poids W_j^q . Asselin (2002) fait recours à l'ACM qui est un cas particulier de l'ACG appliquée sur une base de données ne comportant que des variables qualitatives dont les catégories deviennent des variables dichotomiques binaires (codifiées en 0 ou 1). Dans notre étude nous adoptons l'approche d'Asselin (2002), car cette méthode se prête mieux au type de données (ECAM II et ECAM III) dont nous disposons et qui comportent un ensemble de variables binaires représentant les différentes modalités que peuvent prendre les indicateurs primaires reflétant les conditions de vie des ménages urbains au Cameroun sur notre période d'étude (entre 2001 et 2007).

La construction de notre ICP se fait selon une approche dont les étapes sont les suivantes :

i)-On réalise une première ACM sur un ensemble de variables disponibles et pertinentes caractérisant les conditions de vie des ménages. Le premier axe factoriel de cette ACM permet de mettre en exergue le phénomène de la pauvreté et certaines variables d'analyse de l'indicateur composite.

ii)-Suivant un certain nombre de critères tels que celui de la Consistance Ordinale sur le Premier Axe (COPA), les mesures de discriminations, l'étalement sur le premier axe, la fréquence élevée de non-réponse et les fréquences très faibles de certaines modalités, on réduit le nombre de variables issues de la première ACM. Pour cette étude nous retenons le critère COPA. Cette propriété consiste pour un indicateur partiel à voir sa structure ordinale de bien-être respectée par la structure ordinale des coordonnées de ses modalités sur le premier axe factoriel. Ce critère décrit nettement une situation de bien-être. Les variables possédant la propriété COPA obéissent à la règle suivant laquelle le bien-être se

---

[68] Cité par Manga E. et al. (2007).

[69] L'étude des phénomènes économiques et plus généralement des phénomènes sociaux, traite de situations très complexes où interviennent de nombreuses données très souvent présentées sous la forme de tableaux numériques difficiles à appréhender ou à synthétiser. L'objectif de l'analyse est d'extraire l'essentiel de l'information contenue dans les tableaux de données, et d'en fournir une représentation imagée se prêtant mieux à l'interprétation Plus précisément, à partir d'un certain nombre d'informations relatives aux individus ou aux ménages, on cherche à mettre en relief les profils communs en termes de ressemblances te de dissemblances. Au final, on veut extraire la « composante pauvreté » qui puisse être utilisée pour calculer l'indice de pauvreté.

détériore en passant d'une situation de richesse à une situation de pauvreté tout au long du premier axe. Si certaines variables sont donc rejetées suite au critère COPA, elles peuvent être récupérées ou reconsidérées par de nouveaux regroupements de modalités. On réalise ensuite une deuxième ACM. Cette dernière devrait en principe améliorer le pouvoir explicatif du premier axe factoriel.

iii)-A partir des résultats de cette deuxième ACM, on construit l'indicateur composite de pauvreté. On définit également éventuellement un seuil de pauvreté. Il existe une méthode non arbitraire pour la détermination de ce seuil. Elle consiste en une classification des ménages en deux classes selon le critère d'inertie. Notons par Q par une partition de l'ensemble I (ensemble des ménages) en q classes (il est important de noter que dans le cas de notre étude sur les comparaisons de la pauvreté multidimensionnelle au Cameroun, nous prenons q=2) ; Q est un ensemble fini de parties non vides q de I deux à deux d'intersection vide et dont la réunion est I. Ce qui s'écrit :

$$\forall\, q \in Q : q \subset q, q' \subset Q : q \cap q' = \emptyset \iff q \neq q' ; I = \cup \{q \,/\, q \in Q\}$$

Soit g_q le centre de gravité de la classe q. L'inertie de la classe q par rapport à son propre centre de gravité g_q est :

$I_n(q) = \sum_{x_i \in q} m_q d^2(x_{i,} g_q)$, et on appelle cette quantité « inertie intra-classe ».

En supposant que les g_q sont munis des massesm_q. On peut définir l'inertie desg_q par rapport au centre de gravité g du nuage $N(I)$: $I_n(g_q) = \sum_q m_q d^2(g_q, g)$ est appelé « inertie inter-classes ». On montre alors que :

$$I_n(g) = I_n(q) + I_n(g_q)$$

La qualité globale d'une partition est liée à l'homogénéité à l'intérieur des classes. $I_n(g)$ étant une quantité constante, il s'agit par conséquent de minimiser la quantité relative à l'inertie intra-classes, soit encore à maximiser celle relative à l'inertie inter - classes. Le seuil de pauvreté multidimensionnelle est alors déterminé de la façon suivante:

$$Seuil\ ICP = max\ C_i^P m_i^P + min\ C_i^R m_i^R$$

Dans cette relation, maxC_i^P est la valeur maximale de l'ICP dans la classe pauvre, minC_i^R est la valeur minimale de l'ICP dans la classe non-pauvre, m_i^P est le poids de la classe pauvre, m_i^R est le poids de la classe non-pauvre.

Une fois que le seuil de pauvreté est déterminé, on peut calculer les indices de pauvreté monétaire de la famille FGT.

I.5.2 CAS DE NOTRE ETUDE

Les variables qui rentrent dans la construction de notre ICP pour le cas du Cameroun sont ci-dessous illustrées :

Tableau 2.1 : **Variables utilisées pour la construction de l'ICP**

Variables pour les ménages camerounais (Urbains+Ruraux) avec ECAM II et ECAM III	**Variables pour les ménages urbains camerounais avec ECAM II et ECAM III**	**Variables pour les ménages ruraux camerounais avec ECAM II et ECAM III**
1-Instruction/Education du ménage	1-Instruction/Education du ménage	1-Education/Instruction du ménage
2-Santé du ménage :	2-Santé du ménage :	2-Santé du ménage :
3-Activité du ménage	3-Activité du ménage	3-Activité du ménage
4-Logement du ménage	4-Logement du ménage	4-Logement du ménage
5-Equipements du ménage	5-Equipements du ménage	5-Equipements du ménage
6-Environnement du ménage et assainissement	6-Environnement du ménage et assainissement	6-Environnement du ménage et assainissement
7-Accessibilité aux infrastructures de base	7-Accessibilité aux infrastructures de base	7-Accessibilité aux infrastructures de base
8-Patrimoine matériel et financier; épargne et capital social du ménage	8-Patrimoine matériel et financier; épargne et capital social du ménage	8-Patrimoine foncier, accès au crédit pour la production et capital social du ménage/Patrimoine matériel et financier; épargne et capital social du ménage
9-Agriculture et activités du monde rural		9-Agriculture et activités du monde rural

Source: Traitements de l'auteur à partir des bases de données ECAM II-Ménages et ECAM III-Ménages

I.6 EXPLOITATION DE L'ACM POUR LE CALCUL DE L'ICP

Nous avons un ensemble de N variables, de $\boldsymbol{a_{1j}^*}$ à $\boldsymbol{a_{Nj}^*}$, représentant la possession de N actifs par chaque ménage j. L'ACM commence par spécifier chaque variable, normalisée par sa moyenne et son écart type. Par exemple,$\boldsymbol{ICP_{1j}^*} = (\boldsymbol{ICP_{1j}^*} - \boldsymbol{ICP_1^*})/\boldsymbol{s_1^*}$ où $\boldsymbol{ICP_1^*}$ est la moyenne des $\boldsymbol{ICP_{1J}^*}$ à travers les ménages et $\boldsymbol{s_1^*}$ son écart type.

Ces variables sélectionnées sont exprimées comme combinaisons linéaires d'un ensemble de composantes sous-jacentes pour chaque ménage j :

$$\begin{pmatrix} ICP_{1J} \\ \vdots \\ ICP_{NJ} \end{pmatrix} = \begin{pmatrix} v_{11} \times ICP_{1J} + v_{12} \times ICP_{2J} + \cdots\cdots\cdots & \cdots & +v_{1N} \times ICP_{NJ} \\ \vdots & \ddots & \vdots \\ v_{N1} \times ICP_{1J} + v_{N2} \times ICP_{2J} + \cdots\cdots\cdots & \cdots & +v_{NN} \times ICP_{NJ} \end{pmatrix}, \quad (3)$$

avec j=(1............J)

Où les $ICPs$ sont les composantes et les vs sont les coefficients de chaque composante pour chaque variable (ces coefficients ne varient pas à travers les ménages). Etant donné que seul le membre de gauche de chaque ligne est observé, la solution du problème est indéterminée. L'ACM permet de lever cette indétermination en cherchant la combinaison linéaire des variables avec la variance maximale-la première composante principale A_{1j} - et cherche par la suite une seconde combinaison linéaire des variables, orthogonale à la première, avec le maximum de variance restant, et ainsi de suite.

Techniquement, la, procédure résout l'équation :$(R - \lambda_n I)v_n = 0$ pour λ_n et v_n où R est la matrice des corrélations entre les variables d'échelles (les $ICPs$) et v_n est le vecteur des coefficients de la n'ième composante pour chaque variable. La résolution de l'équation fournie les valeurs caractéristiques λ_n de R (encore appelées valeurs propres) et leurs vecteurs propres associés v_n. L'ensemble final des estimations est obtenu en mesurant les variables v_n de telle sorte que la somme de leurs carrés donne la variance totale ; ce qui constitue une autre restriction imposée pour lever l'indétermination du problème.

Les « facteurs de scores » à partir du modèle sont obtenus en inversant le système d'équations (3) qui fournit un ensemble d'estimations pour chacune des N composantes principales :

$$\begin{pmatrix} ICP_{1j} \\ \vdots \\ ICP_{Nj} \end{pmatrix} = \begin{pmatrix} f_{11} \times ICP_{1j} + f_{12} \times ICP_{2j} + & \dots \dots & +f_{1N} \times ICP_{Nj} \\ \dots \dots & \dots \dots & \dots \dots \\ f_{N1} \times ICP_{1j} + f_{N2} \times ICP_{2j} + & \dots \dots & +f_{NN} \times ICP_{Nj} \end{pmatrix}, \quad (4)$$

Avec (j=1.........J)

La première composante principale, exprimée en terme de variables originales (non normalisées), est donc un indice pour chaque ménage basé sur l'expression

$$ICP_{1j} = f_{11} \times (ICP^*_{1j} - ICP^*_1)/(s^*_1) + \cdots + f_{1N} \times (ICP^*_{Nj} - ICP^*_N)/(s^*_N) \quad (5)$$

L'hypothèse fondatrice pour ce type d'analyse est que la richesse à long terme du ménage explique le maximum de variance (et covariance) dans les variables d'actifs. Le poids W_j^q à attribuer à chaque composante de l'indice A_i est le score de la modalité x_j^q obtenue après une application de l'ACM à la matrice des données. Dans cette matrice, chaque ligne décrit un ménage $i = (1 \cdots \cdots \cdots n)$ et dont les colonnes contiennent des variables binaires représentant les différentes modalités que peuvent prendre les indicateurs primaires des conditions de vie des ménages.

A l'issue de cette étape de construction de notre ICP, il nous permet, tel que le spécifie l'objectif de la première partie de notre travail, de procéder à des comparaisons des niveaux de pauvreté non monétaire entre 2001 et 2007, en considérant tous les ménages camerounais, ensuite ceux de la zone urbaine et enfin ceux des zones rurales ; à l'aide d'une approche en dominance stochastique que nous mettons en relief ci-dessous.

SECTIONII. APPROCHE D'APPLICATION DE LA TECHNIQUE DE DOMINANCE STOCHASTIQUE ET DE L'INFERENCE STATISTIQUE

D'une façon générale, considérons deux distributions de revenu A et B, dont les fonctions de répartition cumulatives sont F^A et F^B, respectivement ; ces fonctions sont supposées continues sur un domaine bien spécifié ; $[0 \ldots\ldots\ldots x]$, par exemple. Soit

$D^1(x) = F(x)$ et $D^s(x) = \int_0^x D^{(s-1)}(y)dy$, pour tout entier $s \geq 2$

Nous disons que la distribution B domine stochastiquement la distribution A à l'ordre s si $D_A^s(x) \geq D_B^s(x)$ pour tous les seuils de faible revenu du domaine d'intérêt. Graphiquement, $D^1(x)$ est souvent appelé courbe d'incidence du faible revenu parce qu'il est tracé en portant le taux de faible revenu sur l'axe vertical et le seuil de faible revenu sur l'axe horizontal, ce qui permet au seuil de faible revenu de varier d'une valeur nulle à un seuil de revenu maximal sélectionné arbitrairement. Le graphe de $D^2(x)$ est habituellement considéré comme la courbe de déficit du revenu par rapport au seuil de faible revenu et le graphe de $D^3(x)$ est appelé courbe de gravité du faible revenu.

Puisque les deux courbes de densité peuvent être très proches l'une de l'autre, il est nécessaire de déterminer si leur écart est statistiquement significatif. Diverses hypothèses susceptibles d'être utilisées dans une procédure de test de la dominance stochastique sont proposées[70] dans la littérature. Par exemple, si on emploi une hypothèse nulle de non dominance de B sur A :

H_0: $D_B^s(x) - D_A^s(x) \geq 0$ pour tout "x" sur un domaine d'intérêt. Si l'hypothèse nulle est rejetée, nous pouvons légitimement inférer la dominance de B sur A. Nous pouvons montrer qu'une telle hypothèse est asymptotiquement bornée par le niveau nominal d'un test fondé sur la loi normale standard. Le test s'appuie sur l'approche de la statistique "t" minimale proposée par Kaur, Prakasa-Rao et Singh (1994) pour l'hypothèse nulle contre l'hypothèse alternative de dominance. Ces auteurs calculent la statistique "t" pour chaque valeur de "x" observée

---

[70] Voir Davidson et al. (2000) et Duclos et al. (2006) pour une discussion plus approfondie des divers tests d'hypothèses.

dans l'échantillon considéré, et rejettent l'hypothèse nulle de non-dominance et acceptent l'hypothèse alternative de dominance si la valeur de la statistique "t" minimale est significative (importante, significative) au seuil de signification de 5 %. Cette méthode est souvent interprétée comme un test d'intersection-union, parce que la dominance de B sur A ne peut avoir lieu que si la statistique "t" pour la différence dans toute paire ordonnée est significative[71].

En réalité, il arrive souvent que deux distributions des revenus se recoupent dans l'intervalle d'intérêt. Le cas échéant, nous observons deux intervalles fermés et obtenons deux statistiques "t" minimales de signe opposé. Si les statistiques "t" minimales sont toutes deux significatives à un certain seuil de signification, nous concluons à la dominance de B sur A sur un domaine (intervalle) de distribution de revenu $[Z_{min}^{B} \dots\dots\dots\dots\dots Z_{max}^{B}]$, ainsi qu'à la dominance de A sur B entre $[Z_{min}^{A} \dots\dots\dots Z_{max}^{A}]$.

Par conséquent, la relation de dominance sur le domaine complet est incertaine ou indéterminée. Si cette situation se produit, nous pouvons résoudre le problème en recherchant un ordre plus élevé de dominance stochastique, axé sur une mesure qui accorde plus de poids aux personnes plus pauvres, pour essayer d'arriver à une conclusion catégorique. Dans le cas d'une dominance du deuxième ordre, il s'agit de comparer les courbes de déficit du revenu par rapport au seuil de faible revenu, qui peuvent être tracées en calculant l'aire sous la courbe de la fonction de répartition (courbe d'incidence du faible revenu) et en représentant graphiquement sa valeur en fonction du seuil de faible revenu. De même, nous pouvons employer la dominance du troisième ordre en comparant les courbes de gravité du faible revenu (l'aire sous la courbe du déficit du revenu par rapport au seuil de faible revenu). Si nous n'arrivons pas à rejeter l'hypothèse nulle de non-dominance jusqu'aux conditions de troisième ordre, nous déclarons que les deux distributions du revenu ne sont pas comparables. Si on appelle Z^* le seuil de pauvreté qui varie entre $[Z^- \dots\dots Z^+]$, on peut examiner les classements des différentes distributions de revenu en fonction de l'incidence de la pauvreté dans l'intervalle de Z^* . Si le résultat en terme de classement de distributions est le même, alors la condition de dominance de premier ordre nous amène à conclure que

---

[71] Il s'agit du contraire d'un test d'union-intersection [Bishop, Smith, et Formby, (1991) par exemple ; cité par Bishop et al., 1997], où la dominance de B sur A peut être déclarée s'il existe au moins une valeur de x telle que $D_A(x) - D_B(x)$ est rejetée.

Z^* appartient effectivement à l'intervalle $[Z^- \ldots\ldots Z^+]$ et qu'une distribution est effectivement dominée par l'autre.

Soit A la population en zone urbaine, au Cameroun en 2001 et soit B la population en zone urbaine en 2007. La problématique que soulève notre approche en dominance stochastique est de se demander si la pauvreté est plus faible par exemple; dans la population A que dans la population B. Pour répondre à ce questionnement, on calcule des courbes de dominance à l'ordre $s = 1$ pour nos deux groupes de population respectivement en 2001 et en 2007, et que nous notons $F_s^A(x)$ et $F_s^B(x)$. Ces courbes sont les fonctions cumulatives de distribution d'un attribut x (la possession ou pas d'un téléphone portable ou une caractéristique de l'habitat par exemple). Pour chacun de nos deux échantillons, on ne considère pas un point (un ménage) mais la courbe toute entière. Comme nous nous intéressons à la pauvreté, c'est le concept de dominance restreinte qui est opérant ici. Ces courbes de dominance ont pour expression :

$$F_s(x) = \int_0^x F_{s-1}(t)dt = \frac{1}{(s-1)!}\int_0^x (s-t)^{s-1} f(t)dt$$

Ce sont des fonctions de x pour un ordre de dominance "s" donné.

Pour développer notre démarche, nous considérons la classe des fonctions de bien-être social $W(y)$ basée sur un vecteur $y_A = (y_1, y_2 \ldots\ldots\ldots\ldots y_n)$ de revenus dans la population urbaine par exemple en 2001, et sur un vecteur de revenus $\dot{y}_B = (y_1, y_2, \ldots, y_j + \eta, \ldots y_n)$ dans la population urbaine en 2007. Nous nous intéressons à la dominance d'ordre 1 avec des indices membres de la classe 1. En effet, ces fonctions respectent un certain nombre de propriétés.

-Le principe de Pareto : Soient $y = (y_1 \ldots\ldots\ldots\ldots y_n)$ et $\dot{y} = (y_1, y_2, \ldots\ldots y_j + \eta, \ldots\ldots\ldots y_n)$ où $\eta > 0$. La fonction de bien-être social W respecte le principe de Pareto si et seulement si $W(y) \leq W(\dot{y})$ pour toutes las paires y et $\dot{y}$.

-Le principe d'anonymat : Soit M une matrice de permutation de $n \times n$ et soit $\dot{y} = My'$. La fonction de bien-être social W respecte le principe d'anonymat si et seulement si

$W(y) = W(\dot{y})$ pour toutes les paires y et $\dot{y}$.

-Le principe d'invariance à la population : Soit y un vecteur de $2n$ avec $\dot{y} = (y_1, \dot{y}_1, y_2, \dot{y}_2, \ldots\ldots, y_n, \dot{y}_n)$ et $y_j = \dot{y}_j$ pour tout $j =$

$1, 2, 3, \dots\dots\dots, n$. La fonction de bien-être social respecte le principe d'invariance à la population si et seulement si $W(y) = W(\dot{y})$ pour toutes les paires y et $\dot{y}$.

Par la suite, les fonctions de bien-être social W qui respectent les principes de Pareto, d'anonymat, et d'invariance à la population sont membres de la classe d'indices de premier ordre.

En ce qui concerne le classement des distributions, les comparaisons ordinales sont préférées aux comparaisons cardinales pour les raisons suivantes :

-il n'y a pas d'unanimité sur le choix de l'indice de pauvreté à utiliser,

-Il n'y a pas d'unanimité sur le seuil de pauvreté.

Les comparaisons ordinales de pauvreté et d'équité sont basées sur des classes d'indice. Ces classes sont basées sur des ordres de jugement normatifs et sont dénotés par $S = 1,2,3, \dots$ Les tests de dominance d'ordre S servent à déterminer si un classement ordinal est valide pour tous les indices de pauvreté ou d'équité membres de la classe d'ordre S. Les tests de dominance sont des tests graphiques. Il suffit de vérifier si les courbes ne se croisent pas, comme dans le cas de la Lorenz dominance. Nous définissons trois hypothèses distinctes pour ce test:

-H_0 : $\delta_s(x) = F_s^A(x) - F_s^B(x) = 0$

-H_1 : $\delta_s(x) = F_s^A - F_s^B(x) \geq 0$

-H_2 : Aucune restriction sur $D^s(x)$

La première hypothèse signifie que les deux distributions des deux échantillons sont équivalentes et qu'elles ne peuvent pas être distinguées l'une de l'autre. C'est une hypothèse ponctuelle, elle permet de construire un test unilatéral. La deuxième hypothèse stipule que la distribution B domine la distribution A. C'est un test bilatéral. La troisième hypothèse n'implique aucune restriction entre les deux distributions de revenu au sein des groupes de populations en zone urbaine en 2001 et 2007. Aucune ne domine l'autre, il n'est pas possible de procéder à un classement. Pour notre étude, nous nous intéressons à la dominance d'ordre 1, en retenant les hypothèses ci-dessus spécifiées.

Plus généralement, pour définir une dominance,

-On pose une ou plusieurs hypothèses sur les préférences individuelles,

-On note S l'ensemble des ordres de préférence qui respectent ces hypothèses,

-On considère le rang des objets du choix, A et B par exemple, dans tous les ordres de préférence appartenant à S,

-Si A est classé avant B dans tous les ordres de préférence de S, on dit que A domine B pour tous les S ordres de préférence, et on note : $A \succ B$

La dominance peut être définie au sens strict ou au sens large : si B n'est pas classé avant A dans chacun des ordres de préférence de S, on dit que A domine B au sens large pour l'ensemble S des ordres de préférence et on note : $A \succcurlyeq B$.

Si les objets du choix A et B représentent des profils temporels de revenus, on précise que la dominance est temporelle. Si les objets du choix sont des loteries et que les préférences sont représentables par des fonctions d'utilité espérée, on parle de dominance stochastique.

SECTIONIII. SOURCE DES DONNEES

Pour construire l'indicateur composite de pauvreté que nous mettons en œuvre dans le cadre de cette recherche, nous exploitons les données d'enquêtes auprès des ménages Camerounais, menées en 2001 (ECAM II) et en 2007 (ECAM III).

Le champ de ces deux enquêtes est sur le plan géographique le territoire national. L'opération concerne l'ensemble des ménages ordinaires (par opposition aux ménages collectifs : internats, casernes, hôpitaux, couvents, etc.) résidant sur l'ensemble du territoire national à l'exclusion des membres du corps diplomatique et de leurs ménages. L'unité statistique est le ménage ordinaire, défini comme un ensemble composé d'une ou de plusieurs personnes (unité socio-économique), ayant un lien de sang, de mariage ou non, vivant dans un ou plusieurs logements de la même concession (cet ensemble de logements constituant une unité d'habitation), mettant en commun tout ou partie de leurs ressources, pour subvenir aux dépenses courantes, prenant le plus souvent leurs repas en commun, et reconnaissant l'autorité d'une seule personne appelée chef de ménage (ou personne de référence).

Les unités d'observation sont en même temps le ménage (logement, habitat, dépenses indivisibles du ménage, etc. ...) et les individus (caractéristiques démographiques, dépenses individuelles, etc. ...). Nos analyses portent sur tous les ménages camerounais, c'est-à-dire sur les ménages urbains d'une part et d'autre part sur les ménages résidant dans les zones rurales; suivant un certain nombre de caractéristiques que nous préciserons dans les prochaines lignes de notre exposé.

L'objectif principal de l'enquête ECAM II est de mettre en place les bases d'un dispositif permanent de suivi et d'évaluation des conditions de vie des ménages en général et du Programme de Réduction de la Pauvreté en particulier et fait partie de la composante Amélioration de l'Information sur la Pauvreté, du projet de Partenariat entre les Secteurs Public et Privé pour la Croissance et la Réduction de la Pauvreté (PPPCRP) conclu entre le Cameroun et la Banque Mondiale en octobre 2000. Cette enquête qui permet d'établir la situation de référence a été préparée dans cette perspective ; en même temps, elle permet d'évaluer les effets des programmes et politiques mis en œuvre au Cameroun au cours des cinq dernières années précédant cette enquête. ECAM II est une enquête par sondage pour laquelle on utilise des travaux de cartographie. Cette exigence vient du fait que les décideurs ont besoin de connaître entre autres le nombre de pauvres et qu'il est dès lors impératif de procéder au cours de l'enquête à une bonne estimation de la population. Sur la base de six GSE retenus à priori (indépendant, salarié secteur public, salarié secteur privé, apprenti-stagiaire-aide familial, inactif/chômeur et autres) et à raison d'environ 200 ménages par GSE, l'ECAM II réalisée sur le terrain de septembre à décembre 2001, couvre environ 10 992 ménages.

Tout comme l'ECAM II, ECAM III contient un certain nombre d'informations sur les conditions de vie des ménages. ECAM III se situe dans le prolongement d'ECAM II, avec un souci de comparabilité, en dépit de quelques aménagements nécessaires au niveau des thèmes ou domaines d'études, du tirage de l'échantillon et du schéma de la collecte. Somme toute, cette enquête est menée dans le même esprit que la précédente. Avec un échantillon encore plus grand de 12000 ménages enquêtés, cette enquête dans sa dimension budget consommation permet de mettre à jour le profil de pauvreté existant sur l'étendue du territoire national, et est conçue de manière à faciliter des comparaisons entre les deux dates sur l'évaluation de la pauvreté et des inégalités de niveaux de vie au Cameroun. La collecte des données ayant eu lieu de Septembre à Décembre 2007. Comme lors de ECAM II, dans ECAM III les deux grandes villes que sont Yaoundé et Douala constituent des strates à part, et chacune des 10 autres Régions du Cameroun constitue trois strates d'enquêtes :-Une strate urbaine (grandes villes d'au moins 50 000 habitants)-une strate semi-urbaine (petites villes de 10000 à moins de 50000 habitants)- une strate rurale (petites agglomérations de moins 10000 habitants).

Ces deux enquêtes comprennent entre autres modules, deux modules principaux :

-Un module relatif à la consommation des ménages permettant d'analyser la pauvreté monétaire à travers le pays, et permettant des comparaisons dans le temps et dans l'espace.

-Un module présentant les indicateurs de base du bien-être des ménages quelles que soient leurs zones de résidence. Ces indicateurs se rapportent aux conditions de vie des ménages, et vont nous permettre de construire un indicateur composite de pauvreté non monétaire pour les ménages ruraux et pour les ménages urbains.

III.1 LES DIMENSIONS NON MONETAIRES DE LA PAUVRETE

Dans ce travail, les dimensions que nous retenons pour traiter de la pauvreté non monétaire sont :

-L'éducation : Les économistes classiques et notamment Smith A. (1776), ont signalé l'influence que peut exercer l'éducation d'un individu sur sa productivité. L'éducation est d'ailleurs le deuxième point saillant des OMD. L'éducation est une dimension importante de la pauvreté, elle peut être captée par plusieurs indicateurs.

-La santé : La santé est un élément constituant du capital humain au même degré que l'éducation ou l'alimentation ; c'est un élément important du bien-être d'un individu ou d'un ménage. De plus, un individu en bonne santé est plus productif et contribue à la création de la valeur (la croissance économique) ; c'est la raison pour laquelle tous les Etats dits modernes accordent une attention particulière à ce secteur. Définir des politiques sectorielles de santé dans un pays traduit la volonté des pouvoirs publics de réduire ou d'alléger la pauvreté. La santé fait aussi partie des OMD.

-L'accès à l'eau potable : L'eau est le premier aliment de l'Homme. L'eau remplie une fonction physiologique, car c'est le constituant le plus abondant en terme de poids dans l'organisme; et une fonction biologique à travers la respiration. L'accès à l'eau, les quantités disponibles et sa qualité constituent un enjeu majeur pour le progrès social.

-La nutrition : Le premier des OMD est de réduire de moitié la faim et l'extrême pauvreté dans le monde d'ici à l'horizon 2015. Selon les résultats des enquêtes ECAM, le Cameroun est loin d'avoir atteint l'autosuffisance alimentaire, quelque soit le milieu de résidence du ménage considéré, entre 2001 et 2007.

-L'habitat : Il constitue une dimension importante de l'état de pauvreté. D'après les enquêtes ECAM, l'habitat constitue le problème crucial des ménages économiquement faibles dans les zones urbaines du Cameroun. Tant il est vrai que les coûts des matériaux de construction croissent de façon exponentielle au fil du temps; ce qui rend difficile, voire impossible dans certains cas l'accès à un logement de qualité, pour les plus démunis. Fort de ce constat, l'habitat peut donc être considéré comme un facteur d'exclusion. Dans notre étude, les indicateurs retenus pour apprécier, la dimension habitat de la pauvreté non monétaire sont: la nature des toits, des mûrs, du sol, et le statut d'occupation du logement.

-Assainissement : Cet aspect est étroitement lié à l'habitat. On s'intéresse ici au système d'évacuation des eaux usées, des ordures ménagères. Sylla (2005)[72] stipule qu'une certaine qualité de vie et l'assurance d'une sécurité sanitaire sont conditionnées par un cadre de vie assaini et agréable. Les indicateurs partiels retenus sont la nature des toilettes (présence des toilettes décentes, présence d'une voirie municipale moderne).

-Energie : Le rôle que joue le secteur énergétique dans la croissance économique n'est plus à démontrer. L'utilisation de l'énergie contribue donc à l'amélioration des conditions de vie et de la qualité de travail; elle est au même titre que les nouvelles technologies de l'information et de la communication, un bien vital pour les économies modernes. C'est une source de développement, de progrès, de bien-être, de confort et de loisir. Depuis la révolution industrielle du 19è siècle, ses applications ne cessent de se multiplier : au foyer, sur les lieux de travail, dans les établissements publics. Les indicateurs partiels que nous mobilisons pour cette recherche dans le cas camerounais sont le type de combustible pour la cuisine, les modes et les sources d'éclairage des ménages.

-Communication : La communication ou mieux encore le droit à l'information fait partie de la première génération des droits de

[72]Cité par Feubi Pamen (2010).

l'Homme, c'est une liberté fondamentale. Dans les études sur la pauvreté, la dimension communication est repérable par l'accès des populations aux médias. En effet, un Homme bien informé des problèmes de la société dans laquelle il vit est plus apte à contribuer à son développement, qu'un autre en marge des évolutions récentes de cette même société. Nous captons la dimension communication par des indicateurs primaires tels que : la possession d'un poste téléviseur, d'un poste radio, d'un téléphone, d'un ordinateur, d'une antenne parabolique, etc.... Nous intéressons aussi aux voies de communication à travers : l'accès à une route bitumée, à une gare routière, à un marché.

-Eléments de confort, équipements et autres actifs des ménages: La pauvreté est un phénomène complexe à appréhender, nécessitant ainsi différentes approches pour le saisir. Selon le Prix Nobel d'économie de l'année 1998, Sen A. [73] , les trois composantes principales de la pauvreté sont « les commodités », « les fonctionnements », « les capabilités». Dit autrement, la pauvreté se caractérise, en plus d'une insuffisance des biens nécessaires, de l'absence d'un certain confort matériel. Nous retenons un certain nombre d'indicateurs primaires (appareils électroménagers) comme : la possession d'un réfrigérateur, d'une cuisinière, d'un véhicule, etc.

Pour donc mettre en œuvre la démarche que nous retenons dans ce travail, nous nous posons la question de savoir : quelles sont les variables pour mieux informer sur la pauvreté ? Nous retenons quelques variables relatives au bien-être des ménages urbains et des ménages ruraux, et nous mettons en relief les raisons de notre choix.

III.2 EXPLOITATION DES DONNEES

Les données issues des enquêtes ECAM II et ECAM III sont traitées à l'aide des logiciels SPSS et EXCEL. Pour le calcul de l'ICP dont la formulation mathématique a été explicitée ci-dessus, nous nous servons du logiciel « Système Pour l'Analyse des Données » (SPAD). Ce logiciel développé par le Centre International de Statistique et

[73]Sen, A. (1983) «Poor relatively speaking», Oxford Economic Papers, vol.35, n°2, p. 153-169.

d'Informatique Appliquées (CISIA) est essentiellement tourné vers l'analyse et la fouille des données.

Nous utilisons le logiciel DAD (*Distributive Analysis* – Analyse Distributive) de Jean-Yves Duclos et al. (2006), pour l'implémentation de la dominance stochastique. Suivre de près la pauvreté n'est pas généralement aisé. Il est déjà difficile de bien saisir son évolution au fil du temps, ses différentes manifestations selon les pays ou comment elle se compare d'un groupe socioéconomique à un autre. Mais il est encore plus difficile de comprendre comment les diverses politiques publiques — réformes commerciales, régimes fiscaux ou l'instauration d'un filet de sécurité sociale, par exemple — pourront accroître ou réduire la pauvreté au sein de différents groupes, si tant est qu'elles aient un effet tangible. C'est là qu'interviennent les logiciels de modélisation économique. Ces logiciels disposent de plusieurs outils pour effectuer les calculs complexes requis pour comparer la répartition des revenus, par exemple, ou l'incidence des dépenses publiques. Les résultats prennent habituellement la forme de graphiques et de courbes. Toutefois, Araar A., du Centre de Recherche en Economie et Finance Appliquées (CREFA) de l'Université Laval, à Québec, fait remarquer que ces outils ne sont pas conçus pour faciliter la tâche à leurs utilisateurs, chargés d'analyser le bien-être social. Illustrer les écarts en matière de bien-être social est particulièrement difficile, précise-t-il. Un logiciel spécial, mis au point par Araar A. et ses collègues Duclos J-Y et Fortin C. du CREFA, facilite l'analyse et la comparaison du bien-être social, de l'inégalité, de la pauvreté et de l'équité entre des groupes ayant différents niveaux de vie. Le logiciel, connu sous le nom de DAD (*Distributive Analysis* – Analyse Distributive), a été conçu précisément dans ce but[74]. Nous l'utilisons donc pour nos tests de dominance stochastique.

SECTIONIV. RESULTATS DE L'ACM AVEC ECAM II

Dans cette section nous présentons tour à tour les résultats de l'ACM sur les données provenant de la base de l'enquête ECAM II, en ce qui concerne tous les 10.992 ménages réunis, ensuite les ménages urbains pris à part, et enfin les ménages ruraux pris séparément.

---

[74] Duclos et Araar(2006), "*Poverty and equity:Measurement, policy and estimation with DAD*".

IV.1 L'ACM SUR LES MENAGES CAMEROUNAIS (URBAIN + RURAL) EN 2001

IV.1.1 PREMIERE ACM SUR LES MENAGES CAMEROUNAIS

Les variables effectivement utilisées pour la première ACM sont données dans la table suivante :

Tableau 2.2 : Variables utilisées pour la première ACM avec ECAM II (rural+urbain)

Les variables des ménages camerounais (ménages+ruraux) pour la première ACM			
Principal matériau du sol	Possession d'un téléphone fixe	Possession d'un ventilateur	Possession d'un réchaud à pétrole
Principal matériau du toit	Possession d'un téléphone mobile	Possession d'un climatiseur	Possession d'un ventilateur
Principal matériau des mûrs	Possession d'une cuisinière	Possession d'un véhicule	Possession d'un poste radio
Mode d'approvisionnement en eau de boisson	Possession d'un poste téléviseur	Possession d'une chaîne musicale	Statut d'occupation du logement*
Type des lieux d'aisance	Possession d'un réfrigérateur	Possession d'une bouteille de gaz	Possession d'une bicyclette/vélo*
Source d'éclairage du logement	Possession d'un congélateur	Possession d'un fer à repasser électrique	Mode d'évacuation des ordures ménagères*

Source : Traitements de l'auteur à partir de la base de données ECAM II-Ménages.

Comme le montre le Tableau A.3 en annexe, on note à l'issue de cette ACM préliminaire une décroissance des valeurs propres ; ce qui montre le décrochage associé des axes. Le premier axe factoriel explique 22,70% de l'inertie totale et le second seulement 7,69%. Le plan 1x2 cumule donc 30,39% de l'inertie totale du nuage de points ; soit près de 1/3 de cette inertie totale. Le premier axe factoriel avec un pouvoir explicatif élevé met en exergue par construction le phénomène de la pauvreté. Il oppose deux catégories de ménages, les pauvres et les non pauvres. L'analyse de l'ACM en matière de pauvreté se construit autour de cet axe. L'état de non pauvreté est décrit par les indicateurs qui lui sont ici négativement corrélés alors que l'état de pauvreté est perçu à travers les mêmes indicateurs mais qui lui sont positivement corrélés. C'est ce qu'illustre le nuage de points des variables (figure 2.1) obtenu à l'issue de la première ACM. Le nuage des points-individus montre qu'un plus grand nombre de ménages se trouve dans une situation de non pauvreté. Il est représenté par la figure 2.2.

<u>Figure 2.1</u> : <u>Nuage des variables de la première ACM avec ECAM II</u> :

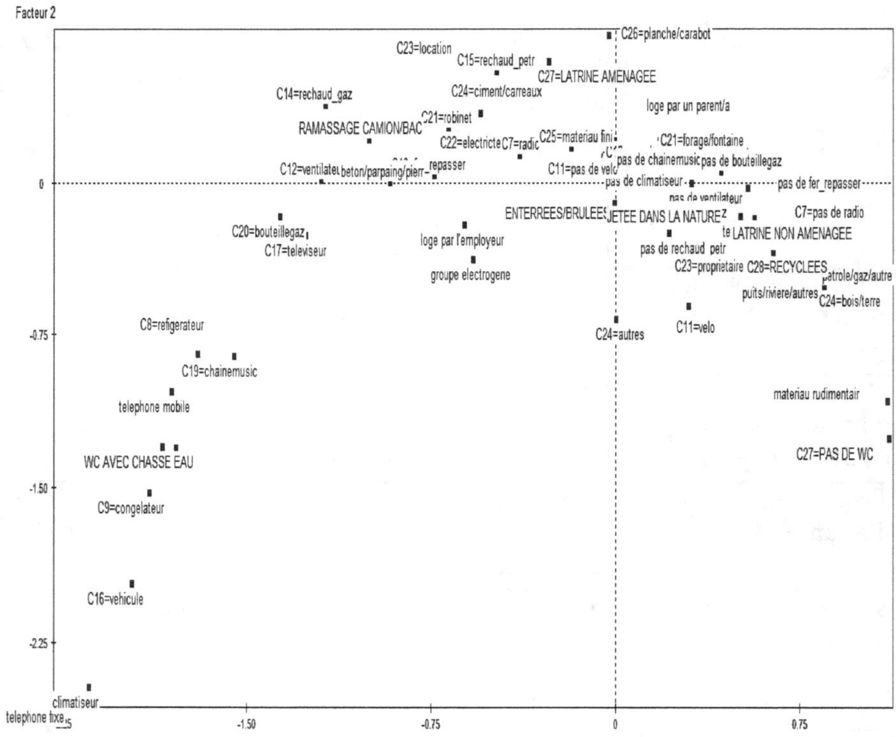

<u>Source</u> : Traitements effectués par l'auteur à l'aide des données ECAM II et du logiciel SPAD.

Figure 2.2 : Nuage des points de la 1ère ACM des ménages avec ECAM II

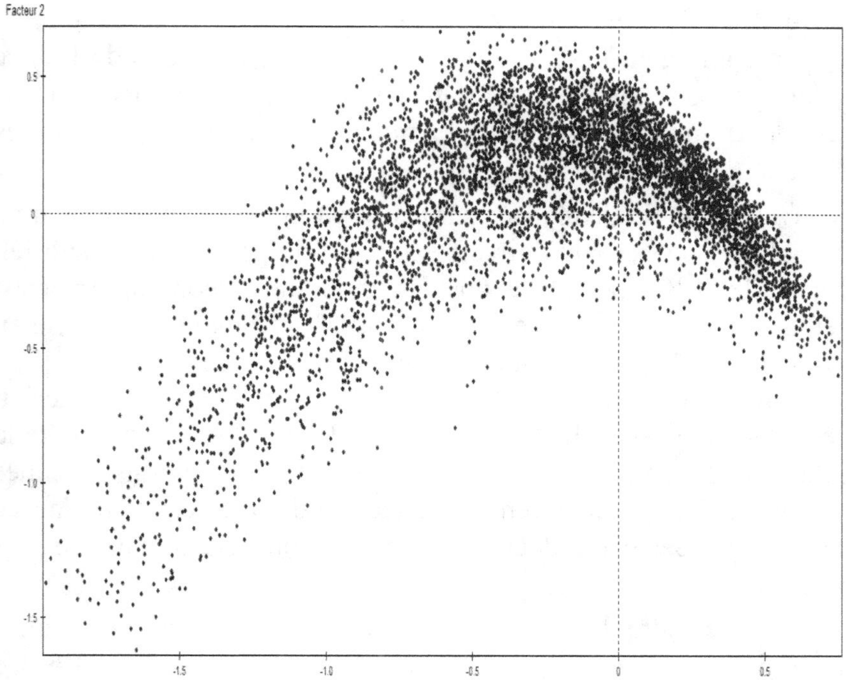

Source : Traitements effectués par l'auteur à l'aide des données ECAM II et du logiciel SPAD.

Toutefois pour plus de précisons dans la description de la pauvreté non monétaire, nous devons recourir à une seconde ACM.

IV.1.2 DEUXIEME ACM SUR LES MENAGES CAMEROUNAIS

Comme nous l'avons mentionné dans la section première de ce chapitre, l'ACM se déroule en deux étapes. La première étape de l'ACM permet d'abord de contrôler et d'appuyer la sélection des variables retenues à priori. C'est la raison pour laquelle il s'avère nécessaire de tester empiriquement la pertinence de chaque variable dans la description de la pauvreté et son caractère discriminant. Les variables n'apportant aucune information sont simplement éliminées. Le principal critère que nous utilisons ici est celui de la Consistance Ordinale sur le Premier Axe (COPA) qui décrit nettement une situation de bien-être ou de pauvreté. Les variables qui ont cette propriété obéissent à la règle selon laquelle le bien-être des ménages se détériore en passant d'une situation de non pauvreté à une situation de pauvreté tout au long du premier axe de l'ACM.

En appliquant le critère de la COPA, nous retirons de la liste précédente trois variables : le statut d'occupation du logement, la possession d'un vélo/bicyclette, le mode d'évacuation des ordures ménagères.

Une ACM finale réalisée sur les 21 variables retenues conduit à une variation haussière du pouvoir explicatif du premier axe factoriel, passant de 22,70% à 28,59%, et une augmentation du pouvoir explicatif du deuxième axe factoriel de 7,69% à 9,62%. Dans le nouveau plan factoriel, il s'opère une séparation entre les ménages pauvres et les ménages non pauvres. Ils sont opposés sur le premier axe factoriel. Toutes les variables vérifient la propriété COPA. Comme le montre la figure 2.3 ci-dessous, la projection du nuage des variables ainsi retenues montre que celles qui décrivent une situation de pauvreté sont placées à gauche et que celles qui décrivent une situation de non pauvreté sont placées à droite.

Dans le cadre de cette ACM, le choix des variables pertinentes ayant servi à la construction de l'ICP est dicté par le critère COPA. Ce critère est une condition nécessaire pour que l'ICP ordonne les ménages en fonction de leur niveau de bien-être. A la suite de l'ACM que nous avons réalisé sur les ménages (urbains+ruraux) du Cameroun en 2001 (ECAM II), nous en avons retenus 10975, tous les ménages ayant un poids uniforme égal à 1. Et en raison de l'étalement des variables les mieux représentées par rapport au premier axe factoriel, on remarque que la pauvreté est définie dans le plan 1x2 par deux quadrants : le quadrant (-,-) et le quadrant (-, +). La pauvreté est déterminée ici par les caractéristiques de l'habitat (matériaux rudimentaires, pas de W C, etc..) et la non possession d'équipements de confort par les ménages (réfrigérateur, bouteille à gaz, etc. .. .) Et la non pauvreté est définie par le quadrant (+,-) et le quadrant (+, +). Les ménages classés comme non pauvres possèdent des logements confortables et disposent d'équipements tels que : véhicule, chaîne musicale, téléphone mobile, etc… Quant au nuage des individus, il se présente comme ci-dessous (figure 2.4). Le nuage des points-individus montre qu'un plus grand nombre de ménages se trouve dans une situation de non pauvreté.

Figure 2.3 : Nuages des variables de la 2e ACM des ménages (ruraux+urbains) avec ECAM II

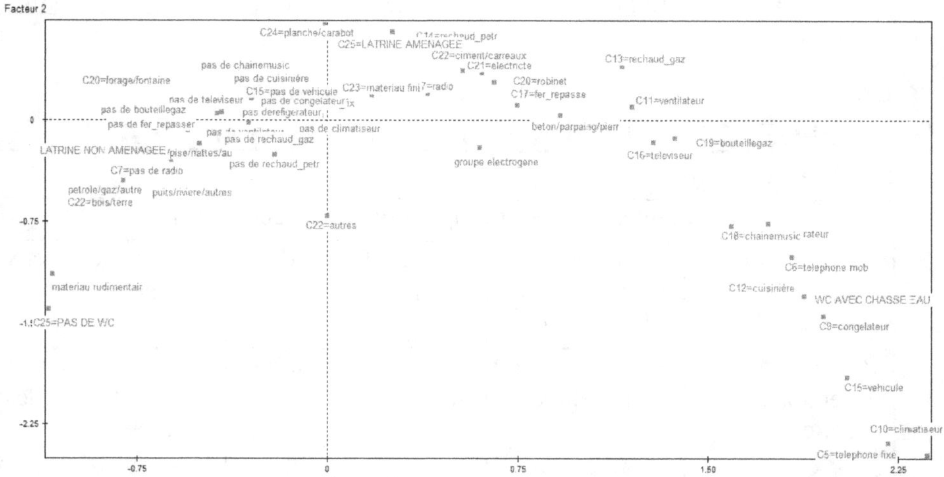

Source : Traitement des données par l'auteur à l'aide du logiciel SPAD.

Figure 2.4 : Nuage des points de la 2e ACM des ménages (ruraux+ urbains) avec ECAM II

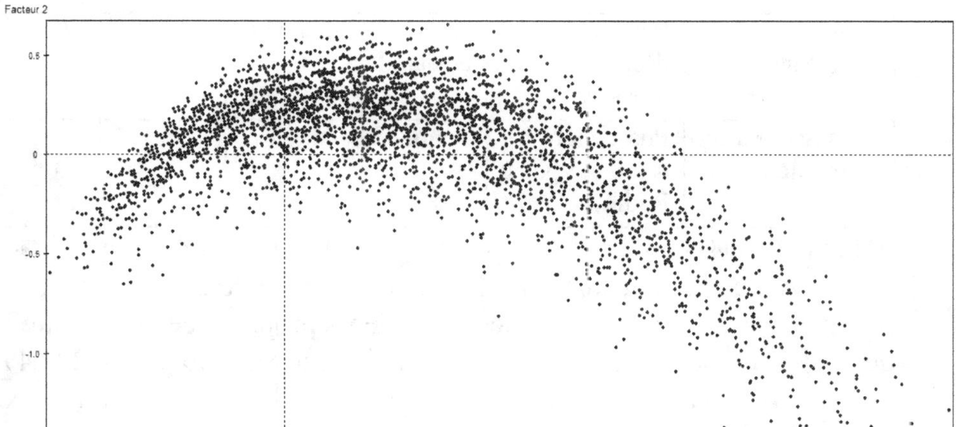

Source : Traitements effectués par l'auteur à l'aide des données ECAM II et du logiciel SPAD.

IV.2 L'ACM SUR LES MENAGES URBAINS EN 2001

IV.2.1 PREMIERE ACM SUR LES MENAGES URBAINS EN 2001

Les variables effectivement utilisées sont les suivantes :

Tableau 2.3 : Variables utilisées pour la première ACM avec ECAM II urbain

Les variables pour les ménages urbains en 2001 de la première ACM			
Possession d'un Téléphone fixe	Possession d'un Climatiseur	Possession d'une Cuisinière	Nature des lieux d'aisance
Possession d'un Téléphone mobile	Possession d'un Véhicule	Principal matériau du sol	Mode d'évacuation des ordures ménagères*
Possession d'un Téléviseur	Possession d'une Chaine musicale	Principal matériau du toit	Statut d'occupation du logement*
Possession d'un Réfrigérateur	Possession d'une Bouteille de gaz	Principal matériau du mûr	
Possession d'un Congélateur	Possession d'un Fer à repasser	Approvisionnement en eau de boisson	
Possession d'un Ventilateur	Possession d'un poste Radio	Source d'éclairage	

Source : Traitements de l'auteur à partir de la base de données ECAM II-Ménages.

A travers le Tableau A.4 en annexe, on note à l'issue de cette première ACM une décroissance des valeurs propres ; ce qui montre le décrochage associé des axes. Le premier axe factoriel explique 20,64% de l'inertie totale et le second seulement 7,11%. Le premier axe factoriel avec un pouvoir explicatif élevé met en exergue par construction le phénomène de la pauvreté. Il oppose deux catégories de ménages, les pauvres et les non pauvres. L'analyse de l'ACM en matière de pauvreté se construit autour de cet axe. L'état de pauvreté est décrit par les indicateurs qui lui sont ici négativement corrélés alors que la non pauvreté est perçue à travers les mêmes indicateurs mais qui lui sont positivement corrélés. Le nuage des points-variables obtenu à l'issue de la première ACM se présente comme l'illustre la figure 2.5 et la figure 2.6 montre le nuage des points des ménages.

Figure 2.5 : Nuage des variables de la 1ère ACM des ménages urbains avec ECAM II

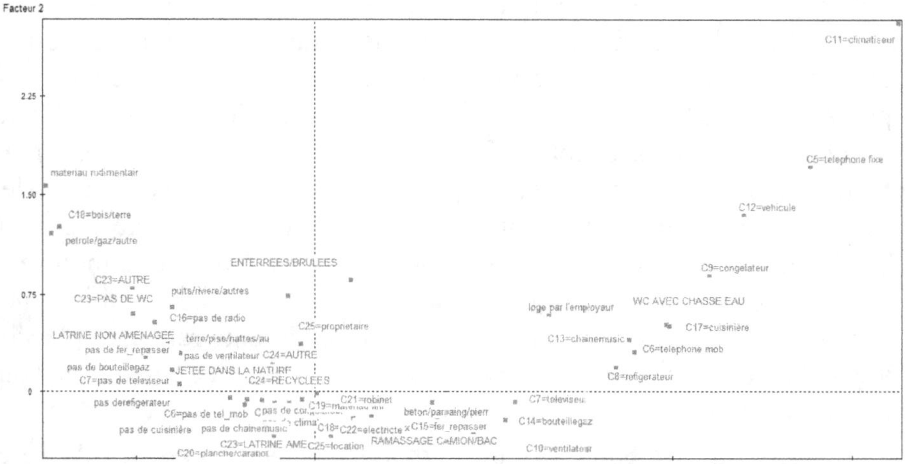

Source : Traitements effectués par l'auteur à l'aide des données ECAM II urbain et du logiciel SPAD.

Figure 2.6 : Nuage des points de la 1ère ACM des ménages urbains avec ECAM II

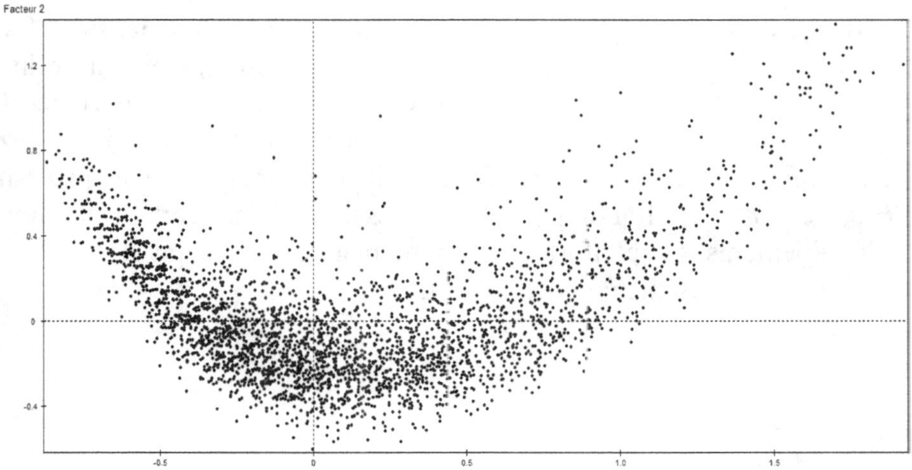

Source : Traitements effectués par l'auteur à l'aide des données ECAM II urbain et du logiciel SPAD.

IV.2.2 DEUXIEME ACM SUR LES MENAGES URBAINS EN 2001

En appliquant le critère de la COPA, nous retirons de la liste précédente deux variables : le statut d'occupation du logement et le mode d'évacuation des ordures ménagères.

Cette deuxième ACM finale réalisée sur ces variables conduit à une variation haussière du pouvoir explicatif du premier axe factoriel, passant de 20,64% à 25,88%, et une augmentation du pouvoir explicatif du deuxième axe factoriel de 7,11% à 8,83%. Dans le nouveau plan factoriel, il s'opère une séparation entre les ménages pauvres et les ménages non pauvres. Ils sont opposés sur le deuxième axe factoriel. Toutes les variables vérifient la propriété COPA. Comme le montre la figure 2.7 ci-dessous, la projection du nuage des variables ainsi retenues montre que celles qui décrivent une situation de pauvreté sont placées à gauche et que celle qui décrivent une situation de non pauvreté sont placées à droite.

A partir des 6009 ménages urbains recensés en 2001, l'ACM et le critère COPA nous ont permis de sélectionner 19 variables pertinentes sur la base du critère de consistance ordinale sur le premier axe factoriel du nuage des points-variables pour la construction de l'ICP. Ce critère nous permet d'ordonner les ménages en fonction de leur niveau de bien-être. L'orientation des variables suivant le premier axe factoriel (figure 2.7), on remarque que la pauvreté est définie dans le plan 1x2 par deux quadrants : le quadrant (-, +) c'est-à-dire $F_1 < 0$ et $F_2 > 0$ et le quadrant (-, -). Cette pauvreté est essentiellement définie par les caractéristiques de l'habitat et la non possession de certains équipements comme le fer à repasser, le ventilateur, la bouteille à gaz, etc..... Et la non pauvreté est définie par le quadrant (+, +) et le quadrant (+, -), et s'explique par la possession d'un certain nombre d'équipements de confort par les ménages. Le nuage des points-individus se présente comme sur la figure 2.8.

Figure 2.7 : Nuage des variables de la 2ème ACM des ménages urbains avec ECAM II

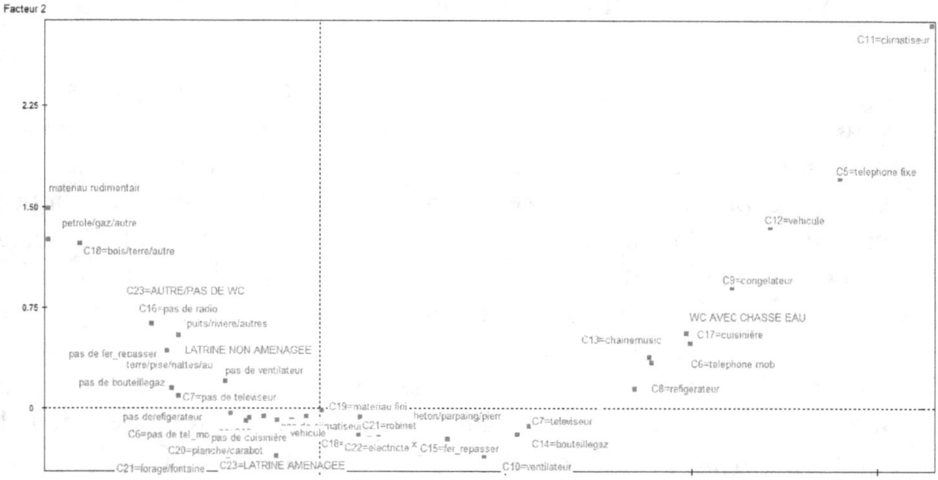

Source : Traitements effectués par l'auteur à l'aide des données ECAM II urbain et du logiciel SPAD.

Figure 2.8 : Nuage des points de la 2ème ACM des ménages urbains avec ECAM II

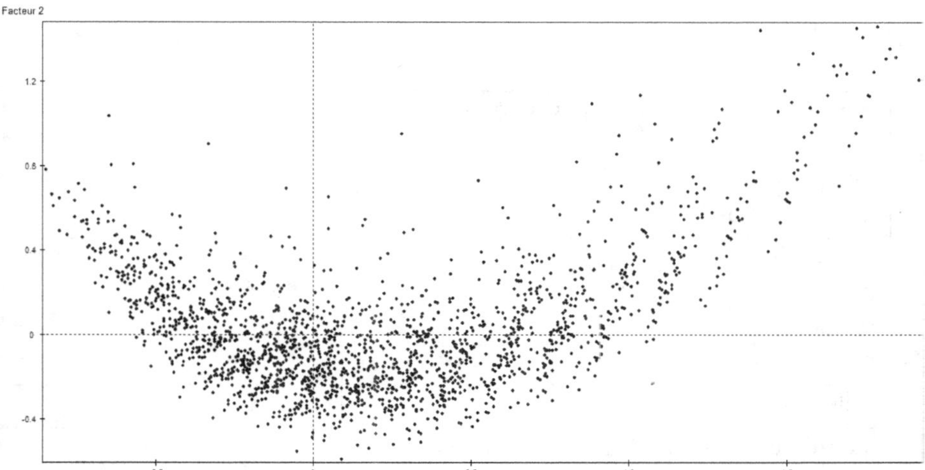

Source : Traitements effectués par l'auteur à l'aide des données ECAM II urbain et du logiciel SPAD.

IV.3 L'ACM SUR LES MENAGES RURAUX EN 2001

IV.3.1 PREMIERE ACM SUR LES MENAGES RURAUX EN 2001

Comme le montre le tableau A.5 en annexe, on note à l'issue de cette ACM préliminaire une décroissance des valeurs propres ; ce qui montre le décrochage associé des axes. Le premier axe factoriel a un pouvoir explicatif de 21,27% de l'inertie totale et le second explique à hauteur de 7,47% l'inertie totale. Le fait que le premier axe factoriel ait un pouvoir explicatif supérieur traduit, par construction, le phénomène de la pauvreté. Il oppose les ménages pauvres et les ménages non pauvres. L'implémentation de l'ACM en matière de pauvreté se construit autour de cet axe. L'état de non pauvreté est décrit par les indicateurs qui lui sont ici négativement corrélés alors que l'état de pauvreté est perçu à travers les mêmes indicateurs mais qui lui sont positivement corrélés.

Les variables effectivement prises en compte sont illustrées ci-dessous :

Tableau 2.4 : **Variables utilisées pour la première ACM avec ECAM II rural**

Possession d'un téléphone fixe	Véhicule	Source d'éclairage
Possession d'un téléphone mobile	Pricipal matériau du sol	Mode d'évacuation des ordures ménagères
Possession d'un réchaud à pétrole	Toit	Possession d'une bicyclette/ vélo*
Téléviseur	Mur	
Ventilateur	Mode d'approvisionnement en eau de boisson	
Radio	Nature des toilettes	

Source : Traitements de l'auteur à partir de la base de données ECAM II-Ménages.

Le nuage de points-variables obtenu à l'issue de la première ACM est présenté à la figure 2.9. La dispersion des ménages ruraux, en ce qui concerne leur niveau de vie est illustrée par la figure 2.10 ci-dessous.

Figure 2.9 : Nuage des variables de la 1ère ACM des ménages ruraux avec ECAM II

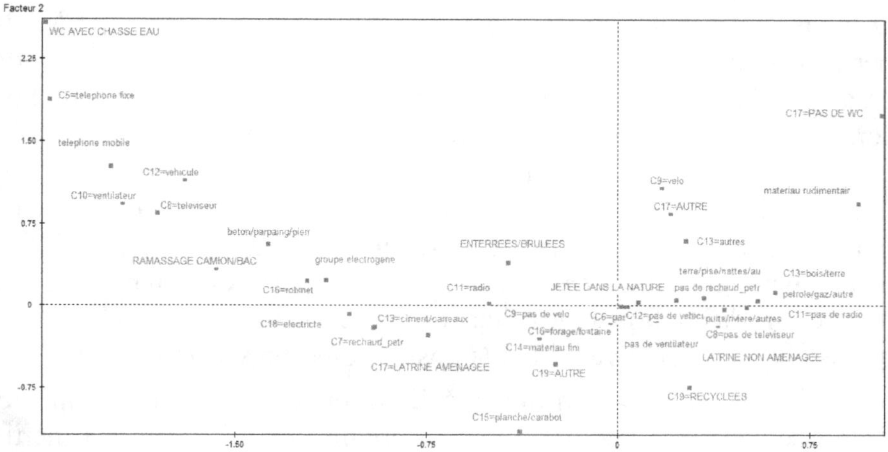

Source : Traitements effectués par l'auteur à l'aide des données ECAM II (rural) et du logiciel SPAD.

Figure 2.10 : Nuage des pointsde la 1ère ACM des ménages ruraux avec ECAM II

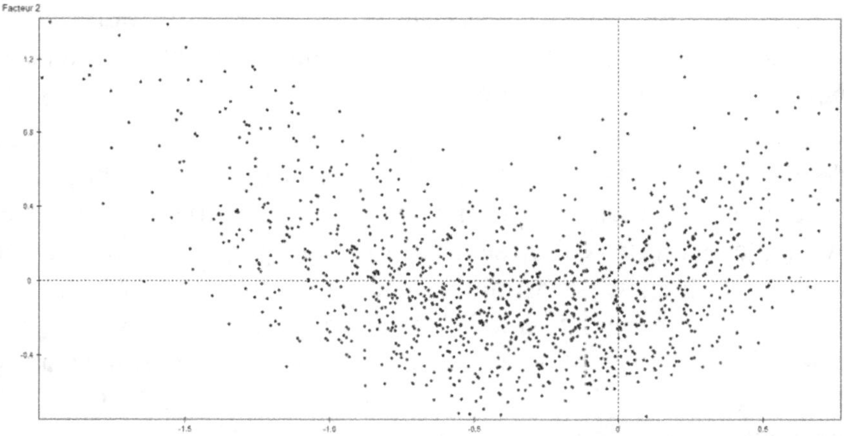

Source : Traitements effectués par l'auteur à l'aide des données ECAM II (rural) et du logiciel SPAD.

IV.3.2 DEUXIEME ACM SUR LES MENAGES RURAUX EN 2001

Tel que nous l'avons mentionné dans la méthodologie de notre analyse factorielle, l'ACM se déroule en deux étapes. La première étape ci-dessus présentée, nous a permis de contrôler et d'appuyer la sélection des variables effectuée à priori. C'est la raison pour laquelle il s'avère nécessaire de tester empiriquement, dans cette deuxième ACM, la pertinence de chaque variable dans la description de la pauvreté et son caractère discriminant. Les variables n'apportant aucune information sont simplement éliminées. Le principal critère que nous utilisons ici est la COPA qui décrit nettement une situation de bien-être ou de pauvreté. Les variables qui ont cette propriété obéissent à la règle selon laquelle le bien-être des ménages se détériore en passant d'une situation de non pauvreté à une situation de pauvreté tout au long du premier axe de l'ACM. En appliquant le critère de la COPA, nous retirons de la liste précédente une seule variable : la possession d'un vélo/bicyclette.

La deuxième ACM finale réalisée sur ces variables conduit à un accroissement de la contribution du premier axe factoriel à l'inertie totale du nuage des points. En effet on passe de 21,27% à 25,16% pour ce premier axe factoriel. L'importance du deuxième axe passe de 7,47% à 8,53%. Dans le nouveau plan factoriel, il s'opère une séparation entre les ménages pauvres et les ménages non pauvres. Ils sont opposés sur le premier axe factoriel. Toutes les variables vérifient la propriété COPA. La projection du nuage des variables ainsi retenues sur la figure 2.11 ci-dessous, montre que celles qui décrivent une situation de non pauvreté sont placées à gauche et que celles qui décrivent une situation de pauvreté sont placées à droite.

Notre étude a couvert 4967 ménages enquêtés en zone de résidence rurale en 2001. L'ACM et le critère COPA nous ont permis de sélectionner 14 variables pertinentes pour la construction de l'ICP. Les variables les mieux représentées sont dans le plan négatif. Donc plus l'ICP d'un ménage est faible (négatif) plus son bien-être est important. Cette orientation des variables suivant le premier axe factoriel (figure 2.11), fait remarquer que la pauvreté est définie dans le plan 1x2 par deux quadrants : le quadrant (+,-) et le quadrant (+, +). Et la non pauvreté est définie par le quadrant (-,-) et le quadrant (-, +). Dans le quadrant (+, +) c'est-à-dire pour $F_1 > 0$ et $F_2 > 0$ et le quadrant (+,-) c'est-à-dire $F_1 > 0$ et $F_2 < 0$, la pauvreté non-monétaire est essentiellement définie par les variables caractérisant les équipements des ménages, les caractéristiques du logement. Les ménages ruraux non pauvres ont par exemple accès au téléphone mobile, bénéficient des services d'un camion de ramassage des ordures, ont accès à l'électricité, etc… Le nuage des points des ménages ruraux suit la même orientation (figure 2.12).

Figure 2.11. Nuage des variables de la 2ème ACM des ménages ruraux avec ECAM II

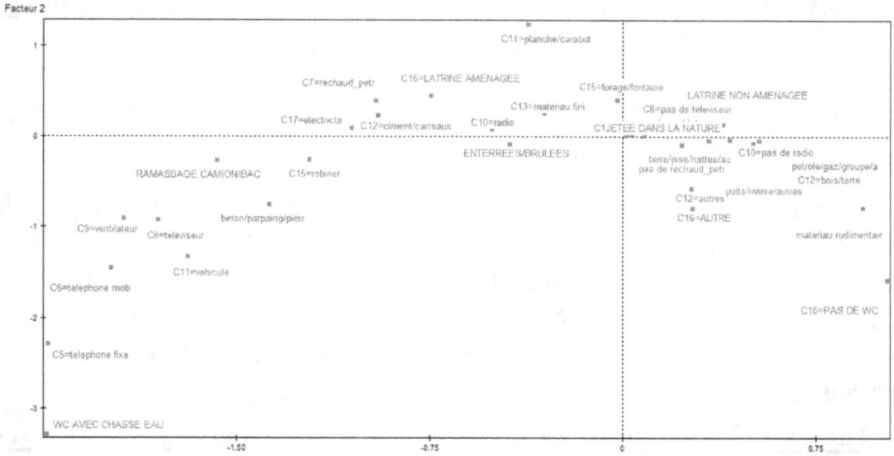

Source : Traitements effectués par l'auteur à l'aide des données ECAM II (rural) et du logiciel SPAD.

Figure 2.12. Nuage des points de la 2ème ACM des ménages ruraux avec ECAM II

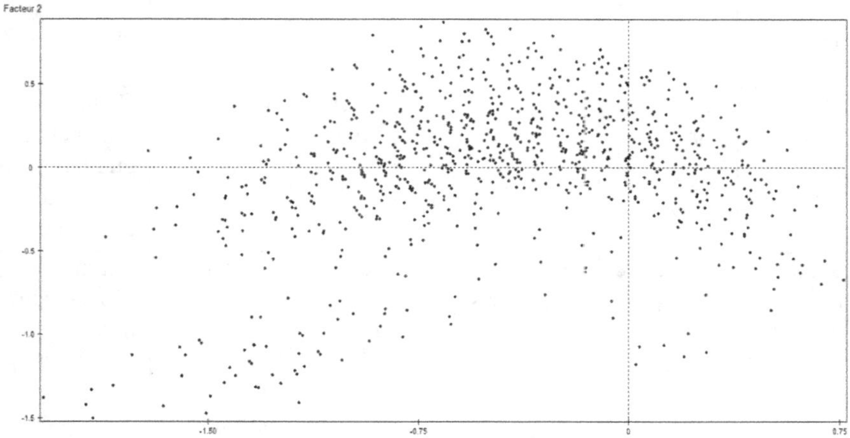

Source : Traitements effectués par l'auteur à l'aide des données ECAM II (rural) et du logiciel SPAD.

SECTIONV. RESULTATS DE L'ACM AVEC ECAM III

Ce paragraphe est consacré à la présentation des résultats de la manipaulation des données de l'enquête ECAM III de 2007 sur les ménages camerounais sans distinction de la zone de résidence, ensuite sur les ménages urbains uniquement et enfin on s'interesse au cas typique des ménages ruruaux.

V.1 RESULTATS DE L'ACM SUR L'ENSEMBLE DES MENAGES CAMEROUNAIS (URBAINS + RURAUX) EN 2007

V.1.1 PREMIERE ACM SUR LES MENAGES (RURAUX + URBAINS) ECAM III

Comme nous l'avons mentionné dans notre méthodologie de l'analyse factorielle de la pauvreté, cette première ACM permet d'abord de contrôler les variables sélectionnées à priori pour notre étude sur la pauvreté au Cameroun. Notre critère de décision pour la discrimination des variables décrivant la pauvreté non monétaire c'est la COPA. Les variables prises en compte dans cette première étape sont :

Tableau 2.5 : Variables utilisées pour la première ACM avec ECAM III (rural+urbain)

Possession d'un téléphone fixe	Chaine musicale	Principal matériau du sol	Type de toilette	Climatiseur	Centre de santé
Possession d'un téléphone mobile	Lecteur DVD	Toit	Cable	Ventilateur	Distance du logement à une pharmacie
Connexion internet	Réfrigérateur	Mur	Réchaud à gaz	Véhicule	Distance du logement à un marché de produits alimentaires
Possession d'un ordinateur	Congélateur	Mode d'approvisionnement en eau de boisson	Réchaud à pétrole	Distance du logement à une route bitumée	Statut d'occupation du logement*

Radio	Cusinière	Source d'éclairage	Bouteille à gaz	Gare routière	Possession d'une bicyclette/vélo*
Téléviseur	Perception de la pauvreté	Mode d'évacuation des ordures ménagères	Fer à repasser	Distance du logement à un établissement primaire	

Source : Traitements de l'auteur à partir de la base de données ECAM III-Ménages.

Comme le montre le tableau A.7 en annexe, on note à l'issue de cette ACM préliminaire une décroissance des valeurs propres. Le premier axe factoriel explique 18,33% de l'inertie totale et le second seulement 6,22%. Le premier axe factoriel avec un pouvoir explicatif plus élevé met en exergue par construction le phénomène de la pauvreté. Il oppose deux catégories de ménages, les pauvres et les non pauvres. L'analyse de l'ACM en matière de pauvreté se construit autour de cet axe. L'état de non pauvreté est décrit par les indicateurs qui lui sont ici négativement corrélés alors que l'état de pauvreté est perçu à travers les mêmes indicateurs mais qui lui sont positivement corrélés. Le nuage de points des variables obtenu à l'issue de la première ACM se présente comme sur la figure 2.13, et le nuage des points ménages sur la figure 2.14, suit la même orientation.

Figure 2.13 : Nuage des variables de la 1ère ACM des ménages (ruraux + urbains) avec ECAM III

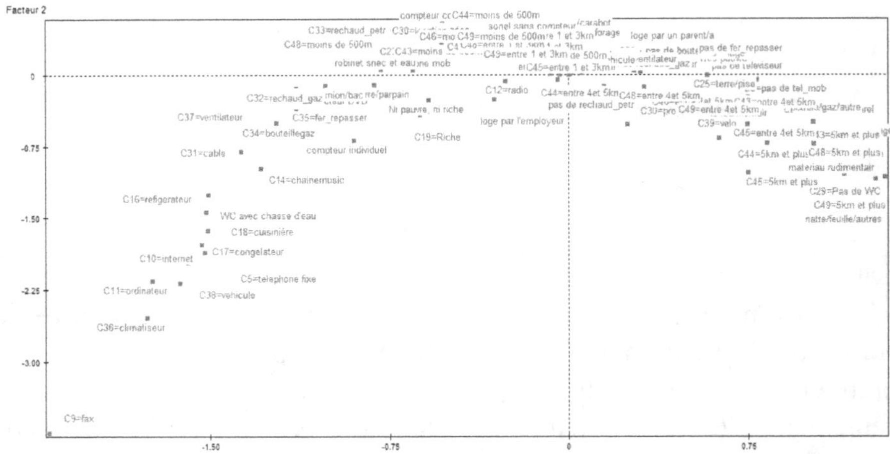

Source : Traitements effectués par l'auteur à l'aide des données ECAM III (urbain + rural) et du logiciel SPAD.

Figure 2.14 : Nuage des points de la 1ère ACM des ménages (ruraux + urbains) avec ECAM III

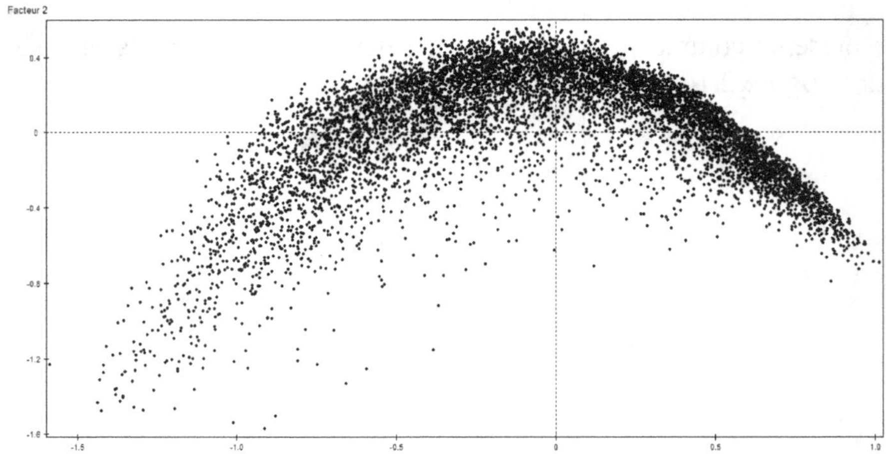

Source : Traitements effectués par l'auteur à l'aide des données ECAM III (rural+urbain) et du logiciel SPAD.

V.1.2 DEUXIEME ACM SUR LES MENAGES (URBAINS + RURAUX) ECAM III

Dans cette deuxième étape, en nous appuyant sur les informations contenues dans le tableau A.7 en annexe, et en appliquant le critère de la COPA, nous retirons de la liste précédente deux variables : le statut d'occupation du logement et la possession d'un vélo/bicyclette.

La deuxième ACM réalisée sur ces variables conduit à une variation haussière du pouvoir explicatif du premier axe factoriel, passant de 18,33% à 19,40 %, et une augmentation du pouvoir explicatif du deuxième axe factoriel de 6,22% à 6,52 %. Cette ACM finale sur les ménages (urbains+ruraux) couverts par ECAM III, chaque ménage étant observé suivant 34 variables, nous a permis de retenir 11.227 ménages. Tous les ménages ont un poids uniforme égal à 1. En reconsidérant la pauvreté comme un phénomène social dont la manifestation la plus générale est le dénuement profond associé à un état de manque et de privation relatif à un ensemble de besoins fondamentaux (revenus, nutrition, alimentation, accès aux bénéfices des services sociaux de base, possession d'actifs, etc..), et compte tenu de la consistance ordinale des variables sur le premier axe factoriel, les variables les mieux représentées se situent dans le plan négatif comme l'indique la figure 2.15 ci-dessous. Autrement dit, celles qui décrivent une situation de non pauvreté sont placées à gauche et que celles qui décrivent une situation de pauvreté sont placées à droite. La représentation du nuage de points des ménages est la suivante (figure 2.16) et donne les mêmes indications.

Figure 2.15 : Nuage des variables de la 2ème ACM des ménages (ruraux + urbains) avec ECAM III

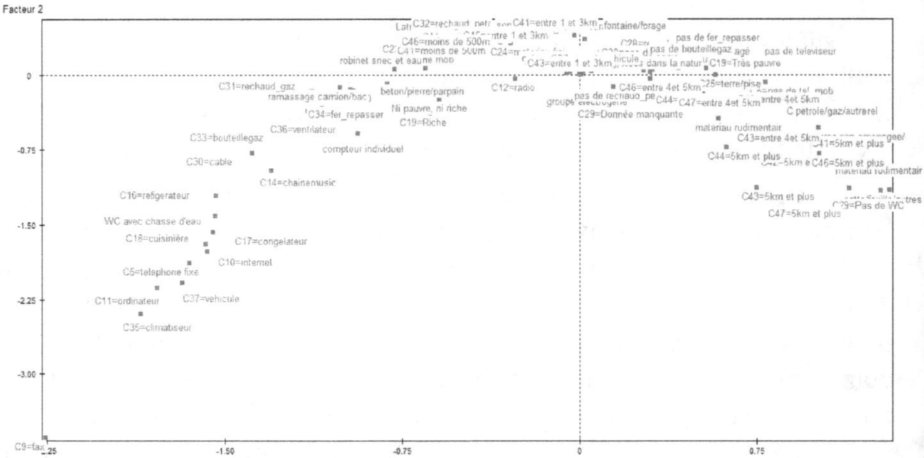

Source : Traitements effectués par l'auteur à l'aide des données ECAM III et du logiciel SPAD.

Figure 2.16 : Nuage des points de la 2ème ACM des ménages (ruraux + urbains) avec ECAM III

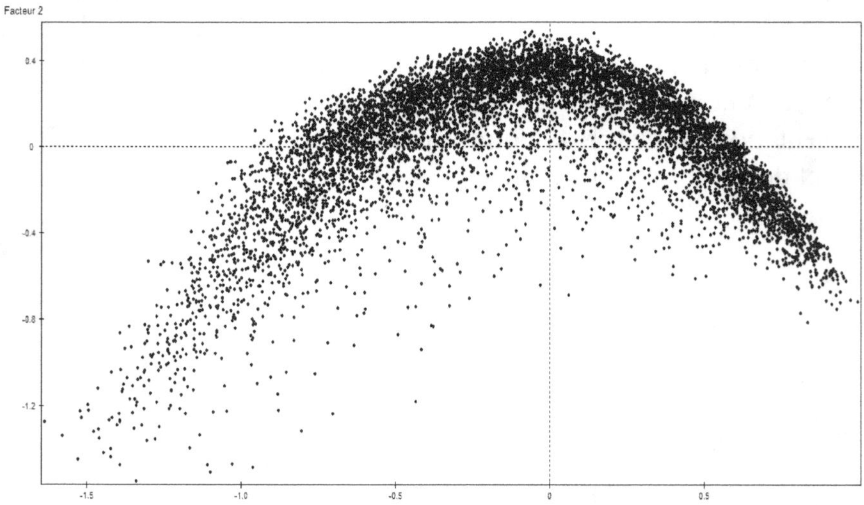

Source : Traitements effectués par l'auteur à l'aide des données ECAM III et du logiciel SPAD.

V.2 RESULTATS DE L'ACM AVEC LES MENAGES URBAINS EN 2007

V.2.1 PREMIERE ACM SUR LES MENAGES URBAINS EN 2007

Cette première ACM permet de contrôler et d'appuyer la sélection des variables effectuée à priori. Il s'avère nécessaire de tester empiriquement la pertinence de chaque variable dans la description de la pauvreté et son caractère discriminant. Les variables n'apportant aucune information sont simplement éliminées sur la base du critère COPA tel que précédemment énoncé. Les variables prises en compte à cette étape sont:

Tableau 2.6 : Variables utilisées pour la première ACM avec ECAM III urbain

Possession d'un téléviseur	Lecteur DVD	Connexion internet	Distance du logement au Centre de santé le plus proche*
Réfrigérateur	Chaine musicale	Possession d'une Cuisinière	Distance du logement à un établissement primaire public*
Congélateur	Bouteille de gaz	Mode d'évacuation des ordures ménagères	
Ventilateur	Fer à repasser	Distance du logement à une route bitumée	
Climatiseur	Radio	Distance du logment à une gare routière	
Véhicule	Fax	Distance du logement à un marché de produits alimentaires	

Source : Traitements de l'auteur à partir de la base de données ECAM III-Ménages.

Après cette première ACM, le tableau A.8 en annexe présente l'histogramme des valeurs propres. Ce tableau montre une décroissance des valeurs propres. Le premier axe factoriel explique 14,34% de l'inertie totale et le second seulement 6,40%. Le pouvoir explicatif plus élevé du premier axe factoriel met en exergue par construction le phénomène de la pauvreté. Il met en opposition deux catégories de ménages, les pauvres et les non pauvres. L'analyse de l'ACM en matière de pauvreté se construit autour de cet axe. L'orientation du premier axe factoriel est tel que l'état de non pauvreté est décrit par les indicateurs qui lui sont ici négativement corrélés alors que l'état de pauvreté est perçu à travers les mêmes indicateurs mais qui lui sont positivement corrélés. Le nuage de points des variables obtenu à l'issue de la première ACM se présente sur la figure 2.17 et le nuage des points-ménages correspondant, sur la figure 2.18.

Figure 2.17 : Nuage des variables de la 1ère ACM des ménages urbains avec ECAM III

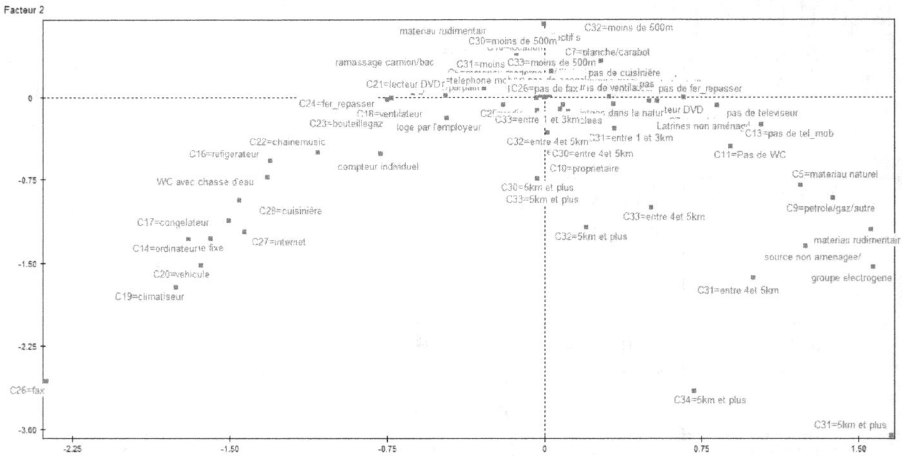

Source : Traitements effectués par l'auteur à l'aide des données ECAM III (urbain) et du logiciel SPAD.

Figure 2.18 : Nuage des points de la 1ère ACM des ménages urbains avec ECAM III

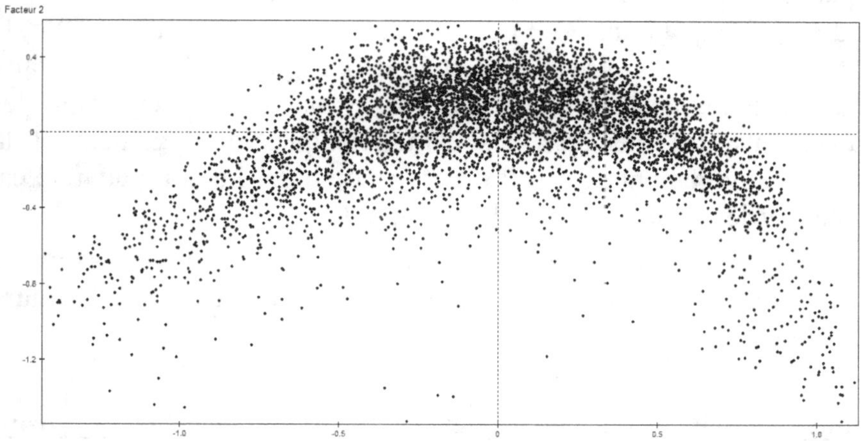

Source : Traitements effectués par l'auteur à l'aide des données ECAM III urbain et du logiciel SPAD.

V.2.2 DEUXIEME ACM SUR LES MENAGES URBAINS EN 2007

Le critère de la COPA, nous permet dans cette deuxième étape de l'analyse de retirer de la liste précédente deux variables : La distance du logement au centre de santé le plus proche, et la distance du logement à l'établissement primaire public le plus proche.

Une ACM finale réalisée sur ces variables montre une augmentation du pouvoir explicatif du premier axe factoriel, passant de 14,34% à 17,94%, et une augmentation du pouvoir explicatif du deuxième axe factoriel de 6,40% à 7,26%. Dans le nouveau plan factoriel, il s'opère une séparation entre les ménages pauvres et les ménages non pauvres. Ils sont opposés sur le premier axe factoriel. Toutes les variables vérifient la propriété COPA. Comme le montre la figure 2.19 ci-dessous, la projection du nuage des variables ainsi retenues montre que celles qui décrivent une situation de pauvreté sont placées à droite et que celles qui décrivent une situation de non pauvreté sont placées à gauche.

L'implémentation de l'ACM et le critère COPA nous permettent de sélectionner 27 variables pertinentes pour la construction de l'ICP. Le nuage des variables retenues pour les 6247 ménages urbains camerounais en 2007 (ECAM III) montre que les variables les mieux représentées sont dans le plan négatif. Donc plus l'ICP d'un ménage est faible (négatif) plus son bien-être est important. Ceci fait remarquer que la pauvreté non-monétaire est définie dans le plan 1x2 par deux quadrants. Le quadrant (+, +) c'est-à-dire pour $F_1 > 0$ et $F_2 > 0$ et le quadrant (+,-) c'est-à-dire $F_1 > 0$ et $F_2 < 0$. La pauvreté non-monétaire est essentiellement définie par les variables caractérisant les équipements des ménages, les caractéristiques du logement et la distance du logement aux infrastructures de base. La non pauvreté est définie par le quadrant (-, -) et le quadrant (-, +).

Le nuage des points-individus montre que les ménages qui se trouvent dans la pauvreté se ressemblent. C'est ce qu'illustre la figure 2.20 ci-dessous.

Figure 2.19 : Nuage des variables de la 2ème ACM des ménages urbains avec ECAM III

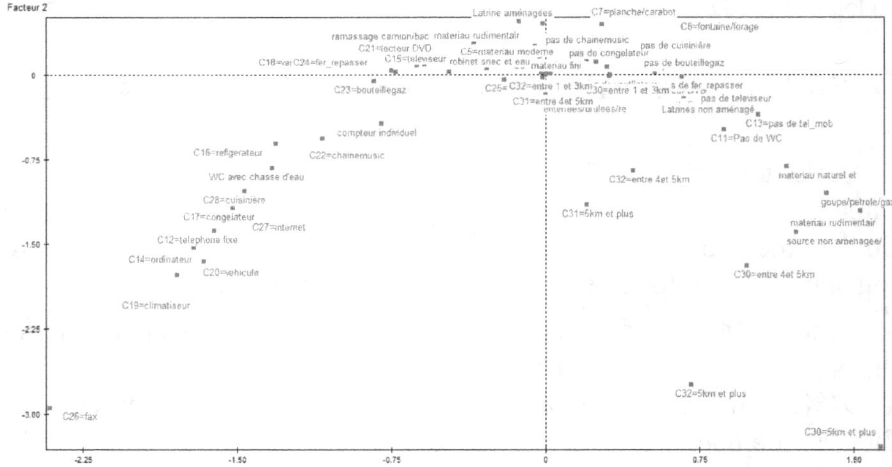

Source : Traitements effectués par l'auteur à l'aide des données ECAM III urbain et du logiciel SPAD

Figure 2.20 : Nuage des points de la 2ème ACM des ménages urbains avec ECAM III

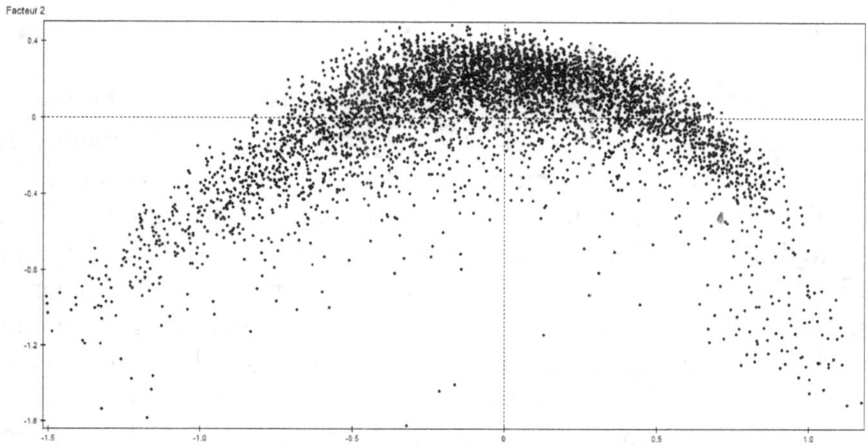

Source : Traitements effectués par l'auteur à l'aide des données ECAM III urbain et du logiciel SPAD

V.3 RESULTATS DE L'ACM AVEC LES MENAGES RURAUX EN 2007

V.3.1 PREMIERE ACM SUR LES MENAGES RURAUX ECAM III

Les variables retenues sont les suivantes :

Tableau 2.7 : Variables utilisées pour la première ACM avec ECAM III rural

Principal matériau du sol	Nature des toilettes	Radio	Distance à un établissement primaire	Pratique de l'élevage*
Toit	Possession d'un téléphone fixe	Possession d'un charrette	Centre de santé	Agriculture *
Mur	Possession d'un téléphone mobile	Mode d 'évacuation des ordures ménagères	Marché de produits alimentaires	Sylviculture *
Mode d'approvisionnement en eau de boisson	Réchaud à pétrole	Distance du logement à	Possession d'une bicyclette/vélo*	Pêche*

		une route bitumée		
Source d'éclairage	Téléviseur	Distance à une gare routière	Possession d'un cheval/âne*	Apiculture*

Source: Traitements de l'auteur à partir de la base de données ECAM III-Ménages

Lorsqu'on examine les valeurs propres, comme le montre le tableau A.9 en annexe, on remarque à l'issue de cette ACM préliminaire une décroissance des valeurs propres ; ce qui montre le décrochage associé des axes. Le premier axe factoriel explique 12,80% de l'inertie totale et le second seulement 5,31%. Le premier axe factoriel avec un pouvoir explicatif élevé met en évidence le phénomène de la pauvreté. Il oppose deux catégories de ménages, les pauvres et les non pauvres. L'analyse de l'ACM en matière de pauvreté se construit autour de cet axe. L'état de pauvreté est décrit par les indicateurs qui lui sont ici négativement corrélés alors que l'état de non pauvreté est perçu à travers les mêmes indicateurs mais qui lui sont positivement corrélés. Le nuage de points des variables obtenu à l'issue de la première ACM se présente comme suit:

Figure 2.21 : Nuage des variables de la 1ère ACM des ménages ruraux avec ECAM III

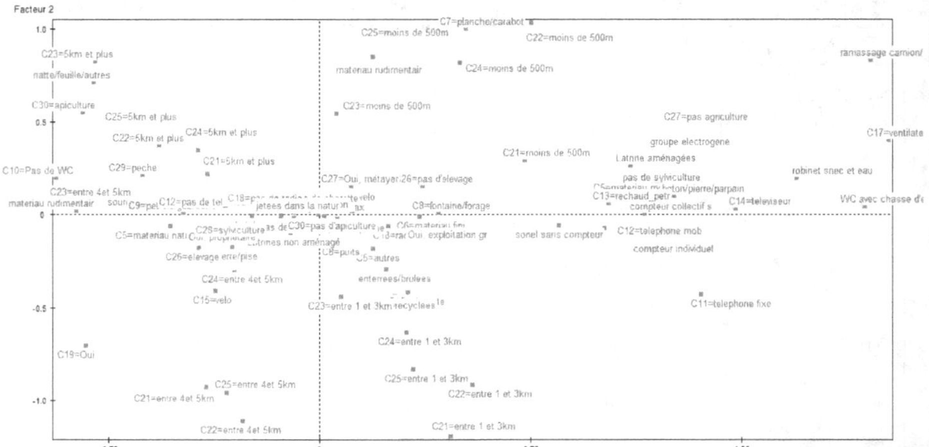

Source : Traitements effectués par l'auteur à l'aide des données ECAM III (rural) et du logiciel SPAD.

Figure 2.22 : Nuage des points de la 1ère ACM des ménages ruraux avec ECAM III

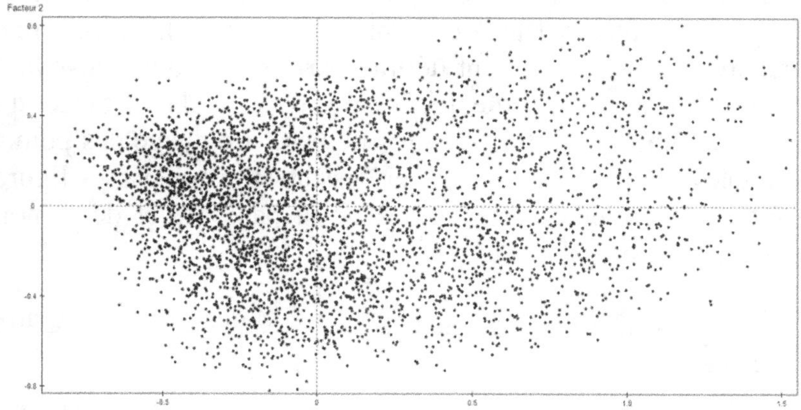

Source : Traitements effectués par l'auteur à l'aide des données ECAM III (rural) et du logiciel SPAD.

V.3.2 DEUXIEME ACM SUR LES MENAGES RURUAX EN 2007

La première ACM nous a permis d'abord de contrôler et d'appuyer la sélection des variables retenues à priori. Nous avons aussi testé empiriquement la pertinence de chaque variable dans la description de la pauvreté et son caractère discriminant sur la base de la propriété COPA. Les variables n'apportant aucune information et ne respectant pas cette propriété ont été éliminées, notamment les sept variables suivantes: possession d'une bicyclette/vélo, possession d'un âne/cheval, pratique de l'agriculture, pratique de la pêche, pratique de l'élevage, pratique de la sylviculture, pratique de l'apiculture.

La deuxième ACM réalisée sur ces variables conduit à une variation haussière du pouvoir explicatif du premier axe factoriel, passant de 12,80% à 15,95%, et une augmentation du pouvoir explicatif du deuxième axe à l'inertie totale du nuage des points. En effet on passe de 5,31% à 6,93% pour ce deuxième axe factoriel. Dans le nouveau plan factoriel, il s'opère une séparation entre les ménages pauvres et les ménages non pauvres. Ils sont opposés sur le premier axe factoriel. Toutes les variables vérifient la propriété COPA. La projection du nuage des variables ainsi retenues sur la figure 2.23 ci-dessous, montre que celles qui décrivent une situation de non pauvreté sont placées à gauche et que celles qui décrivent une situation de pauvreté sont placées à droite. Plus précisément, la figure 2.23 ci-dessous du nuage des points des 19 variables caractéristiques des 6247 ménages ruraux de l'enquête ECAM III, montre que suivant l'orientation du premier axe factoriel, la pauvreté est représentée par les quadrants (+,+) et (+, -). La pauvreté non-monétaire est essentiellement définie par les variables renvoyant aux caractéristiques du logement des ménages, et la distance du logement par rapport aux infrastructures de base. Le nuage des points représentant les ménages ruraux est ci-dessous illustré par la figure 2.24, et montre les mêmes orientations de la pauvreté et de la non pauvreté non monétaire.

<u>Figure 2.23</u> : <u>Nuage des variables de la 2ième ACM des ménages ruraux avec ECAM III</u>

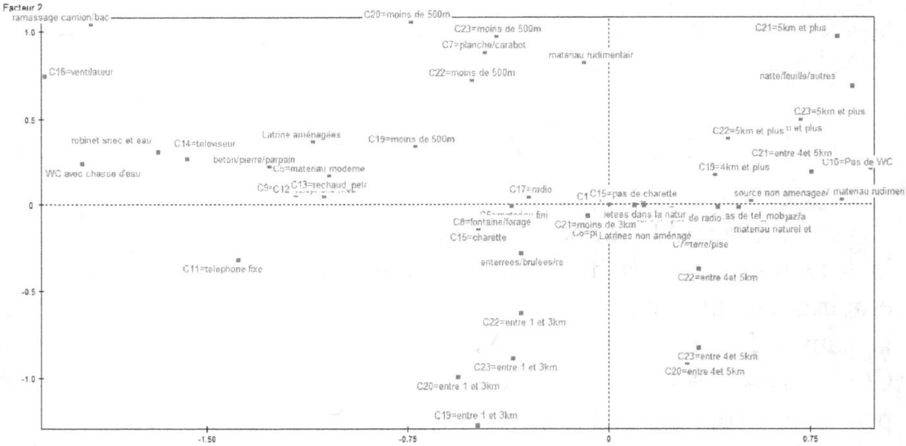

<u>Source</u> : Traitements effectués par l'auteur à l'aide des données ECAM III rural et du logiciel SPAD.

Figure 2.24 : Nuage des points de la 2ième ACM des ménages ruraux avec ECAM III

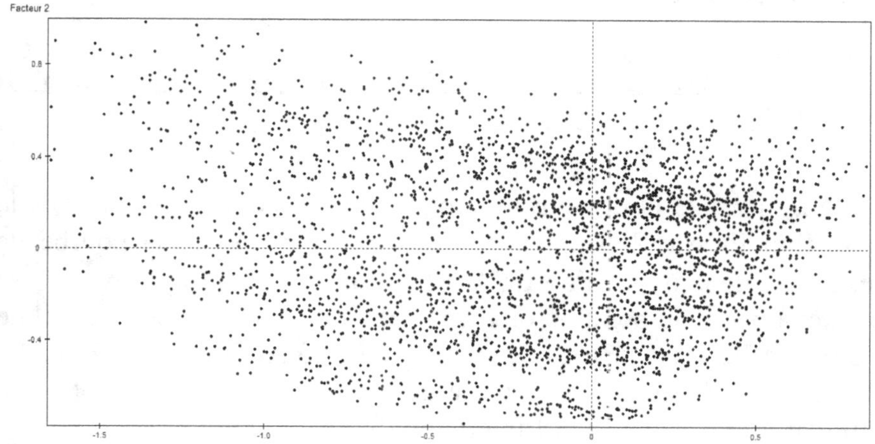

Source : Traitements effectués par l'auteur à l'aide des données ECAM III (rural) et du logiciel SPAD.

SECTIONVI. INTERPRETATION DES COURBES DE DOMINANCE STOCHASTIQUE

Les résultats présentés dans les deux précédentes sections sur la pauvreté non monétaire au Cameroun entre 2001 et 2007, ne dépendent d'aucune ligne de pauvreté de référence. Les interprétations qu'on en fait sont donc les mêmes quel que soit le seuil de pauvreté retenu. Pour comparer de façon robuste les niveaux de pauvreté non monétaire entre 2001 et 2007 sur le plan national, et suivant le milieu de résidence des ménages camerounais, nous faisons appel aux tests de dominance stochastique. Cette approche englobe un large éventail de seuils de pauvreté sur lesquels les résultats restent valides. Notons que les résultats de nos tests de dominance restent vrais pour tous les indices de pauvreté respectant le principe de la monotonie et de symétrie. En effet, selon le principe de symétrie, la croissance de revenu d'un ménage pauvre n'affecte pas les indices de pauvreté, à moins que ce ménage sorte de la pauvreté. De la même manière, la baisse de revenu d'un ménage classé comme non pauvre n'affecte pas les indices de pauvreté, à moins que ce ménage migre dans la pauvreté.

Sur la base des Indices Composites de Pauvreté non monétaires (ICP) construits respectivement pour les données ECAM II, et ECAM

III, le logiciel DAD nous aide à obtenir les courbes de dominance de pauvreté non monétaire ci-dessous illustrées (courbe en bleu=ECAM II; courbe en rouge=ECAM III).

VI.1 COURBES DE DOMINANCE DE PAUVRETE ECAM II RURAL/ECAM III RURAL

La figure 2.25 ci-dessous montre que la courbe de dominance de la population ECAM II rurale,F^A (courbe en bleue) et la courbe de dominance de la population ECAM III rurale,F^B (courbe en rouge), se coupent à partir du point où on a une valeur de l'ICP= 0,00. Du fait de ce croisement des courbes, et en nous référant à Atkinson (1987), on ne saurait parler de dominance stricte de l'une sur l'autre. Notre test de dominance sera valable sur l'intervalle [0,00....2,00].

La courbe de dominance de la population ECAM II F^A (courbe en bleue) ne domine pas strictement la courbe de dominance de la population ECAM III, F^B (courbe en rouge). Car ces courbes se coupent en un point Z=0,00 suffisamment élevé (Z étant ici la valeur de l'ICP). Au-delà de ce point notre test graphique (test de dominance stochastique) nous révèle une dominance restreinte de la courbe F^A sur la courbe F^B . En ce sens que la courbe F^A domine la courbe F^B pour toutes les valeurs Z_i de Z supérieures ou égales à 0,00. Cela signifie que pour tout seuil de pauvreté compris dans cet intervalle, le nombre de ménages pauvres en zone rurale en 2007 est plus élevé que le nombre de ménages ruraux pauvres en 2001. Ce résultat restera vrai pour tous les indices de pauvreté respectant le principe de la monotonie et de symétrie. En effet, selon le principe de symétrie, la croissance de revenu d'un ménage pauvre n'affecte pas les indices de pauvreté, à moins que ce ménage sorte de la pauvreté. De la même manière, la baisse de revenu d'un ménage classé comme non pauvre n'affecte pas les indices de pauvreté, à moins que ce ménage migre dans la pauvreté. Somme toute, pour des valeurs élevées de l'ICP, la pauvreté non monétaire s'est aggravée en zone rurale de 2001 à 2007. Les ménages initialement pauvres sont devenus encore plus pauvres.

En effet, étant donné que les indicateurs de pauvreté non monétaire regroupent les attributs relatifs aux conditions d'existence des ménages, les résultats de l'enquête ECAM II en zone rurale (2001)[75] révèlent, par

[75] Cité par Emini et al, (2009), page 12.

exemple, que 77% des ménages possèdent un habitat avec un sol en terre. En ce qui concerne l'environnement sanitaire 0,8% des ménages disposent d'un WC avec chasse d'eau, 68% de ménages disposent de latrines non aménagées et 11% vivent sans WC. Aussi, 87% de ces ménages ruraux jettent leurs ordures dans la nature, 84,6% n'ont pas accès à l'eau potable, 75,1% n'ont pas accès à l'électricité. Des résultats de l'enquête ECAM III réalisée en 2007, (Emini A. C. et al, 2009), il ressort entre autres choses que la qualité de l'habitat des ménages ruraux ne s'est pas améliorée entre 2001 et 2007 : 75,5% de ces ménages habitent des maisons dont le sol est en terre, 78,6% de ménages ruraux vivent en 2001 dans des maisons construites en terre battue ou en brique de terre contre 80,2% en 2007. Quant à l'environnement sanitaire ou encore conditions sanitaires, en 2007, 0.6% de ménages ruraux disposent d'un WC avec chasse d'eau contre 0,8% en 2001, 71,2% de ménages ruraux disposent de latrines non aménagées contre 68% en 2001, et 17% vivent sans WC alors qu'ils n'étaient que de 11% en 2001. De plus on note une grande précarité en ce qui concerne l'accès à l'eau potable et à l'électricité par rapport à l'année 2001 : 73,8% des ménages ruraux s'approvisionnent en eau auprès des puits, sources ou rivières ; dans les régions semi-rurales et rurales respectivement, 48,2% et 14% des ménages ont accès à l'électricité. Au final, en 2007, 71% des ménages ruraux utilisent le pétrole lampant comme mode d'éclairage. Ces résultats montrent la variation haussière de la pauvreté non monétaire en milieu rural entre 2001 et 2007et sont donc semblables à ceux issus de notre test de dominance stochastique tel qu'illustré par la figure 2.25 suivante.

Figure 2.25 : Courbes de dominance de pauvreté ECAM II rural/ECAM III rural

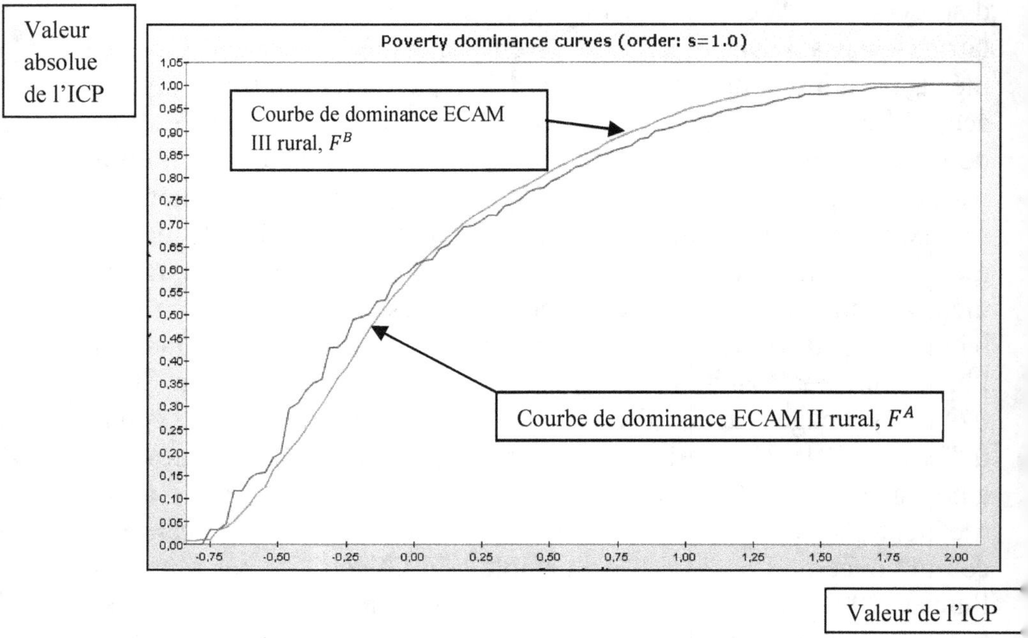

Source : Calcul effectués par l'auteur sur les données ECAM II et ECAM III, à l'aide du logiciel DAD.

VI.2 COURBES DE DOMINANCE DE PAUVRETE ECAM II URBAIN/ECAM III URBAIN

La figure 2.26 montre la courbe de dominance des ménages urbains d'ECAM II, F^A (courbe en bleue) et la courbe de dominance des ménages urbains d'ECAM III, F^B (courbe en rouge). Ces fonctions cumulatives se coupent en deux points, le point ICP= -0,5 et le point ICP= 0,4. Ce dernier est le plus significatif, c'est le point à partir duquel nous faisons notre test graphique. A partir de ce point, la courbeF^A domine la courbe F^B.

Avant de procéder au test de dominance stochastique du premier ordre qui est un test graphique, délimitons d'abord le domaine de validité de notre test. Les courbes cumulatives d'ECAM II, F^A (en bleue) et d'ECAM III, F^B (en rouge) sont représentées sur l'intervalle [-2,00….1, 75] qui représente l'intervalle de variations des valeurs de l'ICP obtenu à partir de l'ACM sur nos deux bases de données. C'est sur ce domaine que nous effectuons notre test de dominance.

Graphiquement, F^B n'est pas strictement située en dessous de F^A sur notre domaine de validité. Donc la distribution de revenu dans la population B ne domine pas strictement la distribution de revenu dans la population A. Par conséquent les ménages urbains camerounais ne sont pas strictement plus ou moins pauvres en 2007 qu'en 2001.

En fonction de la valeur de l'ICP, nous pouvons dire que pour des valeurs de l'ICP comprises entre [-1,00…-0,5] , F^A domine F^B . Donc dans les classes de ménages les plus démunies, la pauvreté non monétaire s'est aggravée en zone urbaine entre 2001 et 2007. Pour les classes intermédiaires (classes moyennes), c'est-à-dire dans l'intervalle [-0,50…0,40] de l'ICP, la courbe d'ECAM III domine la courbe d'ECAM II. Dit autrement, la classe moyenne voit son nombre de ménages en situation de pauvreté non monétaire diminuer entre 2001 et 2007. Par contre pour un ICP prenant une valeur au-delà de 0,40 la courbe de pauvreté de 2001 domine celle de 2007. Dans ce groupe de ménages très peu touchés par la pauvreté non monétaire, le nombre d'entrées dans la pauvreté en 2007 est supérieur à celui de 2001. Il nous semble nécessaire de mentionner que ces résultats ou ces comparaisons restent valables quel que soit l'indicateur primaire de bien être pris en compte. Donc la dynamique de la pauvreté non monétaire urbaine entre 2001 et 2007 dépend de la catégorie de ménages considérée.

Selon les résultats de l'enquête ECAM II (2001)[76] en ce qui concerne l'habitat des ménages urbains, 12% d'entre eux disposent d'un habitat avec sol en terre, 45% disposent de maisons avec mûrs en terre battue ou en brique de terre. 22,2% des ménages des centres urbains n'ont pas accès à l'eau potable, et 14,8% n'ont pas accès à l'électricité. Les rapports de l'enquête ECAM III sur les conditions de vie des ménages conduite en 2007 au Cameroun montrent qu'en zone urbaine[77], 14,8% des ménages habitent des maisons dont le sol est en terre contre 12% en 2001, 51% des ménages habitent des maisons construites en terre battue ou en briques de terre (ils étaient 45% en 2001). 15,7% des ménages urbains disposent d'un WC avec chasse eau, 36,7% de ménages urbains évacuent leurs déchets domestiques grâce aux services de ramassage par camions, 58,6% des ménages ont accès à l'électricité contre 85,2% en 2001, et 18,8% n'ont pas accès à l'eau potable (ils étaient 22,2% en 2001).

---

[76] Cité par Emini et al (2009), pages 12 et 13.

[77] Cité par Emini et al, 2009, page 16.

Au final, nous pouvons dire, à la lumière de notre test de dominance stochastique (figure 2.26) et de ces statistiques, que dans l'ensemble la qualité de l'habitat urbain s'est détériorée entre 2001 et 2007, ainsi que la fourniture de services sociaux tels que l'électricité et on note une légère augmentation de la fourniture d'eau potable de 77,8% en 2001 à 81,2% en 2007.

Figure 2.26 : Courbes de dominance de pauvreté ECAM II urbain/ECAM III urbain

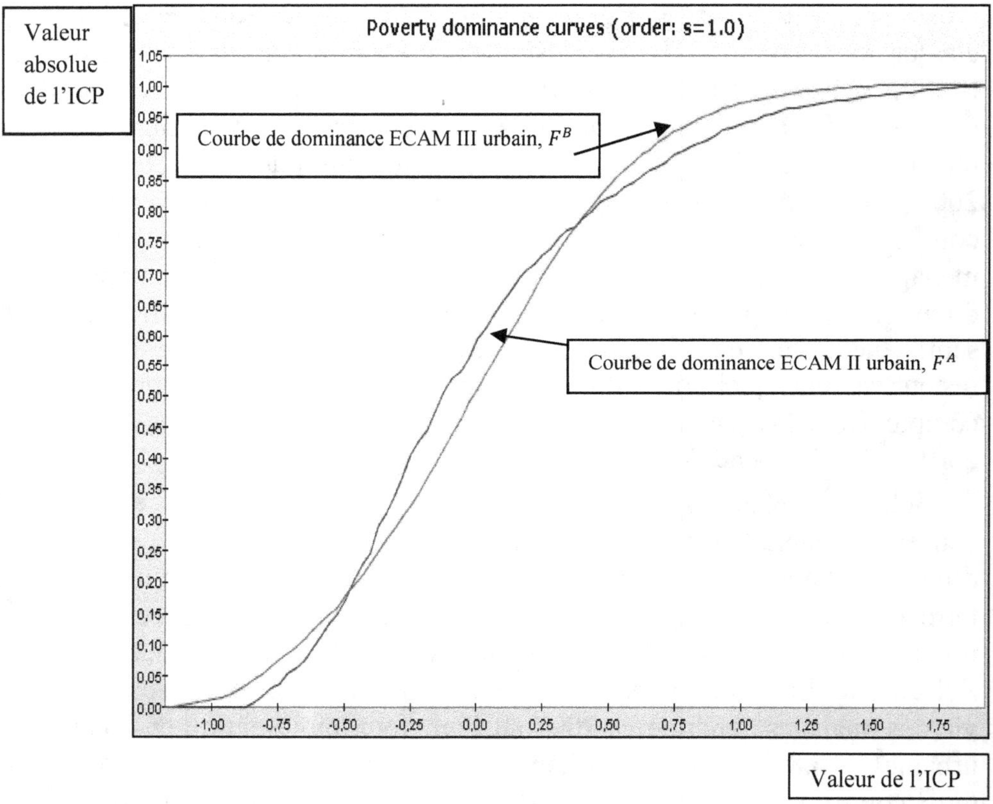

Source : Traitements de l'auteur sur les données ECAM II et ECAM III urbain, à l'aide du logiciel DAD.

VI.3 COURBES DE DOMINANCE DE PAUVRETE ECAM II/ECAM III POUR L'ENSEMBLE DES MENAGES

Les courbes de dominance stochastique, obtenues à l'aide du logiciel DAD, sont données par la figure 2.27. La courbe cumulative (F^B) ou courbe de dominance dans la population B extraite de la base de données ECAM III (courbe en rouge) et la courbe cumulative en bleue (F^A) de distribution des revenus (courbe de dominance) de la population A obtenue à partir des données ECAM II (courbe en bleue). Aucune courbe ne domine strictement l'autre. En effet, les restrictions entre ces courbes varient suivant la marge de variation des valeurs de l'ICP. Donc, en ce qui concerne les positions respectives de ces courbes, elles varient suivant les valeurs de l'indicateur composite de bien-être (ICP). Toutefois, à partir du point supérieur ICP=0,60 la courbe F^B est au dessus de la courbe F^A.

La courbe cumulative (F^B) ou courbe de dominance dans la population B construite à partir des ICP des données ECAM III (courbe en rouge) ne domine pas strictement la courbe cumulative en bleue (F^A) ou courbe de dominance de pauvreté de la population A obtenue à partir de la base de données ECAM II (courbe en bleue). Ces deux courbes se croisent par endroit le long de l'intervalle, [-1,0…2,0], de variation de l'ICP.

Les ménages ayant un ICP compris entre [-1,0..-0,50] sont les plus enclins à la pauvreté suivant la construction de notre ICP. La courbe F^Adomine la courbeF^B. Le nombre de ces ménages en situation de pauvreté non monétaire en 2007 est plus élevé. Les couches sociales les plus défavorisées connaissent donc une plus grande entrée dans la pauvreté en 2007 qu'en 2001. Pour un ICP compris dans l'intervalle [-0,50..0,60], on a à faire aux ménages ayant un niveau de vie moyen. On assiste donc pour cette catégorie de ménages à une dominance de la courbe de pauvreté ECAM III sur la courbe de pauvreté ECAM II. Le nombre de sorties de la pauvreté est plus élevé en 2007 qu'en 2001. Dit autrement le nombre de ménages d'un niveau de vie moyen en situation de pauvreté non monétaire est plus élevé en 2001 qu'en 2007. Par contre pour le groupe des ménages « riches », c'est-à-dire pour l'intervalle [0,60..2,00] de valeurs de l'ICP, la pauvreté non monétaire a augmenté entre 2001 et 2007.

Les résultats de l'enquête ECAM II conduites en 2001 (Emini et al, 2009) stipulent que, relativement à la qualité de l'habitat sur le territoire national camerounais, 38,4% des ménages sans distinction du milieu de résidence disposent d'un logement avec sol en terre, 45% des ménages ont une maison avec des murs en terre battue ou en brique de terre. Seulement 9,5% des ménages disposent d'un WC avec chasse eau en 2001 au Cameroun et 19,9% de ménages (essentiellement urbains) bénéficient de la collecte de leurs ordures ménagères par des camions. Quant à l'accès à l'eau potable et à l'électricité, respectivement 48,6%

et 40,2% des ménages en sont exclus. A la suite de la troisième enquête camerounaise auprès des ménages (ECAM III) réalisée en 2007 sur toute l'étendue du territoire national et comme le fait remarquer Emini A. C. et al (2009), il ressort que la qualité de l'habitat ne s'est guère améliorée entre 2001 et 2007, car en 2007 plus de 37% des ménages habitent des maisons avec un sol en terre. En ce qui concerne les matériaux des mûrs, 51% des ménages habitent des logements construits en briques de terre ou en terre battue (on comptait 45% de ménages dans ce statut en 2001). La proportion de ménages disposant d'un WC avec chasse d'eau est de 9,3% en 2007, contre 9,5% en 2001. L'accessibilité à l'eau et à l'électricité est encore précaire au Cameroun en 2007. En effet, plus de 40% des ménages n'ont pas accès à l'eau potable et 39,9% utilisent un mode d'éclairage autre que l'électricité (le pétrole lampant par exemple).

En somme, ces statistiques confirment les résultats de notre test de dominance stochastique (figure 2.27). Dit autrement, la situation des ménages classés comme pauvres sur le plan non monétaire en 2001 s'est aggravée en 2007. Celle des ménages d'un niveau de vie moyen ou intermédiaire s'est quelque peu améliorée. Par contre, on note en 2007 une entrée dans la pauvreté non monétaire des ménages autrefois «riches» en 2001.

Figure 2.27 : Courbes de dominance de pauvreté ECAM II/ECAM III

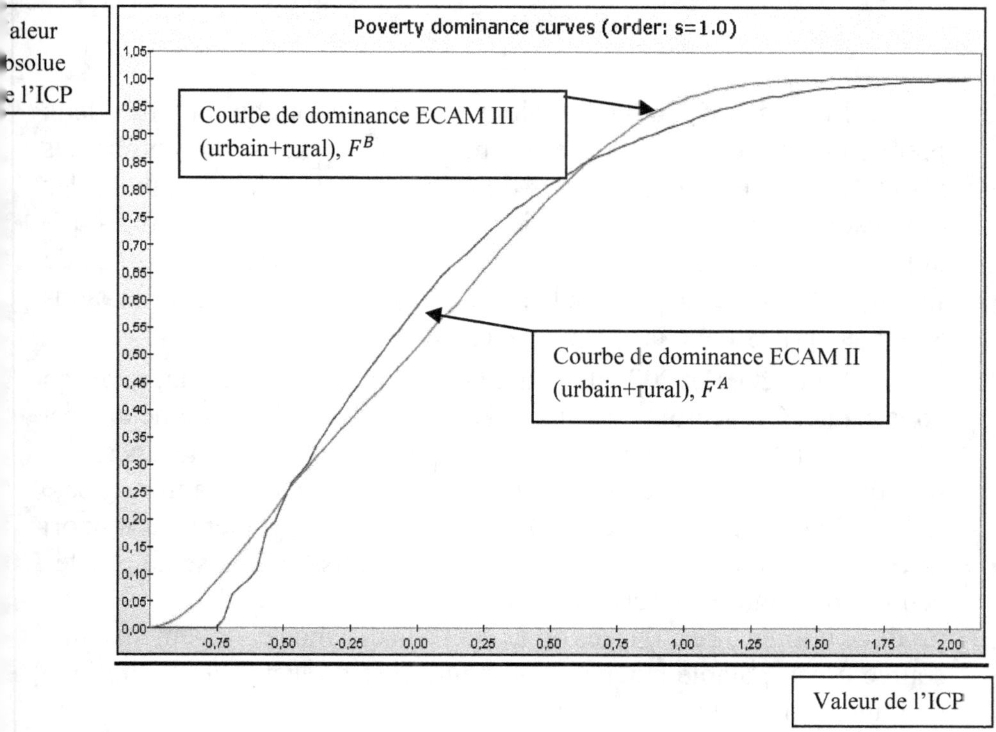

Source : Traitements de l'auteur sur les données ECAM II et ECAM III (urbain+rural), à l'aide du logiciel DAD.

CONCLUSION DU CHAPITRE II

Etant donnée la méthodologie explicitée tout au long des deux premières sections de ce deuxième chapitre, nous présentons les résultats obtenus à partir de nos données sur les variables captant les dimensions non monétaires du bien-être. Il ressort de nos analyses que la mesure adoptée pour le phénomène qu'est la pauvreté détermine de fait la robustesse ou la qualité du résultat obtenu. En effet nous aboutissons aux conclusions suivant lesquelles :

Entre 2001 et 2007, la pauvreté non monétaire s'est aggravée en zone rurale. Cet accroissement du niveau de pauvreté non monétaire est dû en grande partie aux caractéristiques du logement des ménages, à la non possession d'un certain nombre d'équipements de confort (poste radio, téléviseur, téléphone, etc.), à la distance du logement par rapport aux infrastructures de base telles que les établissements scolaires, les centres de santé et pharmacie, les routes bitumées, les marchés de produits alimentaires, l'accès ou non, et à la distance du logement à une source d'eau potable aménagée, la fourniture d'électricité, la pratique de l'agriculture, etc.

Dans les centres urbains, le niveau de pauvreté non monétaire entre 2001 et 2007 a connu une variation dépendant de chaque catégorie de ménages (les pauvres, la classe moyenne, les riches). Les couches sociales les plus défavorisées ont vu leur niveau de privation s'aggraver de 2001 à 2007. Quant aux ménages moyens, ils connaissent une baisse significative de la pauvreté non monétaire. Car il y a une stricte amélioration des conditions de vie de ces ménages. Lesquelles conditions de vie sont fonction, pour l'essentiel, des caractéristiques du logement des ménages et des équipements dits de confort, et de la distance par rapport aux infrastructures de base, etc. Alors que l'on note une plus grande entrée des ménages « riches » dans la pauvreté non monétaire. A ce niveau, ces résultats confortent notre première hypothèse postulant un plus fort accroissement du niveau de pauvreté non monétaire en zone rurale qu'en zone urbaine de 2001 en 2007.

Au plan national, la dominance de la pauvreté varie en fonction des couches sociales considérées. Les ménages les plus défavorisés (initialement pauvres en 2001) connaissent une augmentation de leur niveau de pauvreté non monétaire en 2007. Les ménages classés comme appartenant à la classe moyenne connaissent une amélioration de leur situation de 2001 à 2007 ; c'est la situation inverse pour les ménages aisés ou « riches » entre les deux dates. Dans l'ensemble, ces résultats au niveau national contrastent avec la tendance de la pauvreté monétaire stipulant une légère baisse entre les deux dates pour l'ensemble des ménages camerounais.

Au final, nous pouvons dire que l'allure des courbes de dominance de pauvreté au niveau national est plus proche des courbes de dominance de pauvreté en zone urbaine que de celles des ménages ruraux, ceci entre 2001 et 2007. Donc l'évolution de la pauvreté en milieu urbain est pratiquement semblable à la tendance observée au niveau national. La contribution des ménages les plus démunis à la pauvreté non monétaire nationale et urbaine est beaucoup plus importante. Celle des classes de ménages riches est aussi assez significative. Les ménages moyens ont plutôt une contribution moindre. Toutefois, en 2001 comme en 2007, le niveau de pauvreté est en moyenne toujours plus élevé dans les campagnes que dans les centres urbains. Dans ces derniers, c'est le phénomène d'inégalités et de disparités dans la répartition des richesses qui prédomine. La pauvreté non monétaire tend à donc à être considérée comme un phénomène davantage rural.

CONCLUSION DE LA PREMIERE PARTIE

Au terme de cette première partie consacrée aux concepts, aux mesures de la pauvreté, et à l'étude la dynamique de la pauvreté non monétaire, notre démarche dans l'étude de la pauvreté non monétaire au Cameroun, au plan national et suivant le milieu de résidence se situe dans le sillage de l'école des besoins de base ou besoins essentiels. De plus, sur la base de ce que nous avons énoncé tout au long de cette partie, nous considérons la mesure de la pauvreté dans un cadre multidimensionnel, quel que soit le milieu de résidence. En ce qui concerne la mesure, nous retenons une approche non axiomatique basée sur la construction d'un indicateur multidimensionnel de pauvreté via la méthode de l'inertie, à partir des données camerounaises. Cet indicateur nous permet par la suite de procéder à des comparaisons multidimensionnelles de la pauvreté non monétaire au Cameroun entre 2001 et 2007 à travers l'analyse en dominance stochastique.

A la suite des développements faits dans cette partie de notre ouvrage, nous avons construit notre ICP à l'aide de l'ACM et nous l'avons implémenté à partir des données ECAM II et ECAM III sur les dimensions non monétaires du bien-être des ménages. Les résultats obtenus confortent notre première hypothèse postulant un plus fort accroissement du niveau de pauvreté non monétaire en zone rurale qu'en zone urbaine de 2001 en 2007. Au niveau national, ces résultats contrastent avec la tendance de la pauvreté monétaire qui stipulait une légère baisse de la pauvreté entre les deux dates pour l'ensemble des ménages camerounais.

DEUXIEME PARTIE : LES INEGALITES DE SANTE AU CAMEROUN

INTRODUCTION A LA DEUXIEME PARTIE

La notion d'inégalité sociale connait aujourd'hui d'importantes déclinaisons dans son analyse. Elle dépasse largement le cadre traditionnel du salaire ou des revenus pour couvrir le champ des aspects sociaux en général, comme l'éducation, le genre, l'handicap moteur ou de toute autre forme, et particulièrement la santé. Les ressources et richesses de la nature sont très inégalement réparties de part en part du globe terrestre, ce qui modifie les dotations initiales des différents groupes sociaux lorsque l'on se déplace d'un continent à un autre. Si on considère un groupe social ou une communauté donnée, ces inégalités sociales tendent malheureusement à se reproduire le long de l'échelle sociale et au fur et à mesure que le temps s'écoule. Les faits révèlent une davantage paupérisation et vulnérabilité de certaines catégories de la population et qui en représente d'ailleurs la majorité. Dans cette seconde partie de notre ouvrage, nous mettons en exergue les différentes conceptions des inégalités sociales et celles de santé en particulier et nous nous intéressons aux différentes approches de mesure de ces inégalités (Chapitre 3). Par la suite nous mettons l'accent sur l'étude des inégalités de santé au Cameroun (Chapitre 4).

CHAPITRE III: INEGALITES SOCIALES DE SANTE, DEFINITIONS, CONCEPTIONS ET MESURES

INTRODUCTION AU CHAPITRE III

L'analyse et la mesure de l'inégalité constituent un volet important du profil de la pauvreté, d'autant que le concept d'inégalité est plus large que celui de la pauvreté. En effet, le concept d'inégalité concerne l'ensemble de la population alors que celui de la pauvreté ne s'intéresse qu'à une partie de celle-ci (les personnes dont le revenu est au niveau inférieur de la distribution, alors que les analyses de l'inégalité accordent autant d'importance aux revenus du haut et du milieu de la distribution qu'à ceux du bas). Cependant, les deux concepts sont liés. Une forte inégalité notamment en santé, favorise une forte pauvreté et pour un niveau de développement donné, l'émergence d'une forte inégalité de revenu ou de santé se traduira par une forte pauvreté, dans la mesure où les plus pauvres recevront moins de revenu ou auront un faible capital santé que les plus riches. Par ailleurs, plus le niveau initial de l'inégalité est important et plus les taux de croissance seront faibles plus les chances de réduire la pauvreté le seront aussi. Le sens de la tendance de la pauvreté n'est pas obligatoirement celui de l'inégalité. Une amélioration de la situation des pauvres peut être accompagnée d'une amplification de l'inégalité. Une diminution de la pauvreté peut-être la résultante d'une réduction des inégalités et l'aggravation de l'inégalité peut annuler dans une certaine mesure les gains dus à la croissance. D'où l'importance de mesurer et d'analyser l'inégalité en parallèle à la pauvreté.

Malgré l'abondance des écrits, le concept d'inégalité reste à maints égards imprécis et ambigu. Les analystes reconnaissent qu'il n'existe pas de définition absolue et universelle de l'inégalité. Les comparaisons des inégalités sociales, qu'elles cherchent à déterminer si les inégalités ont augmenté ou en quel endroit elles sont plus concentrées, sont généralement obscurcies par des imprécisions conceptuelles et méthodologiques. Dans ce chapitre nous abordons la question très générale de l'inégalité sociale (section 1) et nous montrons comment elle agit sur la santé (section 2). De plus, ce troisième chapitre passe en revue les différentes approches rencontrées dans la littérature pour construire les indicateurs multidimensionnels d'inégalités (section 3), les techniques de décomposition des mesures d'inégalités (section 4), et met en relief le concept de valeur de Shapley (section 5).

SECTIONI. LES INEGALITES SOCIALES

Dans cette section nous présentons les inégalités sociales de manière générale (paragraphe 1) avant de s'intéresser à leurs sources potentielles, notamment celles liées à l'individu (paragraphe 2) et à l'environnement de ce même individu (paragraphe 3).

I.1 CONCEPTION GENERALE DES INEGALITES SOCIALES

Les inégalités constituent un phénomène multidimensionnel. Elles rendent compte des différents aspects de la vie économique et sociale, tels que l'alimentation, le logement, l'habillement ou la possibilité d'exercer une profession, l'état de santé et l'éducation par exemple. Les inégalités intègrent aussi des composantes sociales ou démographiques comme l'espérance de vie ou le degré d'alphabétisation[78]. Etant donnée la difficulté d'intégrer les multiples facettes des inégalités, on suppose en général qu'elles sont définies en termes d'un seul indicateur général des ressources économiques, censé représenter de façon adéquate le bien-être. On réduit généralement alors le problème à une seule dimension dans l'évaluation de la fonction de bien-être social, le bien-être des individus ou des ménages est donc résumé par une seule variable, l'indicateur des ressources. De plus, le bien-être social n'est pas fonction de l'évaluation que le foyer fait de son propre bien-être, mais du niveau objectif des ressources. En ce sens, la fonction de bien-être social n'est pas de type utilitariste, étant donné qu'elle ne dépend pas de l'utilité générée par un certain niveau de ces ressources. Ainsi, plus il est élevé, plus le bien-être ressenti est important. Les indicateurs objectifs de bien-être tels que le revenu ou les dépenses sont les indicateurs de ressources les plus utilisés pour mesurer les inégalités, en grande partie parce qu'ils sont facilement disponibles. A priori, on pourrait penser qu'il est indifférent d'utiliser le revenu ou les dépenses. Ceci est le cas si les deux distributions classent les individus ou les ménages de façon identique, c'est-à-dire si les dépenses sont exactement proportionnelles au revenu. Or dans la

[78] Cela a des répercussions sur la mesure des inégalités, notamment dans l'optique des comparaisons internationales, où la couverture sociale en matière de santé ou d'éducation par exemple, peut différer d'un pays à l'autre (Yves Flückiger et Ramses Abul Naga, 2005).

réalité, cette relation systématique n'est guère vérifiée et surtout pas à court terme. En effet, l'épargne et la richesse jouent un rôle dans l'adaptation des dépenses face aux fluctuations accidentelles du revenu. Ainsi, même si le revenu est susceptible de varier, les dépenses ont tendance à être beaucoup plus régulières dans le temps. Il faut alors être conscient du fait que l'on n'aura pas exactement la même image des inégalités, selon que l'on choisisse les dépenses ou le revenu comme indicateur du bien-être. Parlant des inégalités, nous distinguons ici deux sources, celle relative à l'individu et l'autre concernant son environnement social.

I.2 INEGALITES ET RESPONSABILITE INDIVIDUELLE

Il existe une multitude de différence entre les individus et qui se traduisent en termes d'avantages et de désavantages économiques. Ces inégalités favorisent la formation de groupes sociaux faisant émerger une hiérarchie sociale. En effet, on se ramène à une classification des groupes sociaux selon une échelle descendante, ce qui favorise l'existence de groupes d'élite favorisés. Ces inégalités peuvent avoir plusieurs sources, notamment celle relative à l'individu.

Des auteurs comme Cohen (1989) et Romer (1998)[79] critiquent les approches qui se limitent à l'analyse de l'inégalité totale tout en ignorant la part de la responsabilité individuelle dans l'aboutissement aux réalisations observées. Ils suggèrent que les disparités des réalisations sont expliquées en général par deux facteurs : l'effort individuel et les circonstances. Les nouveaux débats normatifs et sociaux abandonnent ainsi le concept des inégalités totales et mettent l'accent sur les inégalités d'opportunité. Ce nouveau concept tend à évaluer les effets des facteurs sociaux hérités tels que les antécédents familiaux, la race, le lieu de naissance, l'origine ethnique sur les réalisations et les objectifs des individus. D'autre part, les inégalités s'étendent sur différents domaines. Elles sont habituellement économiques et sont souvent évaluées en termes de revenu. Cependant, ces inégalités mesurées en terme de revenu ne sont pas asse convenables pour analyser les disparités dans le domaine social ; puisqu'ils ne prennent pas en considération les inégalités en terme d'éducation, de santé, d'accès à l'emploi, etc.... Les inégalités d'opportunité ont une

[79] Cité par Bouchnak Lilia et Ayadi Mohamed (2007).

mauvaise répercussion sur la société car elles présentent une violation des principes de la justice sociale (Romer, 1998)[80] tels que l'égalité des droits et l'équité des situations, elles ont aussi des effets négatifs sur l'efficacité globale et sur la croissance économique. Nous pouvons expliquer ces effets par le fait que les inégalités d'accès aux opportunités en matière de santé, d'éducation ou de travail peuvent entrainer une mauvaise allocation des ressources et une faible efficience économique car ceux qui saisissent les occasions ne sont pas les personnes qui ont plus de mérite pour profiter des opportunités ; ce qui reflètent les imperfections des marchés.

L'égalité d'opportunité ne s'intéresse pas à l'égalité des réalisations finales des individus mais elle tend à répartir de façon égale les moyens et les opportunités pour les individus. Ainsi les politiques d'égalité d'opportunité doivent être neutres par rapport aux objectifs des individus et doivent égaliser les conditions qui sont indépendantes de la volonté individuelle.

I.3 INEGALITES ET ENVIRONNEMENT SOCIAL

Les inégalités socio-économiques inscrites dans un espace ou un territoire se traduisent en général par des problèmes de santé et de ruptures sociales (notamment dans les quartiers les moins favorisés dans le contexte camerounais), dont certains ne sont pas – ou mal – repérés par les dispositifs (filets de sécurité sociale) et politiques publics, mais qui risquent de conduire pourtant à une dégradation tant de la sécurité sanitaire collective que de la cohésion sociale des populations. Un nombre important de personnes connaît en effet des difficultés dans plusieurs domaines à la fois : l'emploi bien entendu (le chômage et la précarité de l'emploi étant des facteurs majeurs, depuis longtemps étudiés, de précarité et de vulnérabilité sociale et sanitaire), mais aussi les conditions de vie au sens plus général (logement, insécurité, etc. …), l'intégration sociale (par exemple, la perte du réseau social lié à l'entreprise ou au corps de métier que l'on abandonne, la fragilité des réseaux d'aide privée y compris familiale ou encore la participation incertaine à toute forme de vie sociale institutionnalisée) et la santé (la morbidité physique et mentale, ou encore les conditions et modalités de recours aux soins).

[80] Cité par Bouchnak Lilia et Ayadi Mohamed (2007).

L'interaction entre les individus et leurs milieux de vie est complexe et le cadre de référence retenu pour interpréter la situation doit refléter l'influence réciproque entre l'Humain et son Environnement. La plupart des études s'attardent au rôle relatif des influences du contexte et de celles reliées aux individus qui en font partie pour comprendre les disparités sociales et géographiques de santé. Les influences contextuelles réfèrent aux attributs sociaux et physiques de l'environnement local tandis que les secondes renvoient aux caractéristiques sociales, économiques et démographiques des individus qui résident dans le quartier. Ce ne sont toutefois pas des catégories distinctes comme l'ont souligné certains auteurs [Macyntyre et al. (2002), Frohlich et al. (2001), cités par Montpetit C. (2007)] qui ont réfléchit à la conceptualisation, à l'opérationnalisation et à la mesure des effets des milieux sur la santé. Par exemple, on peut définir l'effet de quartier comme une relation dynamique entre les individus et leur environnement local. Cette relation n'est pas à sens unique : les attributs de quartier de résidence agissent sur les conditions de vie individuelle, ce que les études tendent à démontrer, mais les actions individuelles peuvent aussi influencer les attributs des environnements. Ainsi, par exemple, la présence accrue d'établissements de restauration rapide dans les quartiers défavorisés peut répondre en partie à la demande locale. Des individus plus instruits et plus riches auront par ailleurs peut-être plus de facilité à se mobiliser et à inciter les décideurs à embellir leur quartier ou à favoriser le sentiment de sécurité. L'influence mutuelle entre les caractéristiques des résidents et celles du quartier est donc un élément clé nécessaire à la compréhension des mécanismes par lesquels le contexte local produit des inégalités de santé. Cette influence se maintient tout au long de la vie.

Les individus sont mobiles et transportent dans chacun de leurs milieux de résidence leurs bagages individuels, constitués de divers potentiels ou capitaux : le biologique [Blaxter M., (2003), cité par Montpetit C. (2007)], l'économique, le culturel et le social [Bourdieu P., (1986), cité par Montpetit C. (2007)].

- ❖ **Le capital économique** désigne les atouts matériels dont dispose un individu (revenus, richesses, propriétés et patrimoine, soit l'ensemble des biens matériels possédés) pour s'assurer une place dans la société.
- ❖ **Le capital culturel** désigne l'ensemble des connaissances, dispositions, goûts. Il prend trois formes principales : -

1.Incorporé, c'est-à-dire intégré à la personne même, car l'incorporation de cet ensemble de connaissances, dispositions, goûts, commence tôt dans la prime enfance ; -2.Institutionnalisé, soit par les diplômes qui sanctionnent certains types de capital culturel dans les sociétés institutionnalisées et, -3.Objectivé, soit les objets et médias qui permettent la transmission du capital culturel dans sa matérialité, comme des écrits, des œuvres d'art, des instruments et des monuments.

- **Le capital social** est quant à lui l'ensemble des ressources actuelles ou potentielles liées au réseau durable de relations sociales que l'individu peut mobiliser quand il en a besoin. La famille, les amis et les collègues d'une personne constituent un actif important auquel celle-ci peut faire appel en situation de crise (par exemple, un soutien lors d'une épreuve ou d'une maladie, une aide à la recherche d'emploi, etc. …), dont elle peut profiter, et auquel elle peut se fier afin d'obtenir un gain.
- **Le capital biologique** réfère enfin à l'ensemble des potentiels biologiques hérités et acquis au cours des premiers stages de vie qui façonnent la santé à un moment donné, de même que les conditions de santé futures.

Ces capitaux sont en interaction constante. Le manque de revenu peut découler d'un manque d'éducation, mais il peut aussi être la cause d'une faible scolarisation. Nos réseaux de relations sociales peuvent nous aider à trouver du travail et donc jouer un rôle sur l'accumulation de capital économique. Une mauvaise santé peut être favorisée par le faible revenu ou entrainer une perte de gains si on est incapable de travailler. Ce bagage se transforme avec le temps, il se bonifie ou se détériore, et influence la santé. La recherche s'est considérablement penchée sur le rôle des déterminants ou facteurs individuels associées à l'état de santé. Par contre, le lien entre son environnement et son état de santé est très peu documenté.

Dans la capitale camerounaise, Yaoundé, comme dans les autres grands centres urbains, les inégalités entre territoires se creusent, des phénomènes de relégation entraînent des effets de polarisation sociale et renforcent le processus de disqualification sociale des populations les plus démunies. La littérature économique des inégalités montre qu'un accès inégal à certaines ressources essentielles du domaine économique comme des logements abordables, des marchés d'alimentation de qualité peut avoir un effet négatif sur la santé. Elle souligne de plus que les individus se portent mieux ou se remettent mieux de certains problèmes de santé, dans les quartiers où les réseaux sociaux locaux et le soutien communautaire sont importants.

SECTIONII. INEGALITES SOCIALES ET SANTE

Lorsque l'on parle d'inégalités de santé il s'agit en réalité d'inégalités devant la maladie, le handicap ou même la mort. Elle est ubiquitaire entre différents pays ou groupes de populations, à l'intérieur d'un pays ou d'un groupe de populations. Le déterminant principal de cette inégalité est social. L'inégalité en santé est d'abord une inégalité sociale, on parle de gradient social.

II.1 PAUVRETE NON MONETAIRE, INEGALITE ET SANTE

Il existe deux sortes d'inégalité en santé, les inégalités au sens strict et les inégalités relevant d'une injustice ou d'une iniquité. Les inégalités en santé au sens strict sont simplement des différences d'état de santé entre des catégories de personnes. Ces différences peuvent s'expliquer par des facteurs sur lesquels on ne peut pas agir, tels que l'âge ou le sexe, ou par des facteurs que l'on peut modifier, tels que la situation socio-économique. Les inégalités en santé relèvent d'une iniquité lorsqu'elles sont systématiquement produites par la société et donc modifiables et injustes. Elles ne sont alors pas réparties de manière aléatoire, mais affichent plutôt une distribution constante dans la population, souvent en fonction de la situation socio-économique ou géographique. Par exemple, un enfant qui vit dans un bidonville de Yaoundé au Cameroun a bien plus de risques de mourir avant l'âge de cinq ans qu'un enfant qui vit dans une autre partie de la ville. A Glasgow en Ecosse, l'espérance vie des hommes varie de 54 à 82 ans selon la partie de la ville dans laquelle ils résident[81]. Aucune loi de la nature ne décrète ces différences de situation sanitaire, lesquelles sont plutôt la résultante des conditions dans lesquelles les personnes grandissent, vivent, travaillent et vieillissent, ainsi que des systèmes de

[81]Cité par OMS (2005).

santé auxquels elles ont accès; et qui sont eux-mêmes façonnés par des forces politiques, sociales et économiques plus vastes. Parce qu'elles sont déterminées par la situation socio-économique, par les conditions de vie ainsi que par d'autres déterminants sociaux et environnementaux, ces inégalités de santé sont intrinsèquement injustes. Dans la littérature économique, les inégalités de santé recouvrent le plus souvent ces inégalités injustes.

Toutefois, certaines inégalités de santé ne relèvent pas d'un manque d'équité. Par exemple, le taux de mortalité des personnes de plus de quatre-vingt ans est plus élevé que celui des personnes de vingt (20) à trente (30) ans ; mais cette différence ne relève pas d'une iniquité sanitaire injuste produite par la société. Elle résulte plutôt du processus biologique naturel du vieillissement.

II.2 L'EQUITE EN SANTE

Pauvreté et inégalité telles qu'elles ont été explicitées plus haut sont des concepts essentiellement empiriques. L'équité en revanche est un concept normatif. C'est une question de valeurs, liée de près au principe de justice sociale. Appliqué à la santé, le concept d'équité a presque toujours été rattaché à la réduction des inégalités. Ainsi, l'une des définitions le plus souvent citées de l'iniquité en santé se réfère à des différences de santé considérées comme évitables et injustes. En ce qui concerne l'égalité des chances en matière de santé, l'équité exige une réduction des écarts injustes et la poursuite de l'équité en santé. Et le développement des soins signifie s'efforcer de réduire les disparités sociales évitables et injustes dans ce domaine. Mais l'équité ne se borne pas forcément à la réduction des inégalités. Elle peut aussi être associée à la pauvreté ; on peut dire en effet qu'il est injuste de laisser les gens vivre dans la pauvreté lorsqu'il y'a dans la société les ressources suffisantes pour les en sortir. Cette relation occupe une place de premier plan dans la réflexion sur la justice sociale et elle figure aussi dans les ouvrages sur l'équité en santé. La règle du maximum énoncé par Rawls J. (1971) en matière de justice distributive[82] est un exemple particulièrement bien connu de réflexion sur l'équité dans la

[82] Cité par Gwatkin D. R., Directeur du programme international pour la politique de santé de la Banque Mondiale (2000) in "Bulletin de l'Organisation Mondiale de la Santé", recueil d'article N° 3.

perspective de la pauvreté. Cette règle, tout comme d'autres du même type, veut que les ressources soient réparties de telle manière que les plus défavorisées de la société (c'est-à-dire ceux qui occupent la position « minimum ») obtiennent le maximum d'avantages possible. Ce qu'il advient des nantis avec un tel mode de répartition des ressources est hors du champ de la règle du maximin. Une variation sur ce thème, appliquée à la santé serait de considérer que les éventuelles retombées sanitaires positives pour les riches des efforts pour améliorer la santé des pauvres sont des effets secondaires bienvenus et non pas regrettables, en raison de la dilution de la réduction des inégalités qu'ils représentent.

L'équité en santé est l'absence systématique de disparités en santé ou encore l'absence de disparité dans l'accès à ses déterminants sociaux majeurs entre différents groupes de populations avec différents avantages ou désavantages sociaux que sont la richesse, le pouvoir, le prestige, etc..... L'iniquité en santé expose systématiquement les groupes de population déjà socialement désavantagés (du fait par exemple de la pauvreté, du sexe, de la race, de l'ethnie, de la religion, etc....) à d'éventuels désavantages relativement à leur état de santé ; la santé étant essentielle pour parvenir à un état de bien-être et à la résorption des autres effets de désavantages sociaux. L'équité est donc un principe éthique de même que le principe relatif aux Droits de l'Homme. Par opposition aux inégalités en santé, l'équité en santé suppose que chacun dispose de la juste opportunité de vivre dans le meilleur état de santé possible, et que personne ne soit pénalisé dans la réalisation de ce potentiel en raison de sa situation sociale ou de toute autre circonstance déterminée socialement. L'équité en santé renvoie à des situations dans lesquelles les individus et les populations ne souffrent d'aucun désavantage systématique ou injuste sur le plan de la santé du fait de leur race, de leur sexe, de leur nationalité, de leur âge, de leur appartenance ethnique, de leur religion, de leur orientation sexuelle, de leur statut au regard de l'immigration, de leurs compétences linguistiques, de leur situation géographique ou du quartier dans lequel ils vivent. La notion d'équité en santé aussi bien en milieu rural qu'urbain suppose que toutes les populations bénéficient d'opportunités de vivre dans le meilleur état de santé possible. Plus concrètement, personne ne doit être empêché de parvenir au meilleur état de santé possible, et toutes les sous-catégories de population doivent bénéficier des mêmes opportunités de se soigner et pouvoir accéder à ces opportunités.

Il nous importe de noter que l'égalité ne constitue pas en soi une source d'équité. Si par exemple, une population pauvre souffre davantage de problèmes de santé qu'une population plus aisée (comme cela est souvent le cas...), alors, il faudra apporter à la population pauvre un niveau de services relativement plus élevé pour que la distribution soit juste ou équitable dans la population prise dans son entièreté.

SECTIONIII. MESURE DES INEGALITES

Cette section est consacrée à la présentation des différentes techniques de construction des indicateurs multidimensionnels d'inégalité (paragraphe 1) et des mesures proprement dites (paragraphe 2). La mesure des inégalités est un domaine important du champ de l'économie publique. L'intérêt pour ce type de mesure provient de la théorie de répartition du revenu qui met en exergue la répartition fonctionnelle du revenu[83] et la répartition personnelle du revenu[84]. Ces deux types de répartitions ne sont pas totalement cloisonnés ; il existe un lien entre la répartition personnelle et la répartition fonctionnelle du revenu, comme le montre Dagum C. (1999). Dans le domaine de la mesure des inégalités, les travaux de Lorenz (1905), et ceux de Gini (1912, 1914, 1916) peuvent être considérés comme précurseurs[85]. Ils constituent les points de départ des recherches développées ultérieurement par Kolm S-C (1966), Atkinson (1970), et Sen (1973).

Notons à la suite de ce qui précède que la démarche que nous adoptons pour la mesure des inégalités de santé dans notre Thèse appartient que domaine de la répartition personnelle du revenu. Plus précisément, il s'agit de l'approche par les indices de mesures des inégalités, notamment impulsée par les auteurs ci-dessus mentionnés. Ce domaine s'attache à mesurer l'intensité des inégalités de revenu

[83] La répartition fonctionnelle du revenu étudie la formation des prix, le rôle des facteurs de production dans la production totale et l'allocation du revenu aux propriétaires de chaque catégorie de facteurs. Elle permet donc de déterminer la part du revenu national imputée à chaque catégorie de facteurs de production.

[84] La répartition personnelle du revenu analyse la répartition du revenu total entre les unités économiques (famille, ménage, individus, etc...). Elle met aussi l'accent sur les sources de revenu de chaque entité telle que le salaire, les primes, le profit, les taxes, etc..., et repose sur la propriété privée des ressources initiales.

[85] Cité par Stéphane Mussard (2005).

entre les individus d'une même population afin de savoir si ces disparités sont jugées importantes ou non. La valeur de l'indice indique donc le caractère égalitaire ou inégalitaire de la répartition des revenus. L'approche par les indices est différente de l'approche par les modèles de distributions de revenu, qui tente à partir d'estimations économétriques de s'adapter aux revenus observés. L'approche par les distributions autorise l'évaluation des inégalités en interprétant l'intensité et l'évolution des paramètres d'un modèle estimé. Il s'agit d'estimations paramétriques des disparités de revenu. La littérature sur l'économie des inégalités révèle qu'en ce domaine Pareto V. (1896) fait figure de précurseurs. Avec ses « Ecrits sur la courbe de répartition de la richesse », il est l'un des premiers à s'être intéressé à la modélisation de la répartition personnelle du revenu. On recense par la suite les modèles de Champernowne (1952) et de Singh et Maddala (1976). Toutefois, les modèles de Dagum C. (1977) constituent de nos jours les modèles les plus robustes dont la spécification, issue des travaux de Pareto V., revêt une cohérence à la fois économique et économétrique. De plus en plus, ces méthodes paramétriques ont été accompagnées d'estimations non paramétriques portant sur des indices d'inégalité. Ces indices, simples d'interprétation, car prenant souvent des valeurs comprises entre 0 et 1, autorisent des comparaisons inter-populations. L'estimation par les indices permet d'expliquer la totalité des inégalités de revenu ou de santé observées, sans perte d'information. Il est cependant nécessaire de vérifier les propriétés qu'ils intègrent.

III.1 LES DIFFERENTES APPROCHES DES MESURES D'INEGALITE

L'économie des inégalités réunit trois approches dans la mesure du phénomène d'inégalité : l'approche positive, l'approche normative et l'approche axiomatique. Notons toutefois qu'il est possible de rajouter à ces trois approches l'approche expérimentale et l'approche subjective.

L'approche positive, « ce qui est », permet l'évaluation empirique des disparités. Le domaine normatif montre qu'il existe des relations entre les fonctions de bien-être social et les mesures d'inégalité de revenu. L'approche axiomatique tente de répertorier, comparer et généraliser certaines classes de mesures d'inégalités.

III.1.1. L'APPROCHE AXIOMATIQUE

L'approche axiomatique des mesures d'inégalité se développe sous l'impulsion des travaux de Dalton (1920), Kolm S-C (1976a, 1976b), Shorrocks Anthony (1980), Blackorby, Bossert et Donaldson (1999) et Chakravarty (1999)[86]. Elle se base sur la formulation de propriétés mathématiques permettant d'avoir un ensemble d'indices pour établir des choix entre les distributions de revenu deux à deux[87]. L'analyse axiomatique constitue un moyen de sélection des mesures d'inégalité. On retiendra les indices possédant un maximum de propriétés tout en vérifiant la compatibilité de ces principes entre eux. Cette approche permet enfin d'établir de nouvelles classes de mesure en synthétisant plusieurs axiomes. Par exemple, la classe des indices centristes [Kolm S-C, (1976a) et (1976b)] est issue d'un compromis entre l'ensemble des mesures d'inégalité absolues et relatives [Bossert et Pfingsten, (1990)]. Les principaux axiomes respectés par les mesures d'inégalité sont les suivants :

1 La Continuité (CN)

L'indice d'inégalité est une fonction continue. Soit I un indice d'inégalité définit par $I: \mathbb{R}^n \rightarrow \mathbb{R}_+, \forall\, n \in \mathbb{N}$

(CN)

Où $\mathbb{R}^n, \mathbb{R}_+, \mathbb{N}$sont respectivement l'ensemble des nombres réels de dimension n , l'ensemble des nombres réels non négatifs et l'ensemble des nombres entiers naturels.

2 Le Principe de Transfert de Pigou-Dalton(PD)

Un transfert engendre la baisse d'un indice (diminution des inégalités au sein de la société) lorsqu'un individu riche reverse une partie de son revenu à une personne moins riche que lui[88]. Inversement, l'indice augmente (caractérisant une augmentation des inégalités au sein de la société) quand un transfert est pratiqué d'une personne pauvre

[86] Les travaux axiomatiques de Chakravarty sont antérieurs à 1999, mais l'article de 1999 du « *Hanbook of income inequality measurement* » offre une revue de littérature très appréciable.

[87]Une propriété axiomatique est un ensemble de conditions susceptibles d'être vérifiées par l'indicateur d'inégalité. Par exemple, on utilise des indices normalisés, c'est-à-dire des indices compris dans l'intervalle [0 ; 1], autorisant la comparabilité des valeurs.

[88]Les transferts sont valables, que les individus conservent ou non leur rang dans la distribution.

vers une personne riche. Si une distribution x est obtenue à partir d'une distribution y où l'on effectue un transfert de revenu progressif (d'une personne riche vers une personne pauvre) alors la mesure des inégalités associée à x devient plus faible que celle associée à y :

$$I(x) < I(y) \qquad \textbf{(PD)}$$

3 Le Principe de Population de Dalton (PP)

Le Principe de Population indique qu'un indice reste inchangé lorsque la population s'accroît de manière identique. Si chaque individu d'une population se retrouve avec une personne ayant le même revenu, les inégalités restent inchangées. Pour une distribution x concaténée ou répliquée k fois, la mesure d 'inégalité reste inchangée :

$$I\left(x^{(k)}\right) = I(x),\ \forall\, k \geq 2 \qquad \textbf{(PP)}$$

Ce critère permet de comparer des indices mesurés sur des distributions de revenu dont les tailles sont différentes.

Soit un vecteur $x\{x_1, x_2, x_3, \dots . x_n\}$. La concaténation d'ordre k consiste à répliquer le vecteur k fois : $x^{(k)} = \left\{\overbrace{x_1, \dots . x_1}^{k\,fois}, \dots \dots \dots \dots \overbrace{x_n, \dots \dots . x_n}^{k\,fois}\right\}$

4 La Symétrie (Anonymat) [SM]

Cette propriété montre qu'un indice est invariant lorsque le rang d'un individu dans la distribution est modifié. Par exemple, si l'on modifie l'ordre dans la distribution (en classant les revenus par ordre croissant ou décroissant), la mesure d'inégalité doit conserver la même valeur. Ce principe désigne la propriété d'un indice invariant après permutation de l'ordre des individus dans la distribution des revenus ou permettant à chacun de conserver son anonymat.

L'Anonymat (ou Symétrie) désigne la propriété d'un indice I qui est une fonction symétrique de ses arguments. Par exemple, si x est obtenu à partir de y par une permutation quelconque des revenus, alors :

$$I(x) = I(y) \qquad \textbf{(SM)}$$

5 La Normalisation (NM)

La propriété de Normalisation autorise la comparaison d'indices d'inégalité compris dans l'intervalle [0 ; 1]. Si l'indice tend vers zéro (0), les revenus sont répartis de manière égalitaire (autrement dit les individus possèdent tous le même revenu) ; en revanche, si l'indicateur tend vers un (1) la répartition est jugée inégalitaire. On associe à la normalisation la condition suivante :

$$I(k1^n) = 0, \ \forall\, k > 0 \qquad \textbf{(NM)}$$

Où 1^n est le vecteur unité de dimension n (vecteur dont les éléments sont tous égaux à la valeur 1). Il s'agit de la condition selon laquelle les indices d'inégalité prennent la valeur zéro (0) pour des distributions égalitaires.

L'ensemble formé par les mesures qui satisfont les axiomes de Continuité (**CN**), de Transfert de Pigou-Dalton (**PD**), de Population de Dalton (**PP**), de Symétrie (**SM**), et de Normalisation (**NM**) est appelé ensemble des indices réguliers. Si on ajoute la propriété d'Invariance Relative, on définit la classe d'indices réguliers relatifs.

6 L'Invariance Relative (IR)

La propriété d'Invariance Relative stipule que lorsqu'une population voit ses revenus multipliés par un nombre supérieur à zéro (par exemple multipliés par deux) alors les inégalités restent inchangées[89]. La propriété d'Invariance relative se traduit par une fonction homogène de degré zéro. Elle s'exprime sous la forme

$$I(\lambda x) = I(x), \ \forall\, \lambda > 0 \qquad \textbf{(IR)}$$

Cette propriété évite l'utilisation de déflateurs. Il n'est donc pas nécessaire de corriger les revenus de l'inflation ou de convertir les revenus dans une devise particulière, car la valeur de l'indice reste inchangée. Mieux encore, les mesures relatives ne sont pas affectées par une augmentation proportionnelle des revenus. Si les inégalités sont mesurées, par exemple sur des revenus exprimés en Franc CFA, ou bien sur ces mêmes revenus exprimés en Euro ou en Dollar, l'indice d'inégalité procure le même résultat.

[89]Cette propriété suscite un intérêt particulier et controversé car certaines mesures ne satisfont pas l'Invariance Relative, mais l'Invariance dite Absolue : les inégalités de revenu ne sont pas affectées lorsqu'on octroie la même somme à chaque individu. La littérature montre que l'on abandonne progressivement ces deux axiomes pour des concepts intermédiaires.

III.1.2. L'APPROCHE NORMATIVE

L'approche normative dicte "ce qui doit être". Elle se base sur des propriétés reflétant des valeurs éthiques qui doivent être respectées par les indicateurs d'inégalité. Kolm S-C (1977), spécifie clairement l'existence d'une relation duale entre les fonctions de bien-être social représentant les préférences des individus ou des ménages d'une même société, et les mesures d'inégalité du revenu. Blackorby, Bossert et Donaldson (1999) poursuivent et étendent ces travaux. Dagum C. (1998) démontre aussi le lien entre les fonctions de bien-être social et les mesures d'inégalité. Il introduit trois principes de base :

1 **Principe 1** : Les agents ont la possibilité de faire des comparaisons interpersonnelles d'utilité. Les individus se livrent sans cesse à des comparaisons entre la satisfaction qu'ils retirent d'une situation (par exemple un bien de consommation) et celle que les autres individus ressentent. Ce principe est fondamental. En effet, selon Dagum, les processus économiques s'insèrent à l'intérieur des sociétés, les unités et sous-ensembles d'unités économiques font continuellement des comparaisons interpersonnelles entre leurs niveaux et leurs différences d'utilité. Dagum C. dans son article de 1998 spécifie ces fonctions en les dérivant des mesures d'inégalité du revenu. Le **Principe 1** autorise la définition d'une fonction d'utilité pour chaque individu (fonction mathématique représentant la satisfaction) déterminée à la fois par le revenu de l'individu et les revenus des autres individus.

2 **Principe 2** : Les individus ont une préférence pour l'accumulation de richesse. Lorsque leur revenu croît, ils retirent de plus en plus de satisfaction de leur situation, avec cependant une augmentation de satisfaction liée à la dernière unité de richesse acquise de moins en moins importante. Le **Principe 2** désigne la détermination des agents économiques à offrir notamment leur force de travail (c'est-à-dire des facteurs de productivité marginale) afin d'acquérir un revenu croissant pour intensifier leur satisfaction.

3 **Principe 3** : Les individus ont une préférence pour l'équité ou une aversion à l'inégalité. Cette propriété suppose que les individus d'une société préfèrent des situations où les revenus sont répartis de manière égalitaire à des situations où la société

est composée d'individus dont les revenus sont répartis de manière inégalitaire. Précisons à ce sujet que, le caractère d'une situation égalitaire et d'une situation juste est différent. En effet, une population définie par des revenus répartis de manière inégalitaire peut être jugée juste. Le **Principe 3** se pose donc comme désignant la volonté de toute société à atteindre une plus grande équité. Mais selon le Dagum C. dans son article de 1998, la parfaite égalité dans la répartition du revenu (utilisée dans la spécification de certains indices) n'a jamais été le but, ni une condition de maximisation du bien-être social, même pour des populations ou groupes d'individus identiques.

En somme, nous pouvons dire que, les approches axiomatiques et normatives permettent de mettre en évidence des ensembles de propriétés vérifiées par les indices d'inégalité. La littérature économique sur les inégalités révèle que seule la mesure de Gini satisfait les axiomes et propriétés mentionnées ci-dessus. En effet, la mesure d'entropie généralisée respecte les cinq axiomes définissant l'ensemble des mesures régulières et relatives, mais Dagum C. (1998) montre qu'elle ne satisfait pas le **Principe 1**. Par conséquent, étant donné que c'est un principe fondamental, l'indicateur de Gini peut-être privilégié à la mesure de l'entropie généralisée. C'est la raison pour laquelle, il constitue une des mesures les plus utilisées. Il est néanmoins possible de se demander si les trois principes coïncident entre - eux. Mussard S., Seyte F., et Terraza M. (2003a) arrivent à la même conclusion que Dagum C. car la spécification statistique de la mesure de Gini est plus complète, notamment la décomposition en sous-groupes [confère Dagum C. (1997a, 1997b)], malgré quelques oppositions de certains auteurs [confère Mookherjee et Shorrocks (1982) ou Salas (2002)]. De plus, la notion de décomposabilité (que nous abordons à la Section 4 de ce Chapitre 3 de notre ouvrage) s'inscrit dans l'approche axiomatique. Cependant, les indicateurs d'inégalités reflètent des normes particulières, comme celles présentées ci-dessus. Par conséquent, l'approche par les indices décomposables est connexe aux approches axiomatique, normative et positive.

III.2 TECHNIQUES DE CONSTRUCTION DES INDICATEURS COMPOSITES D'INEGALITES

L'utilisation des indicateurs composites est de plus en plus courante aujourd'hui en Economie, et elle est visible dans les domaines relevant aussi bien de la Microéconomie que de la Macroéconomie. L'intérêt accordé à ces indicateurs provient du fait qu'ils permettent de résumer en une valeur unique plusieurs dimensions relatives à un domaine bien défini. Ils offrent ainsi une meilleure appréciation du phénomène étudié que, celle fournit par l'utilisation d'un indicateur simple ou par l'utilisation séparée de plusieurs indicateurs simples. Et surtout, ils permettent d'établir une relation d'ordre au sein d'une distribution multidimensionnelle [Munda (2003) et Munda et al. (2005)]. Les indices synthétiques de bien-être, qui résument en une valeur simple plusieurs dimensions de bien-être, et permettent d'ordonner les individus appartenant à une distribution donnée, peuvent donc être utilisés pour évaluer le degré d'inégalité et même de polarisation au sein de cette distribution. Plusieurs méthodes ont été proposées afin de construire ces indicateurs, et toutes en général débouchent sur la même forme d'agrégation : une agrégation linéaire. L'indicateur composite est alors une moyenne pondérée calculée sur l'ensemble des attributs; la différence entre les méthodes résidant dans la manière de déterminer les pondérations. La construction de ces indicateurs requiert en général que la corrélation entre les variables soit faible (indépendance). Quant aux pondérations, on préconise généralement d'accorder des poids plus élevés aux variables les plus significatives (OCDE, 2003)[90]. La revue de la littérature sur la construction de ces indicateurs composites laisse apparaitre trois principales méthodes (permettant de déterminer les pondérations) : l'approche d'entropie, la théorie des ensembles flous et l'analyse factorielle (approche d'inertie).

Ce paragraphe de notre travail reprend certains éléments du Chapitre 2 ci-dessus, relativement à la mesure de la pauvreté multidimensionnelle, et que nous ne faisons que résumer ici. Comme évoqué au Chapitre 2 de notre Thèse, la littérature économique répartie les différentes approches de mesure d'inégalités multidimensionnelles en deux catégories, les approches axiomatiques et les approches non axiomatiques.

---

[90] Cité par Feubi Pamen et al. (2010).

La démarche axiomatique provient du souci d'éliminer l'aspect arbitraire dans le choix ou la construction d'une mesure d'inégalité. Elle consiste à se fixer des axiomes que doit vérifier une « bonne » mesure d'inégalité. Koloma Y. (2008)[91] souligne qu'il s'agit principalement des axiomes utilisés dans le cadre unidimensionnel.

Les approches non-axiomatiques peuvent être scindées en deux catégories. Une première catégorie où la méthodologie consiste à utiliser un indicateur agrégé dans chacune des dimensions étudiées pour construire une mesure d'inégalité. Cette démarche consiste à utiliser les indices unidimensionnels de bien-être pour construire une mesure agrégée d'inégalités sur l'ensemble de la population étudiée. Dans la deuxième catégorie, l'on agrège les indicateurs relatifs aux différentes dimensions des inégalités économiques au niveau des unités primaires afin de construire un indicateur multidimensionnel d'inégalité. En d'autres termes, il s'agit de construire un indicateur composite d'inégalité encore appelé indice micro multidimensionnel d'inégalité. On distingue plusieurs approches pour la construction des indicateurs composites d'inégalité. On peut citer entre autres la méthode des scores, l'ACP non linéaire. Dans les PED trois grandes approches sont généralement utilisées. Il s'agit précisément de l'approche de l'inertie, de celle fondée sur la théorie des ensembles flous et l'approche basée sur la théorie de l'information (entropie). C'est cette dernière approche qui retient particulièrement notre attention dans le cadre de ce paragraphe.

Développée à l'origine par les physiciens dans le cadre de la théorie de l'information, son extension à l'analyse des distributions statistique a été faite par Rényi (1961, 1966) et son adaptation aux mesures de la pauvreté est l'œuvre de Maasoumi E. (1986). On retrouve chez Maasoumi (1993) une présentation exhaustive de la méthode utilisée et chez Asselin (2002) une revue critique de cette approche. A l'origine de cette approche, on a la mesure d'entropie de Shannon qui correspond au nombre moyen de chiffres binaires nécessaire pour caractériser un signal aléatoire appartenant à un ensemble bien défini. Appliquée à une distribution statistique, cette mesure de l'entropie donne alors le degré d'incertitude contenu dans la distribution. Partant de ce principe et des autres mesures d'entropie proposées, toutes basées sur la mesure de Shannon [Rényi (1966) ; Havrda et Charvat (1967) ; Theil H. (1967) ; Shorrocks A. (1980)], Maasoumi E. (1986) généralise

[91]Cité par Feubi Pamen et al. (2010).

la mesure de l'entropie à l'analyse d'une distribution multidimensionnelle (X). Il propose ainsi un indicateur composite optimal (C) qui minimise les divergences dans la distribution.

Cette approche a cependant été très critiquée, on lui reproche la présence d'une forte indétermination due à la nature paramétrique de la mesure, et à cela s'ajoute le problème de détermination des pondérations de manière non arbitraire. Et quand bien même il existe des critères permettant de justifier le choix des valeurs affectées aux paramètres, le problème lié à la détermination des pondérations demeure toujours.

III.3 PROPRIETES DE DECOMPOSITION ET CRITERES DE DOMINANCE DES MESURES D'INEGALITES

En général, le concept d'inégalité fait référence aux disparités entre revenus individuels au sein d'une distribution. La distribution dans ce cas de figure est représentée par un vecteur ($\mathcal{V}$) dont les composantes sont les revenus des différents agents (individus, ménages, régions, départements, etc.). si dans la distribution on a n individus, les indices d'inégalité sont alors des projections qui prennent la forme: $I: \mathbb{R}^n \to \mathbb{R}$, avec $\mathcal{V} \in \mathbb{R}^n$c'est-à-dire $\mathcal{V}=\begin{pmatrix} v_1 \\ \vdots \\ v_n \end{pmatrix}$. Dans le cas de l'inégalité multidimensionnelle, à chaque individu correspond non pas un, mais plusieurs attributs. Si k désigne le nombre total d'attributs et n le nombre d'individus, la distribution prend alors la forme d'une matrice (X) de format(n, k). On note également $X = (x_{i,j})_{n,k}$ avec $x_{i,j} \in \mathbb{R}_+$ et $n > 1$.

$$X = \begin{bmatrix} x_{1,1} & \cdots & x_{1,k} \\ \vdots & \ddots & \vdots \\ x_{n,1} & \cdots & x_{n,k} \end{bmatrix}$$

Si on note $M(n, k)$ l'ensemble des matrices de même format que X, les indices multidimensionnels d'inégalité correspondent alors à des projections de la forme:

$$I: M(n,k) \to \mathbb{R}$$
$$X \mapsto I(X)$$

Fonctions continues à valeur réelle, ces indices d'inégalité résument l'information contenue dans une distribution donnée, et obéissent à un ensemble de propriétés et de critères de dominance.

III.2.1 PROPRIETES DE DECOMPOSITION

La décomposition en sous-groupes des indices d'inégalité est une propriété fondamentale. Les décompositions des mesures d'inégalité du revenu offrent des possibilités de comparaison intéressantes. Elles permettent de cibler les groupes qui tendent à accroître les inégalités dans une société. Cependant, toutes les mesures d'inégalité ne sont pas munies de cette propriété. Les fondements même de cette décomposition reposent sur des aspects mathématiques précis comme la séparabilité additive d'une fonction. Pour présenter la notion de décomposabilité en sous-groupes, Shorrocks A. (1980, 1984, 1988) définit le concept de décomposabilité additive et celui de décomposition cohérente en sous-populations. Soit une population mère P, dont la moyenne des revenus est μ , divisée en $k$groupes P_j de moyenne $\mu_{j(j=1,......k)}$. Soit p_j le pourcentage d'individus appartenant au groupe P_j et s_j le pourcentage moyen des revenus issus de P_j :

$$p_j = \frac{n_j}{n}, \quad s_j = \frac{n_j \mu_j}{n\mu} \qquad (1)$$

Proposition 1. La Décomposabilité Additive (DA), [Shorrocks, 1980] : Elle définit la décomposition en sous-groupes comme la somme de deux composantes, une inégalité intra-groupe et une inégalité inter - groupe :

$$I = I_W + I_B \qquad \textbf{(DA)}$$

Où $I_W = \sum_{j=1}^{k} w_j(\mu, n) I_j(x_j)$ et $I_B = I(\mu_1 \dots \dots \dots \mu_k)$.

$I_j(x_j)$ représente l'indice d'inégalité mesuré sur la distribution de revenu x_j du groupe P_j, w_j le poids associé à l'indicateur $I_j\left(p_j, s_j, ou\ une\ combinaison\ des\ deux\right)$, I_W la contribution des inégalités intra-groupes à l'inégalité totale et I_B la contribution des inégalités intergroupes à l'inégalité totale. L'inégalité intra-groupe I_W est une moyenne pondérée des inégalités à l'intérieur des groupes. L'inégalité inter-groupesI_B représente les inégalités entre les revenus moyens μ_j des k sous-populations.

Si I est continue, symétrique, normalisé, dérivable (dérivées partielles de premier ordre continues) et vérifiant la propriété de décomposabilité additive (**DA**) alors,

$$I = \frac{1}{\theta(\mu, n)} \sum_{i=1}^{n} [\varphi(x_i) - \varphi(\mu)]$$

Ce théorème définit la classe entière des mesures additivement décomposables en imposant de sévères restrictions. L'intérêt de cette séparabilité est d'obtenir une généralisation des résultats de Bourguignon F. (1979) par l'entropie généralisée.

Proposition 2. La Décomposition Cohérente en sous-populations [Shorrocks A., (1984, 1988)] : Une mesure d'inégalité I satisfait la propriété de décomposition cohérente en sous-groupes si :

$$I = f\left(I_1, \ldots . I_j, \ldots \ldots I_k;\ p_1, \ldots ., p_j, \ldots . p_k; s_1 \ldots \ldots ., s_j, \ldots . s_k\right) \quad (2)$$

Où f est une fonction croissante de ses k premiers arguments.

Supposons que les revenus du groupe P_j se modifient, les revenus moyens et les tailles de chaque sous-population P_j restant constants. Si les inégalités augmentent (respectivement diminuent) au sein du groupe P_j, alors l'inégalité totale augmente (respectivement diminue). Par conséquent, pour les mesures non cohérentes, on peut obtenir la situation particulière selon laquelle les inégalités s'accroissent à l'intérieur de chaque groupe P_j alors que l'inégalité totale diminue.

Il est à noter que la décomposition additive (**DA**) est fortement liée au concept de décomposition cohérente. Les inégalités entre les groupes I_B sont uniquement dépendantes des moyennes des revenus de chaque groupe P_j . Si l'inégalité augmente au sein de chaque groupe, au total, l'inégalité intragroupe I_w est en hausse. Par ailleurs, l'inégalité intergroupe reste constante si les moyennes des sous-groupes sont invariables. En définitive, l'inégalité totale augmente (respectivement diminue) car la hausse (respectivement la baisse) de l'inégalité intragroupe l'« emporte » sur la variation nulle de l'inégalité intergroupe.

Fort de ce qui précède, énonçons les deux théorèmes[92] suivants :

Théorème 1 (Shorrocks A., 1980) : L'indice d'inégalité *I* (possédant des dérivées secondaires continues) satisfait l'axiome d'invariance **IR** et les axiomes **PD**, **PP**, **SM**, **NM** et **DA** si et seulement si, *I* est une multiple positif de l'entropie généralisée S_c définit par :

$$S_c = \begin{cases} \sum_{i=1}^{n} \frac{((x_i/\mu)^c - 1)}{nc(c-1)}, \ \forall\, c > 1 \\ \frac{1}{n}\sum_{i=1}^{n} \log \frac{\mu}{x_i}, \ \forall\, c = 0 \\ \frac{1}{n}\sum_{i=1}^{n} \frac{x_i}{\mu} \log \frac{x_i}{\mu}, \ \forall\, c = 1 \end{cases}$$

(3)

Où x_i représente le revenu de l'individu i.

Les travaux de Shorrocks A. (1980) conduisent donc à la construction de la mesure d'entropie généralisée qui est un indicateur régulier, homogène de degré zéro et additivement décomposable en sous-groupes.

Théorème 2 (Ebert, 1988) : *I* est défini sur l'ensemble des distributions classées par ordre non décroissant et satisfait les propriétés **IR**, **PD**, **PP**, **NM**, la différentiabilité et la décomposition additive **DA** pour des distributions qui ne se chevauchent pas si et seulement si, *I* est l'indice de Gini(G), ou l'entropie généralisée (S_c) :

$$G = \sum_{i=1}^{n} [(2i - 1)/n^2][x_i/\mu - 1]$$

(4)

A travers ce théorème, Ebert montre que l'indicateur de Gini est aussi une mesure régulière, homogène de degré zéro, et additivement décomposable lorsque les distributions ne se chevauchent pas. En effet, si les distributions de revenu des différents groupes se chevauchent, la mesure de Gini décomposée fait apparaître un troisième terme qui évalue les inégalités provenant de la zone de chevauchement. D'après Mussard S. et Terraza M. (2005), ce troisième terme a longtemps exclu l'indicateur de Gini de la famille des indicateurs décomposables en sous groupes. Il fut d'abord nommé « terme d'interaction », (Mookherjee et Shorrocks A., 1982). La pertinence de cette inégalité particulière était

[92]Un théorème est la formule d'une théorie dont la valeur de vérité est toujours prouvée par une démonstration formelle. C'est une proposition mathématique qui peut être démontrée.

alors incomprise. C. Dagum C. (1997a, 1997b) démontre qu'elle provient de la « transvariation » (définie par Gini en 1916) qu'il a développée en 1959, 1960 et 1961.

En somme, deux mesures d'inégalités régulières, homogènes de degré zéro et décomposables en sous-groupes ont retenu l'attention des économistes. De nombreuses applications ont aussi été menées afin d'expliquer l'évolution de la structure par groupe des inégalités de revenu sans qu'une réponse suffisante ait été fournie sur la différence qui existe entre les mesures d'inégalité additivement décomposables (l'entropie) et les mesures d'inégalité qui ne satisfont pas ce principe (Gini).

L'intérêt de ces propriétés tient du fait qu'elles permettent non seulement de calculer l'inégalité totale à partir des données dans les sous-groupes, mais elles facilitent également l'étude des sources de l'inégalité. Elles doivent cependant être complétées par les critères de majoration encore appelés critères de dominance.

III.2.2 CRITERES DE DOMINANCE

L'étude des critères de majoration dans le contexte de l'inégalité multidimensionnelle a été initiée par Kolm (1977). Cette étude s'intéresse aux extensions du principe de Pigou-Dalton lorsqu'on passe d'une distribution uni-variée à une distribution multivariée[93] (les deux premiers critères ci-dessous), et au problème de la corrélation entre les attributs, spécifique à l'analyse multidimensionnelle (troisième critère).

1 **La Dominance Uniforme de Pigou-Dalton (UPD)** : $(X, XT) \in UPD$ où T est une matrice de Pigou-Dalton et pas une matrice de permutation. La matrice de Pigou-Dalton T est telle que $T = \lambda E + (1 - \lambda)Q$, $0 < \lambda < 1$ avec E une matrice identité et Q une matrice de permutation qui transforme d'autres matrices en permutant la position de deux lignes. $(X, XT) \in UPD \Longrightarrow I(X) > I(XT)$.

2 **La Dominance Uniforme (UM)** : $(X, Y) \in UM$ où B de format (n, n)est une matrice bi-stochastique[94] et Y ne peut pas être déterminée en permutant les colonnes de X. Intuitivement,

---

[93]L'extension du principe de Pigou-Dalton appliqué à l'analyse unidimensionnelle, débouche sur deux principes bien distincts dans le contexte de l'analyse multidimensionnelle.

[94] Matrice de permutation des lignes et des colonnes.

multiplier X par une matrice bi-stochastique rend les différentes distributions d'attributs moins inégalitaires (étendues), on a ainsi $(X, XB) \in UM \Longrightarrow I(X) > I(XB)$.

Les principes **UM** et **UPD** mesurent l'étendue au sein des différentes

distributions. La différence entre les deux réside dans le fait que **UPD** permet également de mesurer l'étendue de chaque distribution marginale des attributs.

3 **Correlation–Increasing Majorization (CIM)** : $(X, Y) \in CIM \Leftrightarrow Y$ peut être dérivé de X par simple permutation des lignes, et l'existence d'un nombre fini de corrélations entre attributs accroit les transferts entre individus. En d'autres termes, plus la corrélation entre les attributs pour une distribution marginale donnée est élevée, plus l'allocation correspondante est inégalitaire. On note alors $I(X) \leq I(Y)$. Ce critère de dominance capture l'idée de compensation entre les inégalités au sein des différents attributs.

Bourguignon F. et Chakravarty ont remis en cause la validité de ce troisième principe car d'après eux, celui-ci admet implicitement que les attributs sont substituables. Or à priori, il n'y a pas de raison que les individus considèrent les attributs comme étant uniquement substituables. Certains de ces attributs pouvant très bien-être complémentaires (Bourguignon et Chakravarty; 2003). Notons également que la propriété de séparabilité additive par sources n'est pas compatible avec ce principe (**CIM**) ; faire appel à cette propriété nécessite donc qu'on ignore l'existence d'une quelconque corrélation entre attributs. Il est donc difficile qu'une mesure d'inégalité multidimensionnelle respecte à la fois toutes les propriétés et les trois critères de dominance présentés ci-dessus.

III.3 MESURES D'INEGALITES MULTIDIMENSIONNELLES

Les mesures d'inégalités multidimensionnelles sont en fait des généralisations (extensions) des mesures d'inégalité unidimensionnelle à travers une approche axiomatique ou non axiomatique. Les principales mesures d'inégalité unidimensionnelle sont :

III.3.1 L'INDICE DE GINI (G)

L'indice de Gini (G) calcule la distance moyenne entre les classes cumulatives de la population et les classes cumulatives des niveaux de vie. Basé sur les différences entre individus, l'indice de Gini a été initié par le statisticien italien Gini C. (1916) et se calcule généralement à partir de la courbe de Lorenz (1905). Cette courbe relie les proportions cumulées de la population en classes (centiles, déciles, etc….) avec les pourcentages cumulés des revenus correspondants. Le coefficient de Gini est alors défini par le ratio de l'aire de la zone entre la diagonale d'égalité parfaite et la courbe de Lorenz (L) sur la somme de celle-ci et l'aire de la zone à l'extérieur de la courbe de Lorenz. Il représente deux fois l'aire contenue entre la première bissectrice (droite d'égalité parfaite) et la courbe de Lorenz et il est compris dans l'intervalle [0, 1]. Il mesure les inégalités de répartition de revenu et la concentration d'une distribution. Plus l'indice tend vers 1, plus la répartition de revenus est inégalitaire et la concentration forte. En revanche, si l'indicateur est égal à zéro (0), la répartition des revenus est égalitaire et la concentration faible. L'indice de Gini représente aussi (en le multipliant par deux et par la moyenne de la distribution) l'écart de revenu espéré(y) entre deux individus $(i\ et\ j)$ tirés au hasard dans une population de taille n (avec remise).

L'indice de Gini (G) se définit comme suit :

$$G = \int_0^1 [P - L(P)]dp \text{ ou } G = \frac{1}{(2n^2\bar{y})} \sum_{i=1}^{n} \sum_{j=1}^{n} |y_i - y_j|$$

L(P) désigne la portion de niveau de vie (consommation/revenu) agrégée détenue par la proportion P de la population (proportion la plus pauvre). Plus cette portion est élevée, plus la distribution est équitable. $[P - L(P)]$ mesure le gap entre la proportion du niveau de vie détenue par 100P% les plus pauvres de la population et leur part dans une situation de parfaite égalité.

La portion de niveau de vie agrégée détenue par la portion P la plus riche de la population (le haut de la distribution) est donnée par 1-L (1-P). Plus cette proportion est élevée, moins la distribution est considérée équitable.

L'indice de Gini peut aussi être calculé à partir de la covariance entre les niveaux de vie (niveau des consommations/des revenus) y et leur rang P.

Figure 3.1 : Le coefficient de Gini

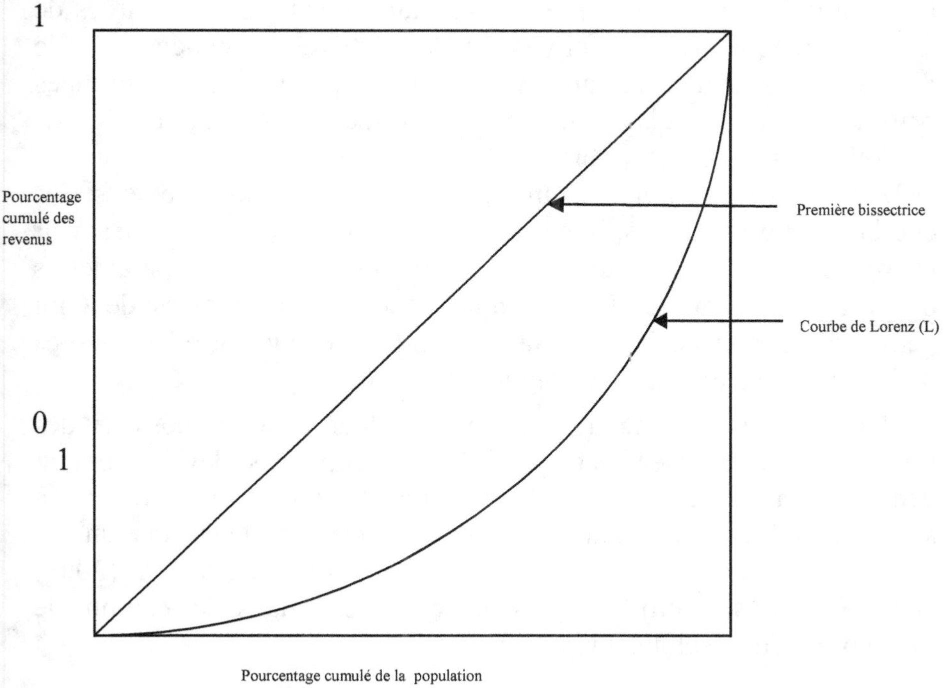

Source: Pyatt (1976), On the interpretation and disaggregation of Gini coefficients (page 244).

En termes de propriété, l'indice de Gini respecte le principe de Normalisation. Cette propriété autorise la comparaison des indices dans le temps et entre des groupes différents. L'indice permet d'étudier l'impact des transferts de revenu, notamment des riches vers les pauvres. La structure de l'indicateur de Gini est, par conséquent liée aux politiques de redistribution qu'il est possible d'effectuer au sein d'une population afin de parvenir à un meilleur niveau d'équité.

L'inconvénient de cet indice est qu'il ne donne aucune information sur les positions relatives des différentes catégories de revenus qui interviennent dans le calcul. Ainsi, plusieurs distributions de revenu peuvent correspondre à une même valeur de Gini. Dit autrement, la mesure de Gini étant comprise entre 0 et 1, il existe une infinité de distributions de revenu différentes pour lesquelles l'indice possède la même valeur. Pour deux populations différentes, on peut alors estimer un indice identique.

Toutefois, pour remédier à ce problème, la littérature sur l'économie des inégalités, prévoit un cadre d'analyse des courbes de Lorenz, notamment leurs formes, par la méthode des coudes, afin de distinguer les différences au niveau des groupes riches, des groupes pauvres, et de la classe moyenne [Mesnard (de) L., 1997]. La modélisation des distributions de revenu par les modèles de Dagum C. (1977) permet la comparaison de deux distributions, même si les courbes de Lorenz sont sécantes, car les paramètres du modèle, à savoir un paramètre d'échelle, un paramètre d'inégalité et deux paramètres d'égalité, sont uniques pour chaque courbe et les indices de Gini peuvent être interprétés ; d'où la relation biunivoque entre les courbes de Lorenz et les modèles de Dagum C. .

Nous pouvons donc dire que l'indicateur de Gini possède des propriétés intéressantes. Des applications se sont aussi développées en dehors de la mesure des inégalités de revenu, puisqu'il peut servir à apprécier des disparités dans d'autres domaines comme la santé qui est traitée dans cette Thèse, ou la malnutrition [Voir Wagstaff A. (2003) pour une illustration], et plus généralement dans le champ de l'économie du développement.

III.3.2 LA CLASSE DES MESURES D'ATKINSON [$A(\varepsilon)$]

Issues de l'approche normative, ces mesures à l'instar du coefficient de Gini sont basées sur la construction d'une fonction de bien-être social. On considère ici que l'existence de l'inégalité entraine la baisse du bien-être. Ces mesures possèdent aussi un paramètre ε qui mesure l'aversion à l'inégalité et tout comme les indices de Gini, sont compris entre 0 et 1, la valeur 0 traduisant la situation d'égalité parfaite. De plus, certaines propriétés théoriques de la classe d'indices d'Atkinson sont similaires à celles de l'indice de Gini généralisé. La famille des indices d'Atkinson se définit comme suit :

$$A(\varepsilon) = 1 - \left[\frac{1}{n}\sum_{i=1}^{n}\left(\frac{y_i}{\bar{y}}\right)^{1-\varepsilon}\right]^{\frac{1}{1-\epsilon}}$$

Où y_i est l'indicateur de bien-être du ménage (ou individu) i, et $\bar{y}$ le revenu moyen de la population de taille n.

III.3.3 LES MESURES D'ENTROPIE GENERALISEE, $GE(\alpha)$

Dérivées de la théorie de l'information et en accord avec l'approche axiomatique de mesure de l'inégalité, ces mesures d'entropie généralisée satisfont toutes les propriétés relatives aux mesures d'inégalité unidimensionnelle, et présentent l'avantage d'être aisément décomposable en composantes intra et inter-groupes. Le paramètre α représente le poids accordé aux distances entre revenus à différents niveaux dans la distribution de revenu. Ce paramètre peut prendre plusieurs valeurs. Ainsi pour les petites valeurs de α, GE(α) sera particulièrement sensible aux changements au bas de la distribution (faibles revenus) alors que pour de grandes valeurs de α, GE(α) sera plus sensible aux différences dans la partie supérieure de la distribution. La connaissance de ces indices et la généralisation des propriétés et critères de dominance utilisés pour l'analyse unidimensionnelle à permis de déboucher sur les indices d'inégalité multidimensionnelle. Il en existe plusieurs, et nous ne présenterons que quelques-uns :

III.3.3.1 LA MESURE DE MAASOUMI

L'indice de Maasoumi E. (1986) est construit en deux étapes. A la première, on procède à une agrégation des attributs et on obtient alors un indice synthétique de bien-être pour chaque individu. Cette agrégation est faite à l'aide d'une fonction d'utilité de type Cobb-Douglas. A la deuxième étape, on applique une mesure d'inégalité comme dans l'analyse unidimensionnelle. Dans ces deux étapes, l'auteur s'appuie sur la « théorie de l'information » car celle-ci présente l'avantage d'être comparable à l'approche axiomatique (Shorrocks, 1980), il propose ainsi une généralisation des mesures d'entropie généralisée.

Si l'indice de Maassoumi E. vérifie toutes les propriétés présentées ci-dessus y compris la décomposition en composantes intra et inter-groupes, sa validité quant aux critères de majoration reste problématique.

III.3.3.2 LA MESURE DE TSUI

Tout comme Massoumi E. (1986), Tsui (1999) propose également une multi-généralisation des mesures d'entropie généralisée. Mais à l'opposé de celui-ci, il s'appuie plutôt sur une approche axiomatique. Adoptant une démarche non *welfariste*, il détermine un ensemble de fonctions d'évaluation sociale, continues strictement croissantes et concaves et les indices d'inégalités correspondants. Il introduit le concept de *Correlation Increasing Majorization* (**CIM**) pour prendre en compte la corrélation entre les variables introduites par Atkinson et Bourguignon (1982), et détermine les conditions pour lesquelles l'indice proposé vérifie à la fois toutes les propriétés et critères de dominance.

III.3.3.3 LA MESURE DE LIST

Contrairement aux travaux précédents qui se sont focalisés sur les mesures d'entropie généralisée, List (1999) propose à travers une approche axiomatique une multi-généralisation de l'indice de Gini et de l'indice d'Atkinson. Ces indices sont également construits en deux étapes. À la première étape l'agrégation est faite à travers une fonction d'utilité individuelle pour l'indice de Gini, et une fonction de bien-être social pour l'indice d'Atkinson. Ces fonctions vérifient un ensemble de propriétés souhaitées (continue, croissantes et strictement concaves). Les indices d'inégalité sont alors déterminés à la deuxième étape grâce à la « dominance de Lorenz ». Si ces indices vérifient tous les critères de dominance, en revanche, concernant les propriétés, ils ne sont pas décomposables en composante intra et inter-groupes.

A l'instar de l'approche d'entropie initiée par Maassoumi E. (1986), les autres techniques de construction des indicateurs composites présentées ci-dessus permettent également de construire les indices d'inégalité multidimensionnelle. Dans le cadre de notre travail, l'indice d'inégalité multidimensionnelle sera déterminé à partir de la méthode d'entropie telle que présentée par Theil H. (1967).

SECTIONIV. DECOMPOSITION DES MESURES D'INEGALITES

Dans cette section, ce sont les résultats obtenus par Rao (1969) qui retiennent notre attention. Courant l'année 1969, Rao s'intéresse à la détermination des mesures d'inégalités du revenu en privilégiant soit une décomposition en sous-groupes soit une décomposition en sources de revenu. La première est consacrée à la détermination des inégalités à l'intérieur des groupes et entre les groupes. La seconde, celle qui fait l'objet de la décomposition en facteurs, s'intéresse au poids des différents revenus (revenu du travail, revenu du capital, prestations sociales, taxes, etc..) dans la mesure de l'inégalité globale. En 1982, avec les travaux de Shorrocks A., des doutes quant à la crédibilité de la décomposition en facteurs de la mesure de Gini sont émis. Mais le nombre de publications privilégiant cette seconde piste de recherche témoigne de l'engouement qu'elle a suscité. On pourrait ainsi énumérer [Fei, Ranis et Kuo, (1978)], la consommation [Garner T., (1993)], ou encore l'analyse économétrique [Murdoch et Sicular, (2002)]. Parmi ces publications, celles dont l'apport nous semble prépondérant sont dues à Chantreuil et Trannoy A. (1999) et à Shorrocks A. (1999)[95]. Ces travaux donnent l'occasion d'associer la valeur de Shapley, concept central de la théorie des jeux coopératifs, et la généralisation de la décomposition en sources de revenu.

IV.1 DECOMPOSITION EN SOUS-GROUPES

Les mesures d'inégalité sélectionnées dépendent des axiomes retenus pour les définir. En 1967, Theil H. met l'accent sur la notion de décomposition en sous-groupes (ou sous-populations)[96] des mesures d'inégalité (par exemple, entre hommes et femmes, catégories socioprofessionnelles, régions, groupes d'âges, etc….). Cette méthode permet de considérer que l'étude des inégalités ne peut être réalisée en supposant que toutes les unités de la population ont les mêmes propriétés ou se ressemblent. Les techniques de décomposition en sous-populations permettent donc de comprendre que les populations sont

[95]Cité par Stéphane Mussard (2005).

[96]Pour plus de précision, voir Henri Theil, (1967), «*Economics and information theory*».

constituées d'agents hétérogènes et que des inégalités entre ces agents peuvent exister. Les mesures issues de l'entropie, de même que celles appartenant à la classe des indices d'Atkinson-Kolm-Sen, sont basées comme le stipulent Blackorby, Bossert et Donaldson (1999)[97], sur un axiome de décomposabilité additive similaire à l'axiome d'indépendance relative à l'espérance d'utilité de Neumann V. et Morgenstern O. La littérature sur les inégalités révèle en outre qu'une propriété moins exigeante que celle de décomposition additive serait bienvenue pour caractériser les indices d'inégalités.

La méthode de décomposition en sous-groupes décompose la structure de l'indice d'inégalité en une mesure intra-groupe et une mesure inter-groupes. Lorsqu'une population est divisée en plusieurs sous-groupes (par exemple hommes et femmes), le coefficient intra-groupe est l'intensité des inégalités de revenu qui prévalent à l'intérieur des groupes. La mesure inter-groupes symbolise les inégalités qui existent entre les groupes de population. En général, la finalité de la décomposition en sous-groupes est d'expliquer les inégalités de revenu par le degré d'implication des différents groupes composant la population mère. Il est question de savoir lequel des sous-groupes de la population contribue le plus à l'explication des inégalités, ou encore de déterminer l'origine des inégalités à l'intérieur et à entre les sous-groupes.

Comme le montre Dagum C. et al. (2012) au sujet de la décomposition en sous-populations, la mesure d'entropie est souvent préférée à celle de Gini en raison des propriétés de monotonie et de la cohérence en sous-groupes. Elle permet une analyse simple des inégalités en sous-groupes. En effet, si les inégalités augmentent (respectivement diminuent) a sein de certains groupes, toutes choses égales par ailleurs, l'inégalité totale augmente (respectivement diminue). Cependant, il serait légitime de penser que les inégalités suivent une logique bien plus complexe. Un relâchement de la condition de monotonie permet d'envisager le cas selon lequel l'inégalité totale diminue (respectivement augmente) même si les inégalités à l'intérieur des groupes augmentent (respectivement diminuent). Il suffit pour cela que le montant des inégalités inter-groupes soit supérieur à la somme des inégalités intra-groupes.

[97]Cité par Stéphane Mussard et Michel Terraza (2009).

IV.2 DECOMPOSITION PAR SOURCES OU PAR ATTRIBUTS

La deuxième technique de décomposition des inégalités est la technique de décomposition en sources de revenu ou par facteurs. Son objectif est d'identifier les sources de rémunération qui expliquent la totalité des inégalités de revenu. Cette décomposition en facteurs met en exergue le poids de chaque source de revenu (par exemple le revenu du travail, le revenu du capital, les taxes, etc. …) au sein de l'inégalité globale. On peut ainsi déterminer les sources qui contribuent à accroître les inégalités dans la répartition des revenus. La paternité de la décomposition de la mesure de Gini par sources de revenu peut être attribuée à Rao (1969). Après avoir spécifié une décomposition matricielle de l'indice de Gini en sous-groupes, l'auteur exprime sa réflexion sur une méthode permettant de séparer le coefficient de Gini en contributions représentant les différentes sources de rémunération.

Soit une population composée de n individus ($\forall\, i = 1, 2, \dots \dots \dots . n$), les revenus des individus proviennent de$q$ sources de revenu indexées par $m = 1, 2, \dots \dots . q$. Soit la fonction $R_m(i)$, elle exprime le rang du $i^{ième}$ individu lorsque les sources de nature m sont ordonnées de manière croissante. Parallèlement, on peut définir le rang de l'individu i lorsque les revenus de la distribution globale sont ordonnés de manière croissante : $R_t(i)$. Avant les années 1980, les inégalités de revenu sont étudiées en classe. Nous verrons par la suite la conséquence principale de ces découpages en classes. On considère que les distributions de chaque source de revenu m, sont étudiées sur k classes S_{jm} définies par le classement croissant $R_m(i)$ (on a donc k quantiles : $j = 1,2, \dots \dots \dots k$ comprenant n/k individus). La distribution du revenu total est aussi divisée en k classes S_{jt} comprenant chacune n/k individus et où les individus sont classés selon la répartition $R_t(i)$. Soit ensuite la somme cumulée Q_{jm} (sur les classes S_{jt} , non S_{jm}) des proportions des sources m (dans le revenu total) inhérentes à chaque classe S_{jt} . Soit la somme cumulée Q_{jt} (sur les classes S_{jt} , non S_{jm}) des proportions de revenu total inhérentes à chaque classe S_{jt} . Par conséquent, $\sum_m Q_{jm} = Q_{jt}$. Soit le terme $Q_{.m}$ désignant la proportion de revenu total issue du facteur m et P_{jt} la somme cumulée des proportions d'individus sur les classes S_{jt} . On obtient donc le coefficient de concentration :

$$C = \sum_{j=1}^{k-1} \left(P_{jt} \times Q_{(j+1)t} - P_{(j+1)t} \times Q_{jt} \right) \quad (1)$$

Notons que Rao exprime sa décomposition en fonction du coefficient de concentration. Pyatt, Chen et Fei (1980) montrent que l'indice de Gini est un cas particulier de l'indice de concentration. Ce dernier pouvant être négatif lorsque les classes sont ordonnées de manière décroissante.

Soit le ratio $Q^*_{jm} = Q_{jm}/Q_{.m}$, en appliquant la formule (1) aux variables P_{jt} et Q^*_{jm}, on obtient l'indicateur de concentration suivant :

$$C^*_m = \sum_{j=1}^{k-1} \left(P_{jt} \times Q^*_{(j+1)m} - P_{(j+1)t} \times Q^*_{jm} \right) \quad (2)$$

Par rapport à la mesure C_m qui désigne le coefficient de concentration mesuré sur la source de revenu m, l'indicateur C^*_m est atypique. Le calcul de C^*_m s'effectue en prenant en compte le rang de la population globale et non celui de la source m [c'est-à-dire les classes S_{jt} dépendantes du classement $R_t(i)$]. En effet C^*_m est obtenu à partir de S_{jt} alors que C_m est obtenu à partir de S_{jm} :

$$C_m = \sum_{j=1}^{k-1} \left(P_{jm} \times Q_{(j+1)m} - P_{(j+1)m} \times Q_{jm} \right) \quad (3)$$

La décomposition de l'indicateur de concentration en sources de revenu s'exprime alors sous la forme suivante :

$$C = (Q_{.m})'(C^*_m) \quad (4)$$

Où $(Q_{.m})'$ est le vecteur colonne transposé des proportions des sources m dans le revenu global ; et où C^*_m est le vecteur colonne des q indicateurs de concentration correspondant aux q sources de revenu. Cependant, étant donné que la décomposition est basée sur l'indice C^* (qui n'est pas véritablement l'indice de concentration), Rao reformule l'expression précédente afin de proposer une décomposition exacte et conforme au coefficient C_m :

$$C = (Q_{.m})'(C_m) - (Q_{.m})'(C_m f_m) \, , \quad (5)$$

Où (C_m) est le vecteur colonne des coefficients de concentration pour les sources m où $f_m \in [0; 2]$ est défini par $f_m = 1 - C^*_m / C_m$ et où $(C_m f_m)$ est le vecteur colonne des produits scalaires $C_m \times f_m$. Lorsque les scalaires S_{jt} et S_{jm} sont identiques , $C^*_m = C_m$. De ce fait $f_m = 0$ et $C = (Q_{.m})'(C_m)$ (6)

Outre la difficulté technique soulevée par cette décomposition, la méthode reste particulièrement intéressante. L'indice global est une moyenne pondérée des indicateurs de concentration par sources et de la proportion de ces sources dans la distribution globale. Une autre condition plus forte permet d'atteindre ce résultat : $R_m(i) = R_t(i), \forall\, m$. Autrement dit, les individus doivent avoir le même rang dans la distribution de revenus total et dans les distributions des sources de revenu. Il s'agit d'une condition nécessaire mais non suffisante pour réunir la condition $S_{jt} = S_{jm}$ et atteindre la relation (6). Empiriquement ce résultat est difficile à obtenir ; on recourt ainsi à la relation (5). Elle indique que si l'on accède à une parfaite répartition au sein des distributions des q sources de revenu, alors l'inégalité globale est nulle. Le premier produit $(Q^*_{.m})'(C_m)$ est considéré comme la valeur maximale que C peut atteindre. Le deuxième produit $(Q^*_{.m})'(C_m f_m)$ mesure l'intensité avec laquelle les inégalités issues des sources peuvent s'annuler. En effet, $C = 0$ lorsque $C_m = 0$ ou bien lorsque le second terme annule l'effet du premier. Les interprétations peuvent être classifiées par rapport au terme f_m.

- Si $f_m = 0$, le deuxième élément (les inégalités provenant des sources autres que m) ne permet pas d'atténuer les inégalités dérivées de la source m.Il s'agit d'une inégalité de « supplément ».
- Si $f_m = 2$, les inégalités impulsées par les sources (exceptées m) viennent contrer l'effet des inégalités issues du facteur m.
- Si $f_m = 1$, l'effet des deux éléments est neutre.

En définitive, l'approche de Rao (1969) est fondamentale. Elle repose en premier lieu sur une approche matricielle et à ce sujet Silber (1989) stipule que les approches décomposées sont souvent basées sur des algorithmes intéressants mais encore difficile à évaluer, même en utilisant l'outil et les techniques informatiques. De ce fait, il propose, comme Rao (1969), de simplifier la décomposition en sources de revenu en recourant à une approche matricielle[98]. En second lieu, la démarche de Rao procure deux types de décomposition : l'une est basée sur l'indice de concentration C_m inhérent à chaque source de rémunération, l'autre

[98] Pour plus de précision, voir Silber J. (1993).

est un indice de concentration hybride, connue dans la littérature sous le nom de « pseudo-Gini ».

IV.3 DECOMPOSITION D'OAXACA-BLINDER

S'inspirant de Adoho F. M. et Boccanfuso D. (2007) nous pouvons dire que la technique de décomposition de Blinder-Oaxaca dans son fondement permet d'expliquer les écarts de salaires observés sur le marché du travail entre deux groupes de populations (hommes et femmes, noirs et blancs,….)[99]. Partant de l'idée simple que les caractéristiques des individus peuvent être différemment valorisées sur le marché du travail, Blinder (1973) et Oaxaca (1973) suggèrent que les différences de salaires entre deux groupes peuvent être désagrégées en deux éléments à savoir la composante des caractéristiques et la composante du coefficient. La méthode consiste dans un premier temps à estimer les équations de salaires pour chacun des groupes, les déterminants des salaires d'un groupe étant ses propres caractéristiques. Le coefficient estimé d'une caractéristique représente la contribution ou le rendement de cette dernière dans la détermination du salaire du groupe. Ensuite, l'écart entre les salaires moyens des deux groupes peut-être décomposé en une composante expliquée par la différence des caractéristiques (la part de la différence entre les gains dus aux caractéristiques de deux groupes) et une composante expliquée par la différence des rendements des caractéristiques (la part de la différence entre les gains dus aux rendements). La technique de Blinder-Oaxaca permet donc d'identifier d'une part les causes des écarts de revenu entre groupes et d'autre part, de quantifier les contributions séparées des différences de groupes dans les caractéristiques mesurables telles que le niveau d'éducation, l'expérience sur le marché du travail, etc. …, et la contribution des différences de rendement de ces caractéristiques.

Dans le but d'expliquer les différences observées dans la distribution des revenus des ménages entre les pays, Bourguignon F., Ferreira F. H. et Leite P. G., (2002) estiment que l'idée de Blinder-Oaxaca (1973) peut être judicieusement appliquée aux revenus des ménages. Faisant observer au passage que la distribution des revenus des ménages dépend de plusieurs facteurs tels que les salaires et les caractéristiques de ses membres, leur participation et leurs choix

[99]Cité par Franck M., Adoho et Dorothée Boccanfuso, (Juin 2007).

occupationnels, la taille et la composition du ménage, ces auteurs proposent un élargissement de l'ensemble de modèles à estimer pour inclure à la fois la participation au marché du travail, les comportements de procréation, les choix éducationnels et autres, dans l'explication des différences de niveau de revenu entre les pays. Cette approche permet alors de décomposer les écarts observés entre deux groupes de populations pour n'importe quel indicateur de pauvreté ou d'inégalité.

Dans leur idée originelle, Blinder (1973) et Oaxaca (1973) proposent d'estimer la discrimination des salaires entre homme (h) et femme (f) de la façon suivante. Les équations de salaire sont estimées séparément sur la sous-population des hommes (h) et sur la sous-population des femmes (f)

$$\begin{cases} W_{ij}^{f} = X_{ij}^{f} b^{f} + u_{ij}^{f} \\ W_{ij}^{h} = X_{ij}^{h} b^{h} + u_{ij}^{h} \end{cases}$$

La variable expliquée est le logarithme du salaire $\left(W_{ij}\right)$ de l'individu i travaillant dans l'entreprise j. Le logarithme de salaire est expliqué par un vecteur de variables explicatives $\left(X_{ij}\right)$ et $\left(u_{ij}\right)$ est une perturbation. Avec cette modélisation, on peut calculer les salaires que gagneraient les femmes si elles étaient payées comme les hommes $\left(X_{ij}^{f} \hat{b}^{h}\right)$, et ce que gagneraient les hommes s'ils étaient payés comme les femmes $\left(X_{ij}^{h} \hat{b}^{f}\right)$.

En utilisant l'estimation des rendements des caractéristiques observables $\left(\hat{b}\right)$, l'écart entre les salaires moyens des hommes et des femmes $\left(\bar{W}^{h} - \bar{W}^{f}\right)$ peut être décomposé en une composante expliquée par la différence des caractéristiques observables moyennes $\left(\left(\bar{X}^{h} - \bar{X}^{f}\right)\hat{b}^{h}\right)$ et en une composante non expliquée, liée à des rendements de caractéristiques observables données différents pour les hommes et les femmes $\left(\bar{X}^{f}\left(\hat{b}^{h}-\hat{b}^{f}\right)\right)$:

$$\bar{W}^{h}-\bar{W}^{f}=\underbrace{\left(\bar{X}^{h}-\bar{X}^{f}\right)\hat{b}^{h}}_{differences de caractérisitiques}+\underbrace{\bar{X}^{f}\left(\hat{b}^{h}-\hat{b}^{f}\right)}_{differences de rendements des caractéristiques}$$

L'une des limites de la technique de décomposition des mesures d'inégalités proposée par Blinder (1973) et Oaxaca (1973) provient du fait que les vraies distributions conditionnelles ont été approximées en imposant *ex ante* des formes fonctionnelles aux modèles statistiques. De plus, l'application de cette méthode sur les indicateurs de pauvreté, en l'occurrence l'incidence de pauvreté, conduit à normaliser les modèles statistiques afin de simuler les impacts de diverses politiques économiques. Dans ces conditions, la mesure de l'impact d'une politique sur les écarts de niveaux de pauvreté entre deux groupes ou dans le temps, conduit à une substitution successive de simulations. Ham S. et Terrell (1998)[100] montrent que ces substitutions séquentielles conduisent à différents résultats dépendant de l'ordre des substitutions. Il s'agit du « *path dependency problem*». Toutefois, Yun M. S. (2004) développe une méthodologie simple et générale qui permet d'obtenir la régression normalisée et de l'appliquer à la décomposition d'Oaxaca. Cette méthode vient améliorer certaines insuffisances de cette méthode de décomposition, notamment celle-ci-dessus relevée. Elle permet d'éviter le problème dépendance liée à l'ordre des substitutions et peut fonctionner sans restriction quant aux formes fonctionnelles des modèles statistiques. Cette approche étend la décomposition d'Oaxaca aux modèles non linéaires. Yun M. S. (2004) généralise son analyse à la décomposition des différences sur le premier moment (moyenne) de la variable d'intérêt et montre qu'une décomposition du type Oaxaca pour les différences sur le premier moment peut être facilement combinée avec une équation normalisée.

[100] Cité par Franck M., Adoho et Dorothée Boccanfuso, (Juin 2007).

IV.4 LES MESURES AGREGATIVES ET ADDITIVEMENT DECOMPOSABLES

Dans ce paragraphe, nous nous inspirons de Bourguignon F. (1979). Les premières recherches sur les mesures d'inégalité décomposables sont des tentatives d'axiomatisation qui essaient de dériver ou de créer certains indices. Bourguignon F. avec son «*Decomposable inequality measures*», publié dans le volume 47 de la revue *Econometrica* en 1979 (pages 901-920) est le précurseur en la matière car il propose pour la première fois (cité par Stéphane Mussard et al., 2011) des propriétés de généralisation. Soit une population de n inidividu $(i = 1, 2, \dots\dots n)$ partitionnée en k sous-groupes (Par exemple, groupes d'âge, région, niveau d'instruction, etc….). Chaque sous-groupes est de taille $n_j (j = 1, 2, \dots\dots k)$. On note x_{ij} le revenu de l'individu i du groupe j. Le vecteur revenu global est défini par $x = (x_{11}, x_{21}, x_{31}, \dots\dots, x_{ij}, \dots\dots x_{nk})$. Soient donc les propriétés de généralisation suivantes :

Propriété 1. L'Agrégativité :

Une mesure agrégative est définie par

$$I(x_{11}, x_{21}, x_{31}, \dots\dots, x_{ij}, \dots . x_{nk}) = F^k\{I_1(x_{11}, x_{21}, \dots x_{n11}), \dots\dots I_k(x_{1k}, x_{2k}, \dots . x_{nkk}), Y_1, Y_2, \dots . Y_k;\ n_1, \dots . n_k\},$$

Où I est l'indice d'inégalité associé à la population globale, I_k est l'indice d'inégalité associé au groupe k, n_j est la taille du sous-groupe j et Y_j est la somme des revenus dans le sous-groupe j.

$$Y_j = \sum_{i=1}^{n_j} x_{ij}$$

L'agrégativité est une propriété générale indiquant qu'il n'est pas indispensable de connaître les caractéristiques exactes des distributions des sous-groupes pour déterminer le montant des disparités de revenu ou de niveau de santé comme c'est le cas pour notre étude par exemple. Les mesures d'inégalité de chaque sous-population et les éléments agrégés tels que n_k et $n_k\mu_k$ (μ_k étant la moyenne du groupe k) sont simplement nécessaires. Les mesures d'inégalité agrégatives vérifient la décomposabilité élémentaire suivante :

$$I = F^k\{I_1, \ldots \ldots I_k;\ Y_1, \ldots\ldots Y_k;\ n_1, \ldots \ldots n_k\} \\ - F^k\{0, \ldots 0;\ Y_1, \ldots . Y_k;\ n_1, \ldots, n_k\} \\ + F^k\{0, \ldots ,0;\ Y_1, \ldots., Y_k; n_1, \ldots ., n_k\}$$

Où $F^k\{0, \ldots ,0;\ Y_1, \ldots Y_k;\ n_1, \ldots n_k\}$ est un terme désignant une inégalité associée à des groupes égalitaires. Il est par conséquent possible de formuler les inégalités à l'intérieur des groupes (population urbaine au Cameroun par exemple) et les inégalités entre les groupes (population urbaine et population rurale au Cameroun par exemple). La contribution des inégalités intra-groupes (I_w)à l'inégalité totale est définie comme la différence entre les inégalités observées dans la population mère [la population totale du Cameroun suivant ECAM II de 2001 par exemple] et celles qui seraient effectivement observées si les individus du groupe j (la population rurale suivant ECAM II par exemple) avaient tous le même revenu.

$$I_w = F^k\{I_1, \ldots, I_k;\ Y_1, \ldots\ldots, Y_k;\ n_1, \ldots\ldots n_k\} \\ - F^k\{0, \ldots 0;\ Y_1, \ldots, Y_k; n_1, \ldots\ldots, n_k\}$$

La contribution des inégalités inter-groupes à l'inégalité totale est :

$$I_b = F^k\{0, \ldots.,0;\ Y_1, \ldots Y_k;\ n_1, \ldots., n_k\}$$

La décomposition en sous-groupes de la mesure d'inégalité est donc :

$$I = I_w + I_b$$

Pour définir les inégalités à l'intérieur d'un groupe particulier, on effectue la même opération que pour I_w. La contribution des inégalités associées au groupe j à l'inégalité totale s'écrit :

$$I_{wj} = F^k\{I_1, \ldots, I_k;\ Y_1, \ldots, Y_k; n_1, \ldots, n_k\} \\ - F^k\{I^{n1}, \ldots ,0, \ldots, I_k; Y_1 \ldots., Y_k;\ n_1, \ldots, n_k\}$$

Cette définition peut paraître paradoxale, car la somme des contributions de chaque groupe I_{wj} n'est pas forcément égale à I_w .Les mesures ne sont pas donc indubitablement additives

Propriété 2. L'Additivité

Une mesure d'inégalité est additivement décomposable si elle vérifie la relation

$$\sum_{j=1}^{k} I_{wj} = I_w$$

Les mesures additivement décomposables sont donc agrégatives. L'additivité paraît comme un cas particulier de l'agrégativité. Les propositions et définitions qui suivent restreignent l'additivité. Il s'agit de :

Proposition 1

Les mesures agrégatives dérivables s'expriment sous la forme suivante

$$I = \sum_{j=1}^{k} f\left(Y_j, n_j\right) I_j + I(\mu_1, \dots, \mu_1, \mu_2, \dots, \mu_2, \dots . \mu_k)$$

Cette proposition définit la fonction F^k comme une fonction séparable en chaque mesure I_j. A partir de cette proposition, il est possible de s'intéresser aux mesures homogènes de degré zéro, c'est-à-dire aux indicateurs respectant l'Invariance Relative [(**IR**)[101], confère les propriétés axiomatiques de la section 3 ci-dessus].

Proposition 2

Les mesures décomposables, dérivables, homogènes de degré zéro et vérifiant le Principe de Population (**PP**) s'expriment sous la forme fonctionnelle suivante :

$$I = \sum_{j=1}^{k} g\left(z_j, v_j\right) I_j + I\left(\mu_1, \dots, \mu_1, \mu_2, \dots, \mu_2, \dots . \mu_k\right)$$

Où $v_j = n_j/n$ et z_j est la proportion de revenu total détenue par le groupe j : Y_j/Y .

Les mesures additivement décomposables sont donc des indicateurs d'inégalités qui s'écrivent sous la forme d'une moyenne pondérée des indices associés à chaque groupe$\left(I_J\right)$ à laquelle on ajoute l'indicateur d'inégalité inter-groupes. La proposition (2) ne prend pas en compte le Principe de Transfert de Pigou-Dalton (**PD**). Il existe alors

[101] La propriété d'Invariance Relative stipule que lorsqu'une population voit ses revenus multipliés par un nombre supérieur à zéro (par exemple multipliés par deux) alors les inégalités restent inchangées.

des répercutions sur l'indicateur de Gini si l'individu j transmet une partie de son revenu aux individus k et l'on doit avoir

$$\frac{\Delta_{x_k}}{\Delta_{x_l}} = \frac{j-l}{k-j}$$

Sinon l'indicateur de Gini n'est pas insensible à ce transfert. Les indices $j, l,$ et k renvoient au rang de l'individu dans la distribution lorsque celle-ci est classée par ordre décroissant. La restriction selon laquelle la valeur du transfert doit égaliser la différence de rang est due à la structure particulière de l'indice de Gini que l'auteur prend en compte :

$$G_{jj} = 1 + \frac{1}{n_j} - \left(\frac{2}{n_j^2 \mu}\right)\left(x_1, 2x_2, \dots, n_j x_{n_j}\right),$$

Où G_{jj} est le coefficient de Gini associé au groupe j.

Cette définition du coefficient de Gini ne permet pas de prendre en considération l'ensemble des transferts de Pigou-Dalton. On peut démontrer que certains transferts n'obéissent pas à la différence de rang entre les individus[102]. Il est alors important que les mesures décomposables respectent la dérivabilité, la symétrie **(SM)**, l'invariance relative (**IR**), l'axiome de Pigou-Dalton (**PD**) et la configuration suivante :

$$I = \sum_{j=1}^{k} \frac{n_j}{n} I_j\left(x_{1j}, \dots, x_{n_j}j\right) + I\left(\mu_1, \dots, \mu_1, \mu_2, \dots, \mu_2, \dots, \mu_k\right) \qquad \text{(D)}$$

Cette forme fonctionnelle sera donc utilisée pour décrire les fonctions décomposables respectant l'ensemble des axiomes énoncés.

<u>Proposition 3</u>

Une mesure dérivable, symétrique et vérifiant la décomposabilité (D) s'écrit

$I = \frac{1}{n}\sum_{j=1}^{k}\left[K(x_j) - K\left(\frac{1}{n}\sum_{i=1}^{n} x_i\right)\right]$, où K est une fonction dérivable.

<u>Proposition 4</u>

Une mesure dérivable, symétrique et vérifiant la décomposabilité (D) s'écrit :

---

[102]La littérature sur les mesures d'inégalités révèle que d'autres formules du coefficient de Gini prennent en compte l'ensemble des transferts.

$$L = \log(\mu) - \frac{1}{n}\sum_{i=1}^{n}\log x_i$$

Cette mesure décomposable est séparable en pondérations de populations [conformément à l'équation (D) où le poids est la proportion de la population du groupe$j$: n_j/n]. Il existe des mesures où les pondérations font intervenir la part du revenu. Il s'agit des mesures décomposables pondérées par le revenu :

$$I = \sum_{j=1}^{k} \frac{Y_j}{Y} I_j\left(x_{1j}, \dots, x_{nj\,j}\right) + I(\mu_1, \dots, \mu_1, \mu_2, \dots, \mu_2, \dots, \mu_k) \qquad \text{(D1)}$$

Proposition 5

La seule mesure d'inégalité dérivable, symétrique et vérifiant la décomposabilité (D1) ci-dessus et les autres axiomes fondamentaux est l'indice de Theil (qui est un cas particulier de l'entropie généralisée lorsque $c = 0$).

$$T = \sum_{i=1}^{n} y_i \log y_i \text{ où } y_i = x_i / \sum_{i=1}^{n} x_i$$

Cette dernière proposition de Bourguignon F. (1979) caractérise le problème de décomposabilité en agrégativité et en décomposabilité additive. Les mesures d'inégalités sont séparées en indicateurs intra-groupes et inter-groupes. La somme des poids de la décomposition n'est pas égale à 1 pour les propositions 1, 2 et 3. Elle est égale à 1 pour les propositions 4 et 5 [comme le montre Deutsch J. et Silber J. (1999)]. L'agrégativité est moins restrictive car elle est définie sur les contributions des inégalités associées à chaque groupe (I_j). La décomposabilité additive est plus difficile à obtenir. Elle se base sur la mesure intra-groupe (I_w). Plus précisément, l'élément intra-groupe est défini par une moyenne pondérée des inégalités associées à chaque groupe(I_j). L'additivité nécessite des propriétés axiomatiques plus restrictives dont seul le coefficient de Theil H. respecte les conditions. Shorrocks A. F. démontre néanmoins dans « *The class of additively decomposable inequality measure*» publié en 1980 dans le volume 48 d'*Econometrica* (pp 613-625), que le coefficient de Theil H. n'est pas l'unique mesure d'inégalité respectant ces propriétés.

SECTIONV. LA VALEUR DE SHAPLEY ET LA DECOMPOSITION DES MESURES D'INEGALITE

Dans le cadre de la théorie des jeux coopératifs, on considère un ensemble N non vide appelé ensemble des joueurs, on suppose que N est un ensemble fini de cardinal n et on note $N = \{1, 2, 3, \ldots\ldots\ldots\ldots.n\}$. L'ensemble des parties de N est noté $P(N)$ et l'ensemble des parties non vides de N ou coalitions est noté 2^N.

On appelle jeu sous forme caractéristique avec compensation [ou TU-game (*Transferable Utiliy game*)], tout couple (N, v) où N est un ensemble non vide et v une application de 2^N vers $\mathbb{R}$ telle que $v(\varnothing) = 0$. Notons que $v(S)$ est le gain (positif pour un bénéfice et négatif pour un coût) qu'obtiennent les membres de la coalition S lorsqu'ils se regroupent. Un joueur rationnel rejoindra une coalition S en fonction du gain $v(S)$ et de la part escomptée

Le concept de valeur de Shapley est bâti autour des trois hypothèses ci-après -H1 : Les joueurs sont regroupés dans la grande coalition N -H2 : Les biens sont infiniment divisibles, -H3 : La grande coalition se forme par entrée successive, et si un joueur i rejoint une coalition S, il reçoit la contribution marginale $v(S+i) - v(S)$. La valeur de Shapley du joueur i, notée $Shap_i(v)$, est l'espérance (mathématique) de gain du joueur i suivant la procédure décrite par l'hypothèse H3 ci-dessus. La valeur de Shapley du jeu sous forme caractéristique (jfc), (N, v), est le n-uplet $Shap(v) = (shap_i(v))i \in N$. Considérant l'ensemble $F = \{ensemble\ des\ permutations\ de\ N\}$, l'ensemble F donne toutes les différentes façons possibles de formation de N par entrées successives. Désignant par $F(S, i)$, l'ensemble des éléments de F dont les prédécesseurs de i forment S, on a $|F| = n!$ et $|F(S, i)| = |S|! \times |N - (S + i)|! = s!\,(n - s - 1)!$ où $|S| = s$. En conséquence,

$$Shap_i(v) = \sum_{S\subseteq N/i\notin S} \frac{s!\,(n-s-1)!}{n!}[v(S+i) - v(S)]$$

Une description détaillée de la valeur de Shapley est donnée dans Moulin (1988, chapitre 5)[103]. Ce concept de solution qu'est la valeur de Shapley offre un cadre d'application à plusieurs techniques de décomposition d'indices d'inégalités. Par exemple, Chantreuil et Trannoy A. (1999) utilisent la valeur de Shapley pour décomposer les inégalités par source de revenu. Shorrocks A. F. (1999) quant à lui généralise l'application de la décomposition de Shapley à tout indice agrégé de la forme $I = f(X_1, X_2, \ldots\ldots, X_k, \ldots\ldots\ldots, X_m)$; X_k, avec $k = 1, 2, \ldots\ldots m$, étant un ensemble de facteurs contribuant à la valeur de I. $f(.)$ étant une fonction agrégée et appropriée, le but de toute technique de décomposition est d'attribuer des contributions C_k à chaque facteur X_k de telle sorte que la valeur de l'indicateur I soit égale à la somme des m contributions à l'inégalité totale.

Décomposer l'inégalité de la répartition d'une variable y dans une population donnée selon les k sources possibles contribuant à sa formation revient à définir une fonction φ qui à chaque source s_j appartenant à l'ensemble S, associe $\varphi_j(y)$, sa contribution absolue à l'inégalité totale de y.

$$\varphi : S \to \square$$

$$s_j \mapsto \varphi_j(y)$$

La cohérence ou exactitude de la décomposition est assurée lorsque la somme des contributions absolues des sources est égale à l'inégalité totale que l'on cherche à expliquer, soit

$$\sum_{j=1}^{k} \varphi_j(y) = I(y)$$

Cette propriété de cohérence dépend en large partie de la nature des fonctions d'inégalité, $I(.)$. Shorrocks A. F. (1982) propose une axiomatique générale spécifiant les conditions d'utilisation de ces indicateurs d'inégalités qui assurent l'exactitude de la décomposition. Ces conditions présentées à la section 3 du présent chapitre,

[103]Cité par Tambi Samuel Kabore (2002).

apparaissent largement restrictives et l'indice de Gini, l'indicateur d'inégalité le plus souvent utilisé, ne les respecte pas; seule la décomposition par variance les respecte. Pour contourner cette difficulté, une méthodologie générale est proposée. Elle repose sur l'utilisation d'un concept de la théorie des jeux coopératifs, la valeur de Shapley L. S. (1953), et l'adoption d'une démarche d'analyse emboîtée qui concilie le principe de marginalité des contributions avec celui de cohérence.

Shorrocks A. F. (1999) généralise la procédure d'estimation des effets marginaux sur l'indice d'inégalité I de chaque facteur contribuant à l'explication de l'inégalité totale, suivant une séquence d'élimination donnée.

A ce sujet, Shapley L. S. (1953) dans « *A value of n-person games», in «Contributions to the theory of games»*, Kuhn H. W. et Tucker A. W. (eds) publié dans le volume 2 de la revue *Annals of mathematics studies 28, Princeton University Press*, pp 307-317, montre qu'une solution à un jeu coopératif à n joueurs, consiste à donner à chaque joueur i, un gain correspondant à sa contribution marginale qui se définit comme la moyenne pondérée des contributions marginales du joueur i dans toutes les coalitions auxquelles il peut appartenir. Considérons l'ensemble des n joueurs rangés par hasard dans un ordre quelconque $\sigma = \{\sigma_1, \sigma_2, \dots \dots \dots, \sigma_n\}$, et successivement éliminés dans ce même ordre. L'élimination des joueurs réduit le gain total à partager entre les joueurs non encore éliminés. Lorsque la coalition S est constituée de s éléments (joueurs), nous pouvons uniquement avoir que la valeur $v(S)$ du gain qu'ils perçoivent, quand les s premiers éléments de σ sont exactement les éléments de S. Le poids de la coalition S est mesuré par la probabilité que les s premiers éléments de σ soient tous éléments de S. Cette probabilité s'obtient en divisant le nombre d'ordres ou de dispositions possibles des s premiers éléments de S par le nombre total d'ordres possibles. Ce nombre total d'ordres possibles est le nombre de permutations de n joueurs pris à une date donnée, soit $n!$. De manière analogue, puisque les s premiers joueurs peuvent être permutés $s!$ fois, les derniers $(n - s - 1)$ joueurs correspondent à $(n - s - 1)!$ permutations. Le nombre de dispositions suivant lesquelles les s premiers éléments sont tous membres de la coalition S est donné par $s!\,(n - s - 1)!$. Le poids est donc définit par $s!\,(n - s - 1)!/n!$, où s est la taille de la coalition S. Ce poids mesure aussi la probabilité que le joueur jouant avant le joueur i appartienne à la coalition S. Au final, la valeur de Shapley pour le joueur i est donnée par

$$\phi_i = \sum_{0\leq s\leq n-1} \frac{s!(n-s-1)!}{n!} \sum_{\substack{S\subset N-\{i\} \\ |S|=s}} [v(S \cup \{i\}) - v(S)] \quad (1)$$

Par convention, $0! = 1$ et $v(\emptyset) = 0$.

En répétant la séquence d'élimination plusieurs fois avec toutes les possibilités, comme le montre Shorrocks A. F. (1999), nous captons la moyenne de l'effet marginal de chaque facteur. Cette moyenne mesure la contribution du facteur choisi, ce qui conduit exactement à une décomposition additive de l'indice d'inégalité I entre m facteurs. Contrairement à la décomposition en sous-groupes où nous considérons n joueurs (ménages), ici nous prenons en compte m facteurs contribuant à l'explication de l'inégalité totale.

Shorrocks A. F. (1999)[104], reprend l'idée d'Auvray et Trannoy A. (1992)[105] selon laquelle la valeur de Shapley (1953), outil de la théorie des jeux coopératifs, autorise la séparation des indicateurs d'inégalité et de pauvreté en sous-groupes ou en sources de revenu. Il mentionne aussi certaines possibilités de fusion entre les deux techniques de décomposition, notamment celle qu'offre le recours aux indices de pauvreté additivement décomposables. Un an avant les travaux de Shorrocks A. F. (1999), Chakravarty et al. (1998)[106] avaient introduit, sans utiliser la valeur de Shapley, la classe des mesures de pauvreté multidimensionnelle simultanément décomposables en sous-groupes et en attributs. Le principal apport de leur recherche est le calcul des couples « attributs/groupe » où un attribut, dans l'approche multidimensionnelle, caractérise un niveau de santé, un niveau d'éducation, etc. .... Cette démarche semble attrayante car elle permet de cerner tous les couples « attribut/groupe » qui tendent à augmenter le degré de pauvreté total. A ce titre, elle peut servir aux décideurs dont le but est de réduire la pauvreté ou les inégalités par des politiques socio-économiques de redistribution.

---

[104] Cité par Stéphane Mussard (2006).

[105] Pour plus de précision voir Chantreil-Trannoy (1999) et Sastre-Trannoy (2002), cité par Stéphane Mussard (2006).

[106] Cité par Stéphane Mussard (2006).

Toutefois, Shorrocks A. F. stipule en 1999 que le modélisateur, lors de l'usage des techniques de décomposition des mesures d'inégalités, est souvent confronté à certaines difficultés. Notamment,

- La contribution assignée à chaque facteur spécifique ou attribut de l'inégalité n'a pas toujours une signification intuitive claire.
- La procédure de décomposition ne s'applique qu'à certains indices de pauvreté ou d'inégalité. La décomposition des indices ne se prêtant pas à un tel exercice débouche parfois sur des notions vagues comme le « résidu » ou l' « interaction » ; le modélisateur ayant ici le souci d'assurer l'identité de la décomposition.
- Le choix des facteurs contribuant à l'inégalité est souvent limité. Un critère unique est souvent utilisé pour diviser la population totale en sous-groupes. Lorsque plusieurs sont utilisées, la technique décomposition a des difficultés à identifier les contributions.
- Les techniques de décomposition souffrent de l'absence d'un cadre théorique commun et adéquat. Chaque application individuelle est perçue comme un problème nouveau avec des solutions différentes.

L'approche par la valeur de Shapley vient en réponse à ces difficultés et permet dans un cadre unique d'obtenir la plupart des résultats issus des méthodes de décomposition des mesures d'inégalités.

CONCLUSION AU CHAPITRE III

Au terme de ce chapitre consacré à la conception et à la mesure des inégalités sociales de santé, il ressort que les inégalités constituent un phénomène multidimensionnel rendant compte des différents aspects de la vie économique et sociale tels que l'alimentation, le logement, l'habillement, la possibilité d'exercer une profession, l'état de santé, l'éducation ou degré d'alphabétisation, et l'espérance de vie par exemple. Les inégalités de santé renvoient précisément aux inégalités devant la maladie, le handicap ou la mort. Ces inégalités peuvent être soit du fait de l'individu ou du ménage considéré, soit de l'environnement social l'abritant. En matière d'inégalité de santé, nous distinguons les inégalités au sens strict c'est-à-dire des différences d'état de santé entre des catégories d'individus ou de ménages dépendant de facteurs sociaux économiques, et les inégalités de santé relevant d'une injustice ou d'une iniquité c'est-à-dire celles produites systématiquement par la société ou l'environnement social et donc modifiables, évitables et jugées injustes. La démarche que nous adoptons pour la mesure des inégalités de santé dans notre Thèse appartient au domaine de la répartition personnelle du revenu. Il s'agit de l'approche par les indices de mesure des inégalités impulsée par les travaux de Kolm S-C (1966), Atkinson (1970) et Sen A. (1973). Ce domaine s'attache à mesurer l'intensité des inégalités entre les individus d'une même population afin de savoir si ces disparités sont jugées importantes ou non. La valeur de l'indice indique donc le caractère égalitaire ou inégalitaire de la répartition des revenus. Nous utilisons l'approche axiomatique pour construire notre indice d'inégalité multidimensionnel via la technique d'entropie généralisée. Car relativement à la décomposition en sous-populations, la mesure d'entropie est souvent préférée à celle de Gini C. en raison des propriétés de monotonie et de la cohérence en sous-groupes. Nous portons enfin notre choix sur la décomposition en sous-groupes de Dagum C. (1997a et 1997b) pour décomposer notre indice d'inégalités de santé en sous-populations.

CHAPITRE IV: APPLICATION DE LA MESURE D'ENTROPIE ET DE L'ANALYSE EN DECOMPOSITION EN SOUS-GROUPES DE DAGUM AUX INEGALITES DE SANTE AU CAMEROUN

INTRODUCTION AU CHAPITRE IV

Ce chapitre est consacré à la présentation de la technique de construction de notre indicateur multidimensionnel d'inégalité (section 1), à la mise en exergue de la décomposition en sous-groupes ou en sous-populations (section 2), aux données de notre étude (section 3) et à la discussion des résultats de la décomposition des inégalités de santé au Cameroun (sections 4 et 5).

SECTIONI. CONSTRUCTION DE L'INDICATEUR D'INEGALITE PAR LA METHODE D'ENTROPIE GENERALISEE

La mesure de l'entropie généralisée, dérivée des mesures thermodynamiques de l'entropie, provient des travaux de Theil H. (1967). Il déduit un indicateur d'inégalité en s'appuyant sur la théorie de l'information. On considère un espace où chaque évènement est associé à une certaine probabilité. Une fonction d'information f permettant de mesurer la probabilité de ces évènements est construite sur la base de trois axiomes présentés par Cowell F. A. (2000) relativement à la mesure des inégalités :

A1. Si l'évènement est certain, la probabilité est égale à 1 $(p=1)$. Dans ce cas la fonction d'information est nulle $[f(1)=0]$ car l'évènement ne donne aucune information.

A2. Les fortes probabilités ont des faibles valeurs : $p > p_1 \Rightarrow f(p) < f(p_1)$.

A3. La valeur de l'information issue de deux évènements indépendants est la somme des valeurs d'information de chaque évènement : $f(p, p_1) = f(p) + f(p_1)$.

La forme fonctionnelle de ce soubassement axiomatique peut être définie par la fonction logarithme qui satisfait ces propriétés : $f(p) = -\log(p)$. L'entropie est l'information espérée dans une distribution[107]. Elle mesure aussi le désordre d'un système thermodynamique. En reliant le concept de désordre au concept d'inégalité et en remplaçant les probabilités par les parts de revenu, Theil H. introduit, en 1967, sa propre mesure d'inégalité :

$$S_1 = \frac{1}{n}\sum_{i=1}^{n}\frac{x_i}{\mu}\log\frac{x_i}{\mu}$$

[107]Pour plus de précision, lire les travaux de Foster (1983) pour une caractérisation de l'indicateur de Henri Theil et les travaux de Hart (1970) sur les différentes mesures de l'entropie.

Où x_i est le revenu de l'individu i, et μ la moyenne de la distribution qui est composée de n individus. Cet indicateur appartient à la classe de l'entropie généralisé définie par

$$S_c = \sum_{i=1}^{n} \frac{((x_i/\mu)^c - 1)}{nc(c-1)}, \qquad \forall\ c \neq 0; 1$$

Où $c \in]-\infty\ ;\ +\infty[$ mesure la sensibilité de l'indice par rapport aux différentes parties de la distribution. Des indices sensibles aux changements dans les hauts revenus (partie supérieure de la distribution) ont des paramètres positifs et élevés. Des paramètres négatifs renvoient à des indicateurs sensibles aux changements dans la partie inférieure de la distribution. Si $c = 1$, on atteint en limite la mesure de Theil H. (S_1).

Si $c = 0$, on obtient l'écart moyen des logarithmes (S_0) :

$$S_0 = \frac{1}{n}\sum_{i=1}^{n} \log\frac{\mu}{x_i}$$

Si $c = 2$, l'entropie généralisée se définit comme la moitié du coefficient de variation au carré (S_2) :

$$S_2 = \frac{\sigma^2}{2\mu^2} = \frac{1}{2}CV^2(x)$$

Où σ est l'écart-type et CV le coefficient de variation : σ/μ.

La formalisation ci-dessus de l'indice d'inégalité par la méthode d'entropie généralisée pourrait encore s'écrire :

$$S_c = \begin{cases} \displaystyle\sum_{i=1}^{n} \frac{((x_i/\mu)^c - 1)}{nc(c-1)}, & \forall\, c > 1 \\ \displaystyle\frac{1}{n}\sum_{i=1}^{n} \log\frac{\mu}{x_i}, & \forall\, c = 0 \\ \displaystyle\frac{1}{n}\sum_{i=1}^{n} \frac{x_i}{\mu}\log\frac{x_i}{\mu}, & \forall\, c = 1 \end{cases}$$

S'inspirant de Mussard S. et al. (2012), la mesure d'entropie généralisée se décline sous l'expression suivante : $I(\theta) = \frac{1}{\theta(\theta+1)} \int_0^\infty \frac{y_i}{\bar{y}} \left[\left(\frac{y_i}{\bar{y}} \right)^\theta - 1 \right] dF(y)$ avec $\theta \in [0; 1]$

Où y_i est l'indicateur de bien-être (sanitaire) du ménage i, $\bar{y}$ le revenu moyen de la population de taille n. De plus, si, comme c'est le cas dans notre étude, le vecteur de revenu permet de distinguer les k différents sous-groupes de taille n_j $(j = 1, 2, \dots\dots, k)$ de notre population mère de taille n, l'indice d'entropie généralisée se réécrit comme suit :

$$I(\theta) = \frac{1}{\theta(\theta+1)} \frac{1}{n} \sum_{j=1}^{k} \sum_{i=1}^{n_j} \frac{y_{ji}}{\bar{y}} \left[\left(\frac{y_{ji}}{\bar{y}} \right)^\theta - 1 \right]$$

S'appuyant toujours sur Mussard S. et al. (2012), l'indice d'entropie généralisée pour un sous-groupe quelconque j de taille n_j de notre population mère, les ménages ruraux par exemple en 2001, se formule ainsi :

$$I_j(\theta) = \frac{1}{\theta(\theta+1)n_j} \sum_{i=1}^{i=n_j} \frac{y_{ji}}{\bar{y}} \left[\left(\frac{y_{ji}}{\bar{y}} \right)^\theta - 1 \right]$$

Cette mesure est sensible aux changements dans la partie inférieure de la distribution pour θ proche de zéro (0). Elle est également sensible aux changement qui affectent l'ensemble de la distribution pour $\theta = 1$ (qui correspond à l'indice de Theil) et aux changements dans la partie supérieure de la distribution pour $\theta > 1$.

A partir de la mesure d'entropie généralisée ci-dessus nous obtenons l'indice T de Theil que nous utilisons pour l'analyse des inégalités de santé au Cameroun, en calculant la limite de $I(\theta)$ lorsque le paramètre θ tend vers zéro (0). En effet,

$$T = \lim_{\theta \to 0} I(\theta) = \frac{1}{n} \sum_{j=1}^{j=k} \sum_{i=1}^{n_j} \frac{y_{ji}}{\bar{y}} \log \frac{y_{ji}}{\bar{y}}$$

Les facteurs d'inégalités de santé qui rentrent dans la construction de notre indice sont consignés dans le tableau suivant.

Tableau 4.1 : **Variables utilisées pour la construction de l'indice d'inégalités de santé**

Variables pour les ménages camerounais avec ECAM II	Variables pour les ménages camerounais avec ECAM III
1-Dépenses de médicaments (pharmacie)	1-Dépenses de santé sans hospitalisation
2-Dépenses de consultations médicales	2-Coût des consultations médicales
3-Dépenses de soins personnels	3- Dépenses totales de santé
4-Dépenses totales de santé	

Source : Traitements de l'auteur à partir des bases de données ECAM II et ECAM III ménages.

Il nous semble intéressant de mentionner que si nous remplaçons θ par $1 - \varepsilon$ (avec ≤ 1), $I(\theta)$ est équivalent à la famille des indices d'Atkinson qui se définit comme suit :

$$A(\varepsilon) = 1 - \left[\frac{1}{n}\sum_{i=1}^{n}\left(\frac{y_i}{\bar{y}}\right)^{1-\varepsilon}\right]^{\frac{1}{1-\epsilon}}$$

Ainsi, si l'utilisation de l'indice d'Atkinson $A(\varepsilon)$ démontre une plus grande inégalité dans une distribution B que dans une distribution C, alors l'indice $I(\theta)$ avec $\theta = 1 - \varepsilon$ démontre aussi plus d'inégalité en B qu'en C. Le paramètre ε mesure l'aversion de l'inégalité. Certaines propriétés théoriques de la classe d'indices d'Atkinson sont similaires à celles de l'indice de Gini généralisé. De plus, les mesures d'inégalités de Gini et celles issues de l'entropie sont les mesures les plus connues et les plus utilisées. Ces indicateurs possèdent des propriétés spécifiques. C'est pourquoi, il est nécessaire de faire appel aux différentes approches de l'économie des inégalités pour évaluer les implications socio-économiques de ces différentes propriétés, étape nécessaire avant de s'intéresser à la décomposition de la mesure d'inégalité.

SECTIONII. APPROCHE D'APPLICATION DE LA DECOMPOSITION EN SOUS-GROUPES DE DAGUM AUX INEGALITES DE SANTE AU CAMEROUN

II.1. NOTION GENERALE DE DECOMPOSITION D'UNE MESURE D'INEGALITE

Pour décomposer un indicateur en sous-groupes, il est nécessaire que la population globale *P* soit divisée en plusieurs groupes (par exemple le groupe des ménages camerounais dirigés par les hommes et le groupe des ménages camerounais dirigés par les femmes, ou encore la population urbaine camerounaise suivant l'ECAM II en 2001 et la population rurale camerounaise suivant l'ECAM II en 2001, etc. ...). Une décomposition en sous-populations ou sous-groupes explique les inégalités de santé ou de revenu par le degré d'implication des différentes sous-populations composant la population mère. La première préoccupation de la décomposition en sous-populations est de savoir si un sous-groupe contribue plus qu'un autre à l'existence des inégalités de santé. De même, la méthode de décomposition des indices d'inégalités par sources ou par attributs, permet d'identifier la contribution des différents facteurs explicatifs d'inégalité de santé à l'inégalité totale observée au sein de la population mère (les ménages ruraux camerounais en 2007 suivant ECAM III par exemple). On dirait par exemple, quel est le facteur contribuant le plus à l'accroissement des inégalités intra sous-populations? A l'instar de Silber J. (1993), mentionnons que ces approches multivariées sont privilégiées aux approches standards non décomposées parce que l'approche non décomposée permet de comparer différents indices, s'ils sont normalisés. Cette comparaison autorise un classement des différentes sous-populations en spécifiant les inégalités qui prévalent à l'intérieur de celles-ci. La décomposition permet de surcroît de définir les groupes qui possèdent les plus fortes contributions à l'explication de l'inégalité totale. Le procédé de décomposition autorise l'estimation des inégalités à l'intérieur de chaque groupe (mesures intra-groupe) et des inégalités entre les différents groupes (mesures inter-groupes). Les techniques de décomposition mettent par exemple en relief la part de l'inégalité inter-groupes dans l'inégalité totale, font ressortir la participation d'un groupe particulier à l'inégalité totale, mesurent la part des inégalités entre deux groupes dans l'inégalité totale ou encore déterminent parmi un ensemble d'attributs, celui contribuant le plus à la prévalence de l'inégalité.

Parmi les propriétés axiomatiques (**CN, PD, PP, SM, NM et IR)**, le respect du critère de transfert est important car ses implications sont fondamentales au niveau des politiques socio-économiques, notamment les politiques de redistribution. Mais depuis les travaux de Bourguignon F. (1979), Cowell (1980a, 1980b), Shorrocks A. (1980, 1984, 1988) et Ebert (1988), la décomposabilité est devenue toute aussi primordiale. Elle permet en effet de préciser les déterminants des inégalités au sein d'une population. Ceci se pose comme une étape préalable et capitale avant que les Pouvoirs Publics ne mettent en œuvre des mécanismes de transferts redistributifs.

II.2 DECOMPOSITION EN SOUS-GROUPES DES INEGALITES DE SANTE AU CAMEROUN

Cette décomposition se fait en deux étapes. Dans la première, nous décomposons l'inégalité totale de santé en inégalité totale intra-groupes (ou intra sous-populations) et en inégalité totale inter sous-groupes (ou inter sous-populations). A la deuxième étape, nous exprimons l'inégalité de santé globale inter-groupes comme une somme des contributions intra-groupes de chacun des sous-groupes (groupe des ménages dirigés par les hommes et groupe des ménages dirigés par les femmes d'une part et d'autre part, groupe des ménages ruraux et groupe des ménages urbains) de notre population mère (population suivant ECAM II par exemple).

Pour chacune de ces deux étapes, nous voulons évaluer dans quelle proportion l'inégalité sera réduite si les facteurs contribuant à cette inégalité sont dissipés. Par exemple, pour la première étape nous avons deux facteurs, l'inégalité intra-groupe et l'inégalité inter-groupes. On cherche à savoir dans quelle proportion l'inégalité de santé serait réduite si l'inégalité inter sous-populations est annihilée. Une estimation de cela peut être obtenue par la différence entre le niveau initial de l'inégalité et le niveau de l'inégalité après que la moyenne de revenu distribué soit la même dans tous les sous-groupes de la population mère. Une autre approximation de ce résultat est donnée par le total de l'inégalité persistante après l'élimination de l'inégalité intra-groupe (et donc ne reste que l'inégalité inter-groupes). Cependant, ces deux approximations diffèrent généralement, ce qui pose le problème de choix de la meilleure mesure de la réduction des inégalités. Un alternative serait dont de considérer la moyenne des deux approximations ; sachant que la première donne la proportion de l'inégalité inter sous-populations quand l'inégalité intra sous-population persiste et que la seconde approximation donne une indication de l'inégalité intra sous-groupes après élimination de l'inégalité inter sous-groupes.

Notre volonté d'utiliser l'effet des moyennes marginales de la présence ou non de l'inégalité intra sous-groupes et ou de l'inégalité inter sous-groupes de manière séquentielle, implique donc l'utilisation de la procédure de décomposition par la méthode de Dagum C. et al. (2012).

Du point de vue statique, l'indice d'entropie généralisé (GE) noté $I(\theta)$ peut être décomposé en termes de sous - groupes de populations (population rurale et population urbaine du Cameroun en 2001 ou en 2007) en une composante d'inégalité intra-groupe (I_w) et une composante d'inégalité inter-groupes(I_b). Cette décomposition est donnée par la formule

$$I(\theta) = I_w + I_b$$
$$= \sum_{j=1}^{j=k} \varphi(j) \left(\frac{\bar{y}_j}{\bar{y}}\right)^{\theta} I_j(\theta)$$
$$+ \frac{1}{\theta^2 + \theta} \sum_{j=1}^{j=k} \varphi(j) \left[\left(\frac{\bar{y}_j}{\bar{y}}\right)^{\theta} - 1\right]$$

Où $\varphi(j) = \frac{n_j \bar{y}_j}{n \bar{y}}$ est la part de la population mère qui se trouve dans le sous-groupe j (la population rurale en 2001 par exemple), $\bar{y}_j$ est le revenu (ou consommation en terme de santé) moyen du sous-groupe j.

De la même manière que la mesure d'entropie généralisée et comme le précise Mussard S. et al. (2012), notre indice de T de Theil est uniquement décomposable en deux éléments : $T = T_w + T_b$. De manière plus précise,

$T_w = \sum_{j=1}^{k} \frac{n_j \bar{y}_j}{n\,\bar{y}} \frac{1}{n_j} \sum_{i=1}^{n_j} \frac{y_{ji}}{\bar{y}_j} \log \frac{y_{ji}}{\bar{y}_j}$ représente la somme des indicateurs intra-groupes pondérés et $T_b = \sum_{j=1}^{j=k} \frac{n_j \bar{y}_j}{n\,\bar{y}} \log \frac{\bar{y}_j}{\bar{y}}$ est la somme des indicateurs inter-groupes pondérés

Par ailleurs, d'un point de vue dynamique, il est possible de décomposer les changements constatés dans l'inégalité par sous-groupes de la population mère. Cette décomposition consiste à diviser ces changements en trois composantes imputables aux changements : - du nombre d'individus dans chaque catégorie (effet répartition), - de la consommation (ou du revenu) relative des différentes catégories (effet consommation), - des inégalités dans les différentes catégories (effet d'inégalité pure). Cette décomposition est complexe pour certaines mesures de l'inégalité. Pour l'indice $I(0)$, on obtient :

$$\Delta\, I(0) = \sum_{j=1}^{K} \bar{\varphi}_j \Delta\, I(0)_j + \sum_{j=1}^{K} \overline{\left(I(0)_j \Delta\varphi_j\right)} + \sum_{j=1}^{K} \left(\bar{\lambda}_j - \overline{\log(\lambda_j)}\right) \Delta\varphi_j + \sum_{j=1}^{K} (\bar{v}_j - \bar{\varphi}_j) \Delta \log\big(\mu(y)\big)_j$$

Où Δ est l'opérateur représentant la différence, λ_j est la consommation (revenu) moyenne en terme de santé du groupe j par rapport à la moyenne générale, v_j est la part de la consommation du groupe j, et la barre supérieure indique les moyennes. Le premier terme de notre égalité, $\sum_{j=1}^{K} \bar{\varphi}_j \Delta\, I(0)_j$, traduit les effets d'inégalité pure. Le deuxième terme, $\sum_{j=1}^{K} \overline{\left(I(0)_j \Delta\varphi_j\right)}$, et le troisième terme,$\sum_{j=1}^{K} \left(\bar{\lambda}_j - \overline{\log(\lambda_j)}\right) \Delta\varphi_j$, traduisent les effets de répartition. Le dernier terme, $\sum_{j=1}^{K} (\bar{v}_j - \bar{\varphi}_j) \Delta \log\big(\mu(y)\big)_j$, traduit les effets de consommation (revenu) en terme de santé.

SECTIONIII. SOURCES DES DONNEES

III.1 LES DONNEES SUR LA SANTE DES MENAGES

Dans cette partie de notre ouvrage, nous utilisons pour construire notre indice d'inégalités de santé par la méthode d'entropie généralisée, les données des deux dernières Enquêtes camerounaises sur les conditions de vie des ménages (ECAM II et ECAM III). En dehors des conditions de vie des ménages que ces enquêtes décrivent au chapitre 2 de cette Thèse, elles recueillent aussi des données relatives aux taux de fécondité et de mortalité, aux pratiques contraceptives et à la santé familiale, sur la prévention et le traitement du paludisme, sur les pratiques nutritionnelles des enfants et des informations sur les connaissances des populations relativement au VIH/SIDA, l'excision et les violences domestiques, lien de parenté, situation de résidence, sexe, âge, niveau d'instruction, survie des parents, poids, taille, niveau d'hémoglobine, test au VIH/SIDA, caractéristiques du logement, la natalité, la mortalité, la fécondité, etc. ....

III.2 EXPLOITATION DES DONNEES

Les données issues des enquêtes ECAM II et ECAM III sont traitées (codage, transformation, classement) à l'aide du logiciel SPSS (*Statistical Package for the Social Sciences*)[108] et du logiciel EXCEL[109] produit par *Microsoft*. Pour le calcul et la décomposition en sous-populations de l'Indice d'inégalité de santé dont la formulation mathématique a été explicitée ci-dessus, nous exploitons le « *program for Dagum's Gini index decomposition* » (Dagum C. et al., 2012). Plus spécifiquement, sa composante « *Dagum's Gini decomposition and the generalized entropy inequality indices* » du fait de notre usage de la théorie de l'information (méthode d'entropie) pour construire notre indice d'inégalité de santé. Ce logiciel est élaboré par des chercheurs de l'Université d'ottawa en collaboration avec ceux de l'Université de

[108]Pour plus de précision, voir Jean Stafford et Paul Bodson (2006), «L'analyse multivariée avec SPSS».

[109]La version la plus récente contient une partie des procédures statistiques utilisées dans les analyses des données.

Montpellier (Laboratoire Montpelliérin d'Economie Théorique et Appliquée) avec l'appui de la Société de Réalisation d'Etudes Economiques et Statistiques (SOCREES).

D'une part, ce logiciel permet de calculer les inégalités à l'intérieur d'une population divisée en plusieurs groupes. Il s'agit en réalité d'une MACRO[110] éditée en Visual Basic (MACRO VBA) sur EXCEL et adaptée à des réels strictement positifs. Car, par exemple, les mesures d'inégalités de Bourguignon et H. Theil sont édifiées sur l'utilisation des logarithmes. Il faut donc dans un premier temps s'assurer d'être en possession de données adéquates. Les données à partir desquelles se calculent les indices d'inégalité sont des distributions de revenu, de salaire, ou tout autre indicateur de richesse à partir duquel deux groupes de populations (ou sous-groupes) au moins, peuvent être comparés. La MACRO comprend la décomposition de l'indice de Gini et des mesures dérivées de l'entropie (Theil, Hirschman-Herfindahl, et Bourguignon). D'autre part, la finalité du programme (MACRO VBA) est la comparaison des résultats obtenus avec ces quatre mesures d'inégalités précédemment évoquées. Il est donc possible de choisir en fonction des propriétés normatives de chaque indice (Dagum C., 1998), l'indicateur approprié pour l'étude menée.

L'utilisation du programme informatique qui entre autres, s'inspire des travaux théoriques tels que Chameni Nembua (2006 et 2011), demande une préparation des données. Celles-ci doivent être classées en trois colonnes. La première colonne représente les codes des ménages interviewés suivant l'enquête ECAM II par exemple. Il s'agit des n ménages de notre population de référence en 2001, affectés d'un nombre distinct, afin de les repérer (par exemple : $1, 2, 3, \dots\dots, n$) . La deuxième colonne regroupe les modalités renvoyant au groupe d'appartenance (par exemple, répartition de la population camerounaise suivant ECAM II en fonction du sexe du chef de ménage ou du milieu de résidence du ménage). Par exemple, le chiffre 1 est attribué aux ménages appartenant au groupe 1 (chefs de ménage de sexe masculin), ensuite tous les chiffres 2 de la deuxième colonne représentent les ménages appartenant au groupe 2 (chefs de ménage de sexe féminin). Enfin, la troisième colonne est constituée des revenus (ou dépenses) des n ménages. Les données doivent être intégrées dans un tableau à trois colonnes et $(n + 1)$ lignes, et leurs libellés doivent apparaître en tête de

---

[110]Une MACRO est une suite d'instructions exécutées automatiquement et toujours dans le même ordre par l'ordinateur.

colonne. Il n'est pas nécessaire que les revenus (ou dépenses) de la troisième colonne soient classés par ordre croissant. Il est simplement recommandé de vérifier que les revenus des individus correspondent bien au numéro du groupe d'appartenance, sous peine de modifier les indicateurs relatifs à chaque groupe ainsi que les mesures inter - groupes.

SECTIONIV. PRESENTATION DES RESULTATS DE LA DECOMPOSITION AVEC ECAM II EN 2001

IV.1 DECOMPOSITION EN SOUS-GROUPES DES INEGALITES DE SANTESUIVANT LE MILIEU DE RESIDENCE (URBAIN ET RURAL) DU MENAGE EN 2001

Dans ce paragraphe, nous divisons la population camerounaise suivant l'ECAM II réalisée en 2001 en deux sous-groupes en fonction du milieu de résidence (urbain ou rural) du chef de ménage. Nous prenons en compte des variables telles que les dépenses en médicaments, en consultations médicales, les dépenses de soins personnels et les dépenses totales de santé.

IV.1.1 DEPENSES EN MEDICAMENTS (PHARMACIE)

Le tableau 4.2 ci-après donne les résultats de la décomposition de l'indice de Theil H. appliqué aux dépenses en médicaments (pharmacie) en 2001. L'indice de Theil calculé sur les 10.454 ménages de notre échantillon donne la valeur $I = 2{,}786690$, (ligne L11). Cette valeur se décompose en une valeur intra-groupe,$I_w = 2{,}749092$, (ligne L12) et une composante inter-groupes,$I_b = 0{,}037598$, (ligne L13). Les inégalités intra-groupes (ménages urbains et ménages ruraux) en ce qui concerne les dépenses en médicaments contribuent à hauteur de 98,65% $\left(\frac{I_w}{I} \times 100\right)$de l'inégalité totale. On remarque à ce sujet qu'il n'y'a pas une très grande différence entre les contributions des ménages urbains (1,544966) et ruraux (1,204126). Les inégalités de santé intergroupes relativement aux dépenses en médicament participent pour seulement

1,35% $\left(\frac{I_b}{I} \times 100\right)$aux disparités globales. En effet, les ménages ruraux diminuent les inégalités de santé inter-groupes (-0,117662) alors que les ménages urbains les font progresser (0,155260).

Tableau 4.2 : Décomposition de l'indice de Theil (entropie) appliquée aux dépenses en médicaments (pharmacie) en 2001 par milieu de résidence

Name of the group		GTT	G2 (ménages ruraux)	G1(ménages urbains)
Full name of the group		All	Modalité 2	Modalité 1
Modality Code			2(ménages ruraux)	1(ménages urbains)
Size of the group	Nj	10454	5611	4843
Total Income of the group	Rj	26246546350	10496835709	15749710641
Mean income of the group	Mj	2510670,208	1870760,241	3252056,709
Share of the group/total	Pj=nj/n	1	0,536732351	0,463267649
Inc of group/total Inc	Sj=Rj/R	1	0,399932074	0,600067926
Coef variation		1,27391E+14	9,40339E+13	1,64988E+14
Filter zone		Milieu de résidence du Ménage(MRM)	MRM	MRM
			2	1

L11 : Within Theil index (vector Twj=Tjj)	**2,786690**	3,010825	2,574652
L12 : Weighted within Theil index (vector sjTwj)	**2,749092**	1,204126	1,544966
L13 : Between Theil index (vector pj(mj/m)log(mj/m)	**0,037598**	-0,117662	0,155260

Source : Calculs de l'auteur à l'aide du programme informatique Macro Visual Basic sur les données ECAM II.

IV.1.2 DEPENSES EN CONSULTATION MEDICALE

La décomposition de notre indice d'inégalité de santé construit par la méthode d'entropie et appliquée aux dépenses en consultations médicales suivant l'ECAM II révèle que l'indice de Theil vaut I = 3,111245, (ligne L11). Etant donné la propriété de séparabilité additive de notre indicateur d'entropie généralisé en deux éléments, ses composantes intra-groupe et inter-groupes valent respectivement I_w = 3,069834(ligne L12) et I_b = 0,041410 (ligne L13). Cette répartition montre que les inégalités de santé intra-groupe [groupe 1(ménages urbains) et groupe 2 (ménages ruraux), confère le tableau 4.3 ci-dessous], relativement aux dépenses en consultations médicales, représentent 98,66% $\left(\frac{I_w}{I} \times 100\right)$ de l'inégalité de santé totale. La contribution des ménages urbains se situe à 1,758697 soit 57,28% de l'inégalité intra-groupe et celle des ménages ruraux s'élève à 1,311138 soit 42,71% de l'inégalité intra-groupe. Les inégalités de santé inter-groupes relatives aux dépenses en consultation médicale en 2001 expliquent à hauteur de 1,33% $\left(\frac{I_b}{I} \times 100\right)$ les disparités globales. De plus, les ménages résidant en zone rurale tendent à réduire les inégalités de santé inter-groupes (-0,122350) pendant que les ménages urbains tendent à les accroître (0,163761).

Tableau 4.3 : **Décomposition de l'indice de Theil appliquée aux dépenses en consultation médicale en 2001 par milieu de résidence**

Name of the group		GTT	G2 (ménages ruraux)	G1 (ménages urbains)
Full name of the group		All	Modalité 2	Modalité 1
Modality Code			2	1
Size of the group	Nj	10454	5611	4843
Total Income of the group	Rj	16887087064	6640150493	10246936571
Mean income of the group	Mj	1615370,869	1183416,591	2115824,194
Share of the group/total	Pj=nj/n	1	0,536732351	0,463267649
Inc of group/total Inc	Sj=Rj/R	1	0,393208756	0,606791244
Coef variation		7,70771E+13	5,48841E+13	1,02307E+14
Filter zone		Milieu de Résidence du Ménage (MRM)	MRM	MRM
			2	1

L11 : Within Theil index (vector Twj=Tjj)	**3,111245**	3,334457	2,898356
L12 : Weighted within Theil index (vector sjTwj)	**3,069834**	1,311138	1,758697
L13 : Between Theil index (vector pj(mj/m)log(mj/m)	**0,041410**	-0,122350	0,163761

Source : Calculs de l'auteur à l'aide du programme informatique Macro Visual Basic sur les données ECAM II.

IV.1.3 DEPENSES DE SOINS PERSONNELS

Le tableau 4.4 ci-après donne les résultats de la décomposition de notre indice d'entropie appliqué aux dépenses de soins personnels en 2001. L'indice de Theil mesuré sur l'ensemble des ménages [urbains (groupe 1) et ruraux (groupe 2)] de notre échantillon donne la valeur$I = 2{,}611670$, (ligne L11).Cette valeur se décompose en une valeur intragroupe,$I_w = 2{,}559208$, (ligne L12) et une composante inter-groupes, $I_b = 0{,}052462$, (ligne L13). Les inégalités intra-groupes (ménages urbains et ménages ruraux) en ce qui concerne les dépenses de soins personnels représentent 97,99% $\left(\frac{I_w}{I} \times 100\right)$de l'inégalité totale. On remarque à ce sujet que la contribution des ménages urbains est plus forte et de 1,469757 soient 57,43%que celle des ménages résidant en zone rurale qui se situe à 1,089451 c'est-à-dire 42,56% de l'inégalité de santé intra-groupe. Les inégalités de santé inter-groupes en dépenses de soins personnels participent pour 2,0087% $\left(\frac{I_b}{I} \times 100\right)$à l'explication des disparités globales en termes de santé au Cameroun en 2001. En outre, tenant compte du milieu de résidence du ménage courant notre période d'intérêt, les ménages ruraux réduisent les inégalités de santé inter-groupes (-0,134244) tandis que les ménages résidant en milieu urbain les accroissent(0,186706).

<u>Tableau 4.4</u> : <u>Décomposition de l'indice de Theil appliquée aux dépenses de soins personnels en 2001 par milieu de résidence</u>

Name of the group		GTT	G2 (ménages ruraux)	G1 (ménages urbains)
Full name of the group		All	Modalité 2	Modalité 1
Modality Code			2	1
Size of the group	Nj	10454	5611	4843
Total Income of the group	Rj	35424139915	13296266111	22127873804
Mean income of the group	Mj	3388572,787	2369678,508	4569042,702
Share of the group/total	Pj=nj/n	1	0,536732351	0,463267649
Inc of group/total Inc	Sj=Rj/R	1	0,375344783	0,624655217
Coef variation		1,77043E+14	1,23097E+14	2,36911E+14
Filter zone		Milieu de Résidence du Ménage	MRM	MRM
			2	1
L11 : Within Theil index (vector Twj=Tjj)		**2,611670**	2,902534	2,352908

L12 : Weighted within Theil index (vector sjTwj)	**2,559208**	1,089451	1,469757

L13 : Between Theil index (vector pj(mj/m)log(mj/m)	**0,052462**	-0,134244	0,186706

Source : Calculs de l'auteur à l'aide du programme informatique Macro Visual Basic sur les données ECAM II.

IV.1.4 DEPENSES TOTALES DE SANTE

Le tableau 4.5 ci-après donne les résultats de la décomposition de l'indice de Theil appliqué aux dépenses totales de santé en fonction du milieu de résidence du ménage courant l'année 2001. L'indice de Theil calculé sur les 10.454 ménages de notre échantillon donne la valeur $I = 2{,}885601$, (ligne L11). Cette valeur de l'indice d'entropie pour les dépenses totales de santé se décompose en une valeur intra-groupe,$I_w = 2{,}844549$, (ligne L12) et une composante inter-groupe, $I_b = 0{,}041052$, (ligne L13). Les inégalités intra-groupes (ménages urbains et ménages ruraux) en ce qui concerne les dépenses totales de santé contribuent à hauteur de 98,57% $\left(\frac{I_w}{I} \times 100\right)$de l'inégalité de santé totale. On remarque à ce sujet qu'il y'a un gap entre les contributions des ménages urbains (1,635179 soit 57,48%) et des ménages ruraux (1,209370 soit 42,51%). Les inégalités inter-groupes relativement aux dépenses totales de santé participent pour 1,42% $\left(\frac{I_b}{I} \times 100\right)$aux disparités globales en termes de santé au Cameroun pour l'année 2001. Les résultats de la décomposition de notre indice d'entropie généralisé d'inégalités de santé révèlent aussi que, les ménages ruraux diminuent les inégalités de santé inter-groupes (-0,121924) alors que les ménages urbains les font progresser (0,162976).

Tableau 4.5 : Décomposition de l'indice de Theil appliquée aux dépenses totales de santé en 2001 par milieu de résidence

Name of the group		GTT	G2 (Ménages ruraux)	G1 (Ménages urbains)
Full name of the group		All	Modalité 2	Modalité 1
Modality Code			2	1
Size of the group	Nj	10454	5611	4843
Total Income of the group	Rj	23570000139	9282502929	14287497210
Mean income of the group	Mj	2254639,386	1654340,212	2950133,638
Share of the group/total	Pj=nj/n	1	0,536732351	0,463267649

Inc of group/total Inc	Sj=Rj/R	1	0,393827021	0,606172979
Coef variation		1,23168E+14	8,83596E+13	1,6257E+14
Filter zone		Milieu de Résidence du Ménage (MRM)	MRM	MRM
			2	1
L11 : Within Theil index (vector Twj=Tjj)		**2,885601**	3,070816	2,697545
L12 : Weighted within Theil index (vector sjTwj)		**2,844549**	1,209370	1,635179
L13 : Between Theil index (vector pj(mj/m)log(mj/m)		**0,041052**	-0,121924	0,162976

Source : Calculs de l'auteur à l'aide du programme informatique Macro Visual Basic sur les données ECAM II.

IV.2 DECOMPOSITION EN SOUS-GROUPES DES INEGALITES DE SANTE SUIVANT LE SEXE (MASCULIN ET FEMININ) DU CHEF DE MENAGE EN 2001

Dans ce paragraphe, nous divisons l'ensemble des ménages camerounais issus de l'échantillon de l'enquête ECAM II de 2001 en deux sous-groupes en fonction du sexe du chef de ménage (masculin ou féminin). Nous prenons en compte des variables telles que les dépenses en médicaments (pharmacie), en consultation médicale, les dépenses de soins personnels, et les dépenses totales de santé.

IV.2.1 DEPENSES EN MEDICAMENTS (PHARMACIE)

Le tableau 4.6 ci-dessous donne les résultats de la décomposition de l'indice de Theil appliqué aux dépenses en médicaments (pharmacie) en 2001 en fonction du sexe du chef de ménage. L'indice de Theil mesuré sur les 10.454 ménages (7957 ménages dirigés par des hommes et 2497 ménages dirigés par des femmes) de notre échantillon prend la valeur $I = 2{,}786690$, (ligne L11). Cette valeur se décompose en une valeur intragroupe, $I_w = 2{,}786399$, (ligne L12) et une composante intergroupe, $I_b = 0{,}000291$, (ligne L13). Les inégalités intragroupes (ménages dirigés par des hommes et ménages dirigés par des femmes) en ce qui concerne les dépenses en médicaments contribuent à hauteur de 99,98% $\left(\frac{I_w}{I} \times 100\right)$

de l'inégalité totale de santé en termes de dépenses en médicaments. Dans ce même registre de l'inégalité de santé intragroupe, la ligne L12 du tableau 4.6 ci-dessous illustré met en relief une très grande différence entre les contributions des ménages ayant un homme comme de chef (2,107097 c'est-à-dire 75,62%) et des ménages ayant une femme comme chef (0,679302 c'est-à-dire 24,37%). Les inégalités de santé intergroupes (ménages dirigés par des hommes et ménages dirigés par des femmes) relativement aux dépenses en médicament participent pour seulement 0,01044 % $\left(\frac{I_b}{I} \times 100\right)$ aux disparités globales. En effet, les ménages dirigés par des hommes diminuent les inégalités de santé inter-groupes (-0,010269) alors que les ménages dirigés par des femmes les font progresser (0,010560).

<u>Tableau 4.6</u> : **<u>Décomposition de l'indice de Theil appliquée aux dépenses en médicaments (pharmacie) par sexe en 2001</u>**

Name of the group		GTT	G1(Masculin)	G2 (Féminin)
Full name of the group		All	Modalité 1	Modalité 2
Modality Code			1	2
Size of the group	Nj	10454	7957	2497
Total Income of the group	Rj	26246546350	19706032605	6540513746
Mean income of the group	Mj	2510670,208	2476565,616	2619348,717
Share of the group/total	Pj=nj/n	1	0,76114406	0,23885594
Inc of group/total Inc	Sj=Rj/R	1	0,750804786	0,249195214
Coef variation		1,27391E+14	1,26402E+14	1,30478E+14
Filter zone		Sexe du Chef de Ménage (SCM)	SCM	SCM
			1	2

L11 : Within Theil index (vector Twj=Tjj)	**2,786690**	2,806451	2,725983
L12 : Weighted within Theil index (vector sjTwj)	**2,786399**	2,107097	0,679302
L13 : Between Theil index (vector pj(mj/m)log(mj/m)	**0,000291**	-0,010269	0,010560

<u>Source</u> : Calculs de l'auteur à l'aide du programme informatique Macro Visual Basic sur les données ECAM II.

IV.2.2 DEPENSES EN CONSULTATION MEDICALE

La décomposition de notre indice d'inégalité de santé construit par la méthode d'entropie et appliquée aux dépenses en consultations médicales en fonction du sexe des chefs des ménages de l'enquête ECAM II réalisée en 2001 révèle que l'indice de Theil vaut $I = 3{,}111245$, (ligne L11). Etant donné la propriété de séparabilité additive de notre indicateur d'entropie généralisé en deux éléments, ses composantes intra-groupe et inter-groupes valent respectivement $I_w = 3{,}107470$ (ligne L12) et $I_b = 0{,}003775$ (ligne L13). Cette répartition montre que les inégalités de santé intra-groupe [groupe 1(ménages dirigés par un homme) et groupe 2 (ménages dirigés par une femme), confère le tableau 4.7 ci-dessous], relativement aux dépenses en consultations médicales en fonction du sexe du chef de ménage, représentent 99,87% $\left(\frac{I_w}{I} \times 100\right)$ de l'inégalité de santé totale de santé en terme de consultations médicales. La contribution des ménages dirigés par un homme se situe à 2,267223 soit 72,96 % de l'inégalité intra-groupe et celle des ménages dirigés par les femmes s'élève à 0,840247 soit 27,039% de l'inégalité intra-groupe. Les inégalités de santé inter-groupes relatives aux dépenses en consultation médicale en 2001 expliquent à hauteur de 0,1213 % $\left(\frac{I_b}{I} \times 100\right)$ les disparités globales. De plus, les ménages dirigés par un homme tendent à réduire les inégalités de santé inter-groupes en terme de dépenses de consultations médicales (-0,036728) pendant que les ménages dirigés par des femmes tendent à les accroître (0,040503).

Tableau 4.7 : **Décomposition de l'indice de Theil appliquée aux dépenses en consultations médicales par sexe en 2001**

Name of the group		GTT	G1(Masculin)	G2 (Féminin)
Full name of the group		All	Modalité 1	Modalité 2
Modality Code			1	2
Size of the group	Nj	10454	7957	2497
Total Income of the group	Rj	16887087064	12217267238	4669819826
Mean income of the group	Mj	1615370,869	1535411,24	1870172,137
Share of the group/total	Pj=nj/n	1	0,76114406	0,23885594
Inc of group/total Inc	Sj=Rj/R	1	0,723468008	0,276531992
Coef variation		7,70771E+13	7,19554E+13	9,32821E+13
Filter zone		Sexe du Chef de Ménage (SCM)	SCM	SCM

		1	2
L11 : Within Theil index (vector Twj=Tjj)	**3.111245**	3,133827	3,038516
L12 : Weighted within Theil index (vector sjTwj)	**3.107470**	2,267223	0,840247
L13 : Between Theil index (vector pj(mj/m)log(mj/m)	**0.003775**	-0,036728	0,040503

Source : Calculs de l'auteur à l'aide du programme informatique Macro Visual Basic sur les données ECAM II.

IV.2.3 DEPENSES DE SOINS PERSONNELS

Le tableau 4.8 ci-dessous donne les résultats de la décomposition de notre indice d'entropie appliqué aux dépenses de soins personnels en 2001 suivant le sexe du chef de ménage. L'indice de Theil mesuré sur l'ensemble des ménages dirigés par les hommes (groupe 1) et les ménages dirigés par une femme (groupe 2)] de notre échantillon a pour valeur $I = 2{,}611670$, (ligne L11). Cette valeur se décompose en une valeur intra-groupe, $I_w = 2{,}611475$, (ligne L12) et une composante intergroupe, $I_b = 0{,}000195$, (ligne L13). Les inégalités intra-groupes (ménages dirigés par les hommes et ménages dirigés par les femmes) en ce qui concerne les dépenses de soins personnels représentent 99,99% $\left(\frac{I_w}{I} \times 100\right)$de l'inégalité totale de santé du point de vue des dépenses de soins personnels. On remarque à ce sujet que la contribution des ménages dirigés par les hommes est plus forte et de 1,976236 soient 75,67%, que celle des ménages ayant une femme à leur tête dont la contribution se situe à 0,635238 c'est-à-dire 24,32% de l'inégalité de santé intra-groupe du point de vue des dépenses de soins personnels. Les inégalités de santé inter-groupes en dépenses de soins personnels participent pour 0,0074% $\left(\frac{I_b}{I} \times 100\right)$ à l'explication des disparités globales en termes de dépenses de soins personnels au Cameroun en 2001. En outre, tenant compte du sexe du chef de ménage courant notre période d'intérêt, les ménages dirigés par les hommes réduisent les inégalités de santé inter-groupes (-0,008416) tandis que les ménages dirigés par des femmes les accroissent (0,008611).

<u>Tableau 4.8</u> : <u>Décomposition de l'indice de Theil appliquée aux dépenses de soins personnels par sexe en 2001</u>

Name of the group		GTT	G1(Masculin)	G2(Féminin)
Full name of the group		All	Modalité 1	Modalité 2
Modality Code			1	2
Size of the group	Nj	10454	7957	2497
Total Income of the group	Rj	35424139915	26663077543	8761062372
Mean income of the group	Mj	3388572,787	3350895,758	3508635,311
Share of the group/total	Pj=nj/n	1	0,76114406	0,23885594
Inc of group/total Inc	Sj=Rj/R	1	0,752681014	0,247318986
Coef variation		1,77043E+14	1,76597E+14	1,78376E+14
Filter zone		Sexe du Chef de Ménage (SCM)	SCM	SCM
			1	2

L11 : Within Theil index (vector Twj=Tjj)	**2,611670**	2,625596	2,568498
L12 : Weighted within Theil index (vector sjTwj)	**2,611475**	1,976236	0,635238
L13 : Between Theil index (vector pj(mj/m)log(mj/m)	**0,000195**	-0,008416	0,008611

<u>Source</u> : Calculs de l'auteur à l'aide du programme informatique Macro Visual Basic sur les données ECAM II.

IV.2.4 <u>DEPENSES TOTALES DE SANTE</u>

Le tableau 4.9 ci-après donne les résultats de la décomposition de l'indice de Theil appliqué aux dépenses totales de santé en fonction du sexe du chef de ménage courant l'année 2001. L'indice de Theil calculé sur les 10.454 ménages de l'ECAM II prends la valeur $I =$ 2,885602, (ligne L11). Cette valeur de l'indice d'entropie pour les dépenses totales de santé se décompose en une valeur intragroupe,$I_w =$ 2,882406, (ligne L12) et une composante intergroupe, $I_b = 0{,}003196$, (ligne L13). Les inégalités intragroupes [(groupe 1 : ménages dirigés par les hommes) et (groupe 2 : ménages dirigés par les femmes)] en ce qui concerne les dépenses totales de santé contribuent à hauteur de 99,88% $\left(\frac{I_w}{I} \times 100\right)$de l'inégalité de santé totale liée aux dépenses totales de santé. On remarque à ce sujet qu'il y'a un gap entre les contributions respectives des ménages issus du groupe 1 de notre population d'intérêt (2,109983 soit 73,202%) et des ménages du groupe

2(0,772422 soit 26,797%). Les inégalités de santé intergroupes participent pour 0,1107% $\left(\frac{I_b}{I} \times 100\right)$ aux disparités globales en termes de dépenses totales de santé au Cameroun pour l'année 2001. Les résultats de la décomposition de notre indice d'entropie généralisé d'inégalités de santé révèlent aussi que, les ménages dirigés par les hommes diminuent les inégalités en dépenses totales de santé intergroupes (-0,033824) alors que les ménages dirigés par les femmes les font progresser (0,037020).

Tableau 4.9 : **Décomposition de l'indice de Theil appliquée aux dépenses totales de santé par sexe en 2001**

Name of the group		GTT	G1(Masculin)	G2(Féminin)
Full name of the group		All	Modalité 1	Modalité 2
Modality Code			1	2
Size of the group	Nj	10454	7957	2497
Total Income of the group	Rj	23570000139	17124087250	6445912888
Mean income of the group	Mj	2254639,386	2152078,327	2581462,911
Share of the group/total	Pj=nj/n	1	0,76114406	0,23885594
Inc of group/total Inc	Sj=Rj/R	1	0,726520456	0,273479544
Coef variation		1,23168E+14	1,15154E+14	1,48518E+14
Filter zone		Sexe du Chef de Ménage (SCM)	SCM	SCM
			1	2

L11 : Within Theil index (vector Twj=Tjj)	**2,885602**	2,904231	2,824425

L12 : Weighted within Theil index (vector sjTwj)	**2,882406**	2,109983	0,772422

L13 : Between Theil index (vector pj(mj/m)log(mj/m)	**0,003196**	-0,033824	0,037020

Source : Calculs de l'auteur à l'aide du programme informatique Macro Visual Basic sur les données ECAM II.

SECTIONV. PRESENTATION DES RESULTATS DE LA DECOMPOSITION AVEC ECAM III EN 2007

V.1 DECOMPOSITION EN SOUS-GROUPES DES INEGALITES DE SANTE SUIVANT LE MILIEU DE RESIDENCE (URBAIN ET RURAL) DU MENAGE EN 2007

Dans ce paragraphe, nous divisons les 11 391 ménages camerounais suivant l'ECAM III réalisée en 2007 en deux sous-groupes en fonction du milieu de résidence (urbain ou rural) du chef de ménage. Nous prenons en compte des variables telles que les dépenses totales de santé sans hospitalisation, le coût des consultations médicales, les dépenses totales de santé.

V.1.1 DEPENSES TOTALES DE SANTE SANS HOSPITALISATION

Le tableau 4.10 ci-après donne les résultats de la décomposition de l'indice de Theil appliqué aux dépenses de santé sans hospitalisation en 2007. L'indice de Theil mesuré sur les 11 391 ménages de notre échantillon donne la valeur $I = 0{,}291357$, (ligne L11). Cette valeur se décompose en une valeur intragroupe, $I_w = 0{,}248943$, (ligne L12) et une composante intergroupe, $I_b = 0{,}042415$, (ligne L13). Les inégalités intragroupes (ménages urbains et ménages ruraux) en ce qui concerne les dépenses de santé sans hospitalisation contribuent à hauteur de 85,44% $\left(\frac{I_w}{I} \times 100\right)$de l'inégalité totale. On remarque à ce sujet qu'il y'a une grande différence entre les contributions des ménages urbains (0,209297) et ruraux (0,039646). Les inégalités de santé intergroupes relativement aux dépenses de santé sans hospitalisation participent pour 14,55% $\left(\frac{I_b}{I} \times 100\right)$ aux disparités globales. En effet, les ménages ruraux diminuent les inégalités de santé intergroupes (-0,102030) alors que les ménages résidant dans les centres urbains les font progresser (0,144445).

Tableau 4.10 : Décomposition de l'indice de Theil appliquée aux dépenses totales de santé sans hospitalisation en 2007 par milieu de résidence

Name of the group		GTT	G2 (Ménages ruraux)	G1 (Ménages urbains)
Full name of the group		All	Modalité 2	Modalité 1
Modality Code			2	1
Size of the group	Nj	11391	3849	7542
Total Income of the group	Rj	18623529425	3833247752	14790281672
Mean income of the group	Mj	1634933,669	995907,4441	1961055,645
Share of the group/total	Pj=nj/n	1	0,337898341	0,662101659
Inc of group/total Inc	Sj=Rj/R	1	0,205828211	0,794171789
Coef variation		2,29849E+12	5,58265E+11	2,87154E+12
Filter zone		Milieu de Résidence du Ménage (MRM)	MRM	MRM
			2	1

L11 : Within Theil index (vector Twj=Tjj)	**0,291357**	0,192616	0,263541

L12 : Weighted within Theil index (vector sjTwj)	**0,248943**	0,039646	0,209297

L13 : Between Theil index (vector pj(mj/m)log(mj/m)	**0,042415**	-0,102030	0,144445

Source : Calculs de l'auteur à l'aide du programme informatique Macro Visual Basic sur les données ECAM III.

V.1.2 COUT DES CONSULTATIONS MEDICALES

La décomposition de notre indice d'inégalité de santé construit par la méthode d'entropie et appliquée aux dépenses en consultations médicales suivant l'ECAM III révèle que l'indice de Theil vaut $I =$ 0,811204, (ligne L11). Etant donné la propriété de séparabilité additive de notre indicateur d'entropie généralisé en deux éléments, ses composantes intragroupe et intergroupes valent respectivement $I_w =$ 0,811199 (ligne L12) et $I_b =$ 0,000005 (ligne L13). Cette répartition montre que les inégalités de santé intragroupe [groupe 1 (ménages urbains) et groupe 2 (ménages ruraux), confère le tableau 4.11 ci-dessous], relativement aux dépenses en consultations médicales, représentent 99,99% $\left(\frac{I_w}{I} \times 100\right)$ de l'inégalité de santé totale. La contribution des ménages urbains se situe à 0,47801 soit 58,92% de l'inégalité intragroupe et celle des ménages ruraux s'élève à 0,333181soit 41,07% de l'inégalité intragroupe. Les inégalités de santé intergroupes relatives aux dépenses en consultation médicale en 2007 expliquent à hauteur de 0,000616 % $\left(\frac{I_b}{I} \times 100\right)$ les disparités globales. De plus, les ménages résidant en zone urbaine tendent à réduire les inégalités de santé intergroupes (-0,001484) pendant que les ménages ruraux tendent à les accroître (0,001489).

Tableau 4.11 : **Décomposition de l'indice de Theil appliquée aux dépenses de consultations médicales en 2007 par milieu de résidence**

Name of the group		GTT	G1 (Ménages urbains)	G2 (Ménages ruraux)
Full name of the group		All	Modalité 1	Modalité 2
Modality Code			1	2
Size of the group	Nj	11391	7542	3849
Total Income of the group	Rj	52271416,8	34531333,7	17740083,1
Mean income of the group	Mj	4588,834764	4578,538014	4609,010938
Share of the group/total	Pj=nj/n	1	0,662101659	0,337898341
Inc of group/total Inc	Sj=Rj/R	1	0,660615989	0,339384011
Coef variation		132871067,9	118915756,2	160180946,4
Filter zone		Milieu de Résidence du Ménage (MRM)	MRCM	MRCM
			1	2

L11 : Within Theil index (vector Twj=Tjj)	**0,811204**	0,723594	0,981723
L12 : Weighted within Theil index (vector sjTwj)	**0,811199**	0,478018	0,333181
L13 : Between Theil index (vector pj(mj/m)log(mj/m)	**0,000005**	-0,001484	0,001489

Source : Calculs de l'auteur à l'aide du programme informatique Macro Visual Basic et des données ECAM III.

V.1.3 DEPENSES TOTALES DE SANTE

Le tableau 4.12 ci-après donne les résultats de la décomposition de l'indice de Theil appliqué aux dépenses totales de santé en fonction du milieu de résidence du ménage courant l'année 2011. L'indice de Theil calculé sur notre échantillon prends la valeur $I = 2{,}770407$, (ligne L11). Cette valeur de l'indice d'entropie pour les dépenses totales de santé se décompose en une valeur intragroupe, $I_w = 2{,}431905$, (ligne L12) et une composante intergroupe, $I_b = 0{,}338502$, (ligne L13). Les inégalités intragroupes (ménages urbains et ménages ruraux) en ce qui concerne les dépenses totales de santé contribuent à hauteur de 87,78% $\left(\frac{I_w}{I} \times 100\right)$ de l'inégalité de santé totale. On remarque à ce sujet qu'il n'y'a un énorme gap entre les contributions des ménages urbains (2,333470 soit 95,95%) et des ménages ruraux (0,09843 soit 4,047%). Les inégalités intergroupes relativement aux dépenses totales de santé participent pour 12,21% $\left(\frac{I_b}{I} \times 100\right)$ aux disparités globales en terme de santé au Cameroun pour l'année 2007. Les résultats de la décomposition de notre indice d'entropie généralisé d'inégalités de santé révèlent aussi que, les ménages ruraux diminuent les inégalités de santé intergroupes (-0,050320) alors que les ménages urbains les font progresser (0,388822).

<u>Tableau 4.12</u> : <u>Décomposition de l'indice de Theil appliquée aux dépenses totales de santé en 2007 par milieu de résidence</u>

Name of the group		GTT	G2 (Ménages ruraux)	G1 (Ménages urbains)
Full name of the group		All	Modalité 2	Modalité 1
Modality Code			2	1
Size of the group	Nj	11391	3849	7542
Total Income of the group	Rj	2,99671E+11	5019135232	2,94651E+11
Mean income of the group	Mj	26307661,7	1304010,193	39068077,32
Share of the group/total	Pj=nj/n	1	0,337898341	0,662101659
Inc of group/total Inc	Sj=Rj/R	1	0,016748842	0,983251158
Coef variation		1,28762E+16	8,8391E+14	1,85128E+16
Filter zone		Milieu de Résidence du Ménage (MRM)	MRM	MRM
			2	1
L11 : Within Theil index (vector Twj=Tjj)		**2,770407**	5,877128	2,373219

L12 : Weighted within Theil index (vector sjTwj)	**2,431905**	0,098435	2,333470

L13 : Between Theil index (vector pj(mj/m)log(mj/m)	**0,338502**	-0,050320	0,388822

Source : Calculs de l'auteur à l'aide du programme informatique Macro Visual Basic sur les données ECAM III.

V.2 DECOMPOSITION EN SOUS-GROUPES DES INEGALITES DE SANTE SUIVANT LE SEXE (MASCULIN ET FEMININ) DU CHEF DE MENAGE EN 2007

Dans ce paragraphe, nous divisons les ménages camerounais suivant l'ECAM III en deux sous-groupes en fonction du sexe (masculin ou féminin) du chef de ménage. Nous prenons en compte des variables telles que les dépenses totales de santé sans hospitalisation, le coût des consultations médicales, les dépenses totales de santé.

V.2.1 DEPENSES TOTALES DE SANTE SANS HOSPITALISATION

Le tableau 4.13 ci-dessous donne les résultats de la décomposition de l'indice de Theil appliqué aux dépenses de santé sans hospitalisation (médicaments) en 2007 en fonction du sexe du chef de ménage. L'indice de Theil mesuré sur les 11.391 ménages (7542 ménages dirigés par des hommes et 3849 ménages dirigés par des femmes) de notre échantillon prend la valeur $I = 0{,}291357$, (ligne L11). Cette valeur se décompose en une valeur intragroupe, $I_w = 0{,}248943$, (ligne L12) et une composante intergroupe, $I_b = 0{,}042415$, (ligne L13). Les inégalités intragroupes (ménages dirigés par des hommes et ménages dirigés par des femmes) en ce qui concerne les dépenses de santé sans hospitalisation (médicaments) contribuent à hauteur de 85,44% $\left(\frac{I_w}{I} \times 100\right)$ de l'inégalité totale en terme de dépenses de santé sans hospitalisation. Dans ce même registre de l'inégalité de santé intragroupe, la ligne L12 du tableau 4.13 ci-dessous illustré met en relief une très grande différence entre les contributions des ménages ayant un homme comme de chef (0,209297 c'est-à-dire 84,074%) et des ménages ayant une femme comme chef (0,039646 c'est-à-dire 15,925%). Les inégalités de santé intergroupes (ménages dirigés par des hommes et ménages dirigés par des femmes) relativement aux dépenses de santé sans hospitalisation (médicament) participent pour seulement 14,55 % $\left(\frac{I_b}{I} \times 100\right)$ aux disparités globales. En effet, les ménages dirigés par des femmes diminuent les inégalités de santé intergroupes (-0,102030) alors que les ménages dirigés par des hommes les font progresser (0,144445).

Tableau 4.13 : **Décomposition de l'indice de Theil appliquée aux dépenses de santé sans hospitalisation par sexe en 2007**

Name of the group		GTT	G2 (Féminin)	G1 (masculin)
Full name of the group		All	Modalité 2	Modalité 1
Modality Code			2	1
Size of the group	Nj	11391	3849	7542
Total Income of the group	Rj	18623529425	3833247752	147902816 72
Mean income of the group	Mj	1634933,669	995907,4441	1961055,64 5
Share of the group/total	Pj=nj/n	1	0,337898341	0,66210165 9
Inc of group/total Inc	Sj=Rj/R	1	0,205828211	0,79417178 9
Coef variation		2,29849E+12	5,58265E+11	2,87154E+ 12
Filter zone		Sexe du Chef de Ménage (SCM)	SCM	SCM
			2	1

L11 : Within Theil index (vector Twj=Tjj)	**0,291357**	0,192616	0,263541
L12 : Weighted within Theil index (vector sjTwj)	**0,248943**	0,039646	0,209297
L13 : Between Theil index (vector pj(mj/m)log(mj/m)	**0,042415**	-0,102030	0,144445

Source : Calculs de l'auteur à l'aide du programme informatique Macro Visual Basic et des données ECAM III.

V.2.2 COUT DES CONSULTATIONS MEDICALES

La décomposition de notre indice d'inégalité de santé construit par la méthode d'entropie et appliquée aux dépenses en consultations médicales suivant l'ECAM III révèle que l'indice de Theil vaut $I = 0{,}811204$, (ligne L11). Cette valeur est additivement séparable en deux éléments, la composante intra - groupe et la composante inter - groupe qui valent respectivement $I_w = 0{,}810396$ (ligne L12) et $I_b = 0{,}000808$ (ligne L13). Cette répartition montre que les inégalités de santé intra-groupe [groupe 1(ménages dirigés par un homme) et groupe 2 (ménages dirigés par une femme), confère le tableau 4.14 ci-dessous], relativement aux dépenses en consultations médicales, représentent 99,9003% $\left(\frac{I_w}{I} \times 100\right)$ de l'inégalité de santé totale. La contribution des ménages du groupe 1 se situe à 0,514027 soit 63,42% de l'inégalité intra-groupe et celle des ménages du groupe 2 s'élève à 0,296369 soit 36,57% de l'inégalité intra-groupe. Les inégalités de santé inter-groupes relatives aux dépenses en consultation médicale en 2007 expliquent à hauteur de 0,099 % $\left(\frac{I_b}{I} \times 100\right)$ les disparités globales. De plus, les ménages dirigés par des hommes tendent à réduire les inégalités de santé inter-groupes (-0,017687) pendant que les ménages dirigés par des femmes tendent à les accroître (0,018495).

Tableau 4.14 : **Décomposition de l'indice de Theil appliquée aux dépenses de consultations médicales par sexe en 2007**

Name of the group		GTT	G1(Masculin)	G2 (Féminin)
Full name of the group		All	Modalité 1	Modalité 2
Modality Code			1	2
Size of the group	Nj	11391	8350	3041
Total Income of the group	Rj	52271416,8	37380708,7	14890708,1
Mean income of the group	Mj	4588,834764	4476,731581	4896,648504
Share of the group/total	Pj=nj/n	1	0,733034852	0,266965148
Inc of group/total Inc	Sj=Rj/R	1	0,715127138	0,284872862
Coef variation		132871067,9	113781081,7	185115541,8
Filter zone		Sexe du Chef de Ménage (SCM)	SEXECM	SEXECM
			1	2

L11 : Within Theil index (vector Twj=Tjj)	**0,811204**	0,718790	1,040356

L12 : Weighted within Theil index (vector sjTwj)	**0,810396**	0,514027	0,296369

L13 : Between Theil index (vector pj(mj/m)log(mj/m)	**0,000808**	-0,017687	0,018495

Source : Calculs de l'auteur à l'aide du programme informatique Macro Visual Basic sur les données ECAM III.

V.2.3 DEPENSES TOTALES DE SANTE

Le tableau 4.15 ci-après donne les résultats de la décomposition de l'indice de Theil appliqué aux dépenses totales de santé en fonction du sexe du chef de ménage courant l'année 2007. L'indice de Theil calculé pour les 11.391 ménages de notre échantillon prends la valeur $I = 2{,}770406$, (ligne L11). Cette valeur de l'indice d'entropie pour les dépenses totales de santé se décompose en une valeur intra groupe, $I_w = 2{,}770391$, (ligne L12) et une composante inter groupe, $I_b = 0{,}000016$, (ligne L13). Les inégalités intragroupes [(groupe 1 : ménages dirigés par les hommes) et (groupe 2 : ménages dirigés par les femmes)] en ce qui concerne les dépenses totales de santé contribuent à hauteur de 99,99% $\left(\frac{I_w}{I} \times 100\right)$ de l'inégalité de santé totale liée aux dépenses totales de santé. On remarque à ce sujet qu'il y'a un gap énorme entre les contributions respectives des ménages issus du groupe 1 de notre population d'intérêt (2,032218 soit 73,35%) et des ménages du groupe 2 (0,738172 soit 26,64%). Les inégalités de santé intergroupes participent pour 0,000577% $\left(\frac{I_b}{I} \times 100\right)$ aux disparités globales en termes de dépenses totales de santé au Cameroun pour l'année 2007. Les résultats de la décomposition de notre indice d'entropie généralisé d'inégalités de santé révèlent aussi que, les ménages dirigés par les femmes diminuent les inégalités en dépenses totales de santé inter-groupes (-0,002489) alors que les ménages dirigés par les hommes les font progresser (0,002505).

Tableau 4.15 : Décomposition de l'indice de Theil appliquée aux dépenses totales de santé par sexe en 2007

Name of the group		GTT	G2 (Féminin)	G1(Masculin)
Full name of the group		All	Modalité 2	Modalité 1
Modality Code			2	1
Size of the group	Nj	11391	3041	8350
Total Income of the group	Rj	2,99671E+11	79252220239	2,20418E+11

Mean income of the group	Mj	26307661,7	26061236,51	26397407,69
Share of the group/total	Pj=nj/n	1	0,266965148	0,733034852
Inc of group/total Inc	Sj=Rj/R	1	0,264464472	0,735535528
Coef variation		1,28762E+16	1,292E+16	1,28587E+16
Filter zone		Sexe du Chef de Ménage (SCM)	SCM	SCM
			2	1

L11 : Within Theil index (vector Twj=Tjj)	**2,770406**	2,791196	2,762910

L12 : Weighted within Theil index (vector sjTwj)	**2,770391**	0,738172	2,032218

L13 : Between Theil index (vector pj(mj/m)log(mj/m)	**0,000016**	-0,002489	0,002505

Source : Calculs de l'auteur à l'aide du programme informatique Macro Visual Basic sur les données ECAM III.

CONCLUSION DU CHAPITRE IV

Ce quatrième Chapitre de notre travail de recherche consacré à l'étude des inégalités de santé au Cameroun entre 2001 et 2007 aboutit aux conclusions suivantes :

-Pour ce qui est de la décomposition en sous-groupes des inégalités de santé en 2001, prenant en compte les disparités de niveau de santé suivant le milieu de résidence, les ménages ruraux tendent à réduire les inégalités de santé inter-groupes (-0,121924) pendant que ces inégalités s'accroissent dans les centres urbains. De plus, les inégalités intra - groupes sont plus accrues (98,57%) que les inégalités inter-groupes (1,42%). Les inégalités intra - groupe sont plus accrues entre les ménages urbains (57,48%) qu'entre les ménages ruraux (42,51%). En outre, relativement aux inégalités de santé, les dépenses en consultations médicales, représentent 98,66%, et se posent comme la cause fondamentale des inégalités de santé en fonction du lieu de résidence.

-Du point de vue du sexe du chef de ménage, les inégalités de santé courant l'année 2001 sont plus prononcées dans le groupe des ménages dirigés par les hommes que dans les ménages dirigés par les femmes (inégalité intra-groupe). L'inégalité inter-groupes ne participe que très peu (0,003196 soit 0,1107%) à l'explication de l'inégalité totale contrairement à l'inégalité intragroupe (2,882406 soit 99,88%). Les ménages dirigés par les femmes tendent à faire progresser les inégalités de santé inter-groupes (0,037020) contrairement aux chefs de ménages masculins qui réduisent ces inégalités de santé (-0,033824). Les dépenses en médicaments et les dépenses en soins personnels se présentent comme les principales sources de disparités en termes de santé (respectivement 99,98% et 99,99%) en 2001 lorsque l'on prend en compte le sexe du chef de ménage, quel que soit le milieu de résidence.

- En fonction du lieu de résidence (urbain ou rural) du ménage en 2007, les inégalités de santé intra-groupes (groupe des ménages ruraux et groupe des ménages urbains) représentent la majeure partie des disparités totales (87,78%) contrairement aux inégalités inter-groupes (12,21%). De plus l'inégalité intra-groupes est beaucoup plus le fait des ménages urbains (95,95%) que des ménages ruraux (4,047%), et en terme d'inégalités inter-groupes, les ménages ruraux tendent à diminuer

(-0,050320) les inégalités de santé pendant que les ménages urbains les accroissent (0,388822). Les dépenses de consultations médicales se présentent comme le facteur principal des disparités globales (99,99%). De plus, les ménages résidant en zone urbaine tendent à réduire les inégalités de santé inter-groupes en dépenses de consultations médicales (-0,001484) pendant que les ménages ruraux tendent à les accroître (0,001489).

-En prenant en compte le sexe du chef de ménage (masculin ou féminin) courant l'année 2007, notre décomposition en sous-populations (ménages dirigés par les hommes et ménages dirigés par les femmes) des inégalités de santé révèle que les inégalités intra-groupes représentent la majeure partie (99,99%) des disparités totales de santé, contrairement aux inégalités intergroupes (0,000577%). Du point de vue intra-groupes ou intra sous-populations, les ménages dirigés par des hommes contribuent le plus (73,35%) à l'inégalité totale que les ménages dirigés par les femmes (26,64%). Par contre, en se plaçant du point de vue des inégalités de santé inter-groupes, les ménages dirigés par les femmes tendent à réduire ces inégalités (-0,002489) pendant que les ménages dirigés par des hommes les font progresser (0,002505). Les dépenses de consultations médicales se présentent comme le principal facteur (99,9003%) des disparités des niveaux de santé entre les ménages. De plus, en rapport avec ces dépenses en consultations médicales, les ménages dirigés par des hommes tendent à réduire les inégalités de santé inter-groupes (-0,017687) pendant que les ménages dirigés par des femmes tendent à les accroître (0,018495).

-Ainsi, en 2001 les inégalités de santé sont plus prononcées dans les centres urbains de même qu'au sein des ménages dirigés par les hommes. Dans l'ensemble les inégalités de santé intra-groupes représentent la majeure partie des inégalités totales de santé et ces inégalités intra sous-populations sont élevées entre les ménages résidant en milieu urbain. Les ménages dirigés par les femmes tendent à accroître les inégalités de santé inter sous-groupes contrairement aux ménages ruraux qui les font baisser. Ces disparités courant l'année 2001 sont beaucoup plus le fait des dépenses de médicaments et des dépenses de consultations médicales. Pour ce qui est de l'année 2007 les inégalités intra sous-populations ont la même tendance qu'en 2001 et représentent l'essentiel des inégalités totales de santé. Ces inégalités intra sous-populations, comme en 2001, sont élevées chez les ménages résidant dans les zones urbaines et dans les ménagés dirigés par les hommes. Les ménages ruraux et les ménages dirigés par les femmes tendent à réduire les disparités inter sous-populations en termes de santé courant l'année 2007, lesquelles disparités sont plus visibles en termes de dépenses de consultations médicales.

-Au final, entre 2001 et 2007, les inégalités de santé sont beaucoup plus le fait des inégalités intra-groupes et ces disparités restent élevées en zone urbaine et à l'intérieur du groupe des ménages dirigés par les hommes. En outre, en 2007, les ménages ruraux et les ménages dirigés par des femmes tendent simultanément, et contrairement à l'année 2001, à réduire les inégalités de santé inter-groupes. Il est à noter que les dépenses de consultations médicales se présentent comme l'une des principales causes des disparités en termes de santé sur notre période d'intérêt. Somme toute, ces résultats se rapprochent de l'hypothèse H2 (Les inégalités de santé sont plus aigües chez les ménages dirigés par les hommes et dans les centres urbains qu'en zone rurale et que chez les ménages dirigés par les femmes) préalablement formulée dans le cadre de cette étude. Les inégalités de santé tendraient donc à devenir un phénomène davantage urbain et des ménages dirigés par les hommes.

CONCLUSION DE LA DEUXIEME PARTIE

Cette deuxième partie de notre réflexion s'intéresse à l'étude des inégalités de santé au Cameroun entre 2001 et 2007. Il ressort de notre analyse que les inégalités constituent un phénomène multidimensionnel rendant compte des différents aspects de la vie économique et sociale tels que l'alimentation, le logement, l'habillement, la possibilité d'exercer une profession, l'état de santé, l'éducation ou degré d'alphabétisation, et l'espérance de vie par exemple. Les inégalités de santé renvoient précisément aux inégalités devant la maladie, le handicap ou la mort. Ces inégalités peuvent être soit du fait de l'individu ou du ménage considéré, soit de l'environnement social l'abritant. La démarche retenue pour la mesure des inégalités de santé appartient au domaine de la répartition personnelle du revenu. Il s'agit de l'approche par les indices de mesure des inégalités impulsée par les travaux de Kolm S-C (1966), Atkinson (1970) et Sen (1973). Nous utilisons l'approche axiomatique pour construire notre indice d'inégalité multidimensionnel via la technique d'entropie généralisée. Car relativement à la décomposition en sous-populations pour laquelle nous optons, la mesure d'entropie est souvent préférée à celle de Gini en raison des propriétés de monotonie et de la cohérence en sous-groupes. Les résultats obtenus avec la décomposition en sous-groupes de Dagum C. et al. (2012) de notre indice d'inégalités de santé montrent qu'entre 2001 et 2007, les inégalités de santé sont beaucoup plus le fait des inégalités intra-groupes et ces disparités restent élevées en zone urbaine et à l'intérieur du groupe des ménages dirigés par les hommes. En outre, en 2007, les ménages ruraux et les ménages dirigés par des femmes tendent simultanément, et contrairement à l'année 2001, à réduire les inégalités de santé inter-groupes. Il est à noter que les dépenses de consultations médicales se présentent comme l'une des principales causes des disparités en termes de santé sur notre période d'intérêt. Somme toute, ces résultats se rapprochent de l'hypothèse H2 (Les inégalités de santé sont plus aigües chez les ménages dirigés par les hommes et dans les centres urbains qu'en zone rurale et que chez les ménages dirigés par les femmes) préalablement formulées dans le cadre de cette étude. Ce qui nous amène à énoncer que, les inégalités de santé tendraient à devenir un phénomène davantage urbain et des ménages dirigés par les hommes.

CONCLUSION GENERALE

Au terme de notre ouvrage dont l'objectif global était de mettre en relief la dynamique de la pauvreté non monétaire et des inégalités de santé au Cameroun, nous avons,

Pour ce qui est de l'étude de la dynamique de la pauvreté non monétaire au Cameroun entre 2001 et 2007, et suivant le milieu de résidence (urbain ou rural) nous avons construit un ICP par la technique de l'ACM, et sachant que l'ICP représente la valeur agrégée et pondérée de plusieurs indicateurs primaires de bien-être et qu'il est défini pour chaque unité (ménage) des populations étudiées. Il ressort de nos investigations sur la période d'étude, 2001-2007, les conclusions ci-après:

- Entre 2001 et 2007, la pauvreté non monétaire s'est aggravée en zone rurale. En milieu rural, le nombre de ménages ruraux en dessous du seuil de pauvreté en 2007 est nettement plus élevé que le nombre de ménages pauvres en zone rurale en 2001. Sur cette même période, la pauvreté non monétaire en zone urbaine connait une augmentation chez les ménages initialement pauvres en 2001 et chez ceux qui étaient classés comme riches à cette même date. Globalement, ce résultat conforte notre première hypothèse postulant un plus fort accroissement du niveau de pauvreté non monétaire en zone rurale qu'en zone urbaine de 2001 à 2007.
- Au niveau national, la pauvreté non monétaire ne s'est pas maintenue (dominance restreinte) de 2001 à 2007, dans tous les groupes de ménages, contrairement à la légère baisse en termes monétaires conformément à la tendance nationale observée [pour plus des précisons voir « Tendances, profil et déterminants de la pauvreté au Cameroun entre 2001 et 2007 » INS, 2008, et Emini et al, (2009)].
- Quel que soit le seuil de pauvreté fixé, quel que soit l'indice retenu parmi la classe d'indicateurs d'ordre 1, la pauvreté non monétaire au Cameroun est davantage un phénomène rural entre 2001 et 2007. Tant il est vrai que la dominance stochastique fournit des résultats robustes en termes de comparaisons des niveaux de pauvreté. Plus encore, ces résultats restent valables

pour tous les indices de pauvreté respectant le principe de la monotonie et de symétrie. En effet, selon le principe de symétrie, l'augmentation du revenu d'un ménage pauvre n'affecte pas les indices de pauvreté, sauf si ce ménage sort de la pauvreté. Aussi, la variation baissière du revenu d'un ménage classé comme non pauvre, n'affecte pas les indices de pauvreté, à moins que ce ménage migre dans la pauvreté. La monotonie quant à elle stipule que le bien-être est une fonction strictement croissante du revenu.

Pour ce qui est de l'étude des inégalités de santé au Cameroun entre 2001 et 2007, suivant le milieu de résidence (urbain ou rural) et le sexe (masculin ou féminin) du chef de ménage, nous avons construit un Indicateur multidimensionnel d'inégalité par la technique d'entropie généralisée, et en s'appuyant sur l'approche axiomatique. Du fait de la propriété de décomposabilité additive de notre indice, nous avons exploité la méthode de décomposition en sous-groupes de Dagum, en considérant quatre sous populations en 2001 et 2007 (ménages urbains, ménages ruraux, ménages dirigés par les hommes, ménages dirigés par les femmes). Nous parvenons aux conclusions suivantes :

- En 2001, les inégalités de santé sont plus prononcées dans les centres urbains de même qu'au sein des ménages dirigés par les hommes. Dans l'ensemble les inégalités de santé intra-groupes représentent la majeure partie des inégalités totales de santé et ces inégalités intra sous-populations sont élevées entre les ménages résidant en milieu urbain. Les ménages dirigés par les femmes tendent à accroître les inégalités de santé inter sous-groupes contrairement aux ménages ruraux qui les font baisser. Ces disparités courant l'année 2001 sont beaucoup plus le fait des dépenses de médicaments et des dépenses de consultations médicales. Pour ce qui est de l'année 2007 les inégalités intra sous-populations ont la même tendance qu'en 2001 et représentent l'essentiel des inégalités totales de santé. Ces inégalités intra sous-populations, comme en 2001, sont élevées chez les ménages résidant dans les zones urbaines et dans les ménagés dirigés par les hommes. Les ménages ruraux et les ménages dirigés par les femmes tendent à réduire les disparités inter sous-populations en termes de santé courant l'année 2007, lesquelles disparités sont plus visibles en termes de dépenses de consultations médicales.

- Entre 2001 et 2007, les inégalités de santé sont beaucoup plus le fait des inégalités intra-groupes et ces disparités restent élevées en zone urbaine et à l'intérieur du groupe des ménages dirigés par les hommes. En outre, en 2007, les ménages ruraux et les ménages dirigés par des femmes tendent simultanément, et contrairement à l'année 2001, à réduire les inégalités de santé inter-groupes. Il est à noter que les dépenses de consultations médicales se présentent comme l'une des principales causes des disparités en termes de santé sur notre période d'intérêt. Somme toute, ces résultats se rapprochent de l'hypothèse H2 (les inégalités de santé sont plus aigües chez les ménages dirigés par les hommes et dans les centres urbains qu'en zone rurale et que chez les ménages dirigés par les femmes) préalablement formulées dans le cadre de cette étude. Les inégalités de santé tendraient donc à devenir un phénomène davantage urbain et des ménages dirigés par les hommes.

RECOMMANDATIONS

Il ressort de notre étude, entre autres recommandations à l'endroit des professionnels de la politique économique et des pouvoirs publics, celles-ci-dessous :

1)- En ce qui concerne l'identification ou le ciblage des pauvres, le résultat de la dominance stochastique facilite le choix de l'indice de pauvreté, en vue de définir des politiques de lutte. Car quel que soit l'indice retenu, la dominance stochastique montre qu'on obtient le même classement des distributions cumulatives de revenus entre les groupes de populations.

2)-L'analyse en décomposition additive des inégalités de santé, permet d'obtenir l'information additionnelle sur la structure des inégalités de santé au sein de notre population mère. Plus spécifiquement, elle autorise l'évaluation des inégalités générées par des différences entre les sous-populations et des différences à l'intérieur des sous-populations, suivant le sexe et le milieu de résidence de la population. Ce type de décomposition de la structure des inégalités de santé permet d'établir un lien entre l'analyse statistique des inégalités et le rôle des politiques économiques de redistribution, en testant par exemple l'impact du changement de politique fiscale ou d'une politique de gratuité des soins de santé pour un groupe de population sur les inégalités de santé inhérentes aux groupes et aux sources de privation.

3)-Les pouvoirs publics devraient mener des actions spécifiques en faveur des zones rurales, notamment en ce qui concerne le renforcement de leurs capacités de production et de leur productivité. En élaborant et en conduisant des politiques spécifiques à chaque secteur d'activités en milieu rural, afin d'accroitre le pouvoir d'achat des populations rurales. Ceci leur permettrait d'acquérir un certain nombre d'équipements de confort dont la non possession justifie leur état de pauvreté (pauvreté non monétaire), tel que le montre notre étude.

4)-L'Etat pourrait, dans le cadre de ses politiques sociales et de la politique sanitaire en particulier, améliorer la qualité de l'offre des services de santé dans les centres urbains et dans les zones rurales parfois difficiles d'accès et rendre disponible et à moindre coût les médicaments essentiels, vaccins et consommables, ainsi que des tests de laboratoire à tous les niveaux de la pyramide sanitaire aussi bien en zone urbaine qu'en zone rurale. Car le coût parfois élevé des services de santé ralentit significativement la lutte contre certaines maladies prioritaires comme le paludisme ou le VIH/SIDA, comme le stipule l'OMD 6.

5)-Des mesures spécifiques devraient aussi être prises en ce qui concerne la demande et l'offre d'habitat adéquat, l'accès aux infrastructures sociales de base en milieu de résidence urbain et rural. De même, en zone rurale comme en zone urbaine, mais beaucoup plus en zone rurale, des mesures devraient être prises dans le sens de l'amélioration de l'accès des populations aux formations sanitaires, à l'eau potable, à l'électricité, et aux moyens de communication.

6)-La communauté scientifique gagnerait en terme de résultats robustes à intégrer des outils comme la dominance stochastique, l'approche d'inertie, l'analyse en décomposition, la méthode d'entropie généralisée dans les études sur la pauvreté et les inégalités de santé. Et il serait judicieux d'étudier la pauvreté sous l'angle non monétaire et parallèlement aux inégalités de santé, car cette approche permet de mieux capter les déterminants du bien-être des ménages en même temps que la répartition des disparités en terme de santé au sein et entre les différents groupes de ménages.

REFERENCES BIBLIOGRAPHIQUES

-Abdelkhalek T. et Fouzia E. (2009), « Approche multidimensionnelle de la pauvreté : Présentation théorique et application au cas de la ville de Marrakech », *16th annual conference, equity and economic development*, 42 pages.

-Adam W., Eddy V. D. et N. Watanabe, (Novembre 2001), «On decomposing the causes of health sector inequalities with an application to malnutrition inequalities in Vietnam», *Development Research Group, The World Bank*, 1818 H. St. NW, Washington, DC, 20433, USA, *University of Sussex*, Brighton, BN1 6HG, UK, 21 pages.

-Adoho F. M. et D. Boccanfuso, (Juin 2007), « L'approche Blinder-Oaxaca permet-elle d'identifier les causes des écarts de pauvreté en Guinée ? », Groupe de Recherche en Economie et Développement International, Université de Sherbrooke, Cahier de recherche 07-16, 22 pages.

-Akoété E. A., et Kossi A. D., (2009), « Profil de la pauvreté infantile dans quatre pays de l'Union Economique et Monétaire Ouest Africaine : une analyse comparative basée sur l'approche multidimensionnelle de la pauvreté », Revue Africaine de l'Intégration, Volume N° 1, Janvier, 2009, 61 pages

-Ambapour S., (2006), « Pauvreté multidimensionnelle au Congo : une approche non monétaire », Document de travail N° 13/2006, BAMSI, Brazzaville, 37 pages.

-Ana Lugo M. et Maasoumi E., (Mars 2009), « Multidimensional poverty measures from an information theory perspective », Oxford Poverty and Human Development Initiative, OPHI working paper N° 10, 38 pages.

-Anne Case, (Mai 2000), «Health, income and economic development», ABCDE Conference, *World Bank*, 345 *Wallace Hall*, Princeton *University*, NJ08544 USA, 42 pages.

-Asselin Louis Marie (2002), « Pauvreté multidimensionnelle », Institut de mathématique Gauss, Québec, Canada, Pages 89-96.

-Atkinson, A , (1987), «On the measurement of poverty», Volume 55, Pages 749-764.

-Atkinson, A et F. Bourguignon, (1982), «The Comparison of Multidimensional Distribution of Economic Status», In: *Review of Economic Studies,* Vol. 49, P ages 183-201.

-Awoniyi O. A., Adeoti A. I., Abiodun F., (2012), « Decomposition analysis of health inequality among rural households in Nigeria », Journal of Agricultural Science, Vol. 4, N° 1-2012, Pages 239-245.

-Ayadi et al. (2005), « analyse multidimensionnelle de la pauvreté en Tunisie entre 1988 et 2001 par une approche non-monétaire », Poverty Monitoring, Measurement and Analysis (PMMA) Work, Tunisia, 24 pages.

-Banque Mondiale, (2005b), «Rapport sur le développement dans le monde », Washington, Editions Eska, page 232.

-Batana Y-M, (2007), «Dominance stochastique et pauvreté multidimensionnelle dans les pays de l'UEMOA», CIPREE, Université de Laval, Canada, 38 pages.

-Baye Menjo F. et **Epo Ngah B., (2008)**, « Inequality decomposition by regressed-income sources in Cameroon», 27 pages. Paper prepared for the special IARIW-SSA conference on measuring national income, wealth, poverty and inequality in African countries, Cape Town, South African September 28th-October 1st ,2008.

-Baye M. F., (2003), «Globalization, Institutional Arrangements and Poverty in Rural Cameroon», Africa Development, vol 28, N°3 et 4, Pages112-141.

-Benzecri, J. P., Coll. (1973), « L'analyse des données : l'analyse des correspondances », Tome 2, Dunod, Paris, 418 pages.

-Berchet C. et Jusot F., (2009), «Inégalités de santé liées à l'immigration et au capital social : Une analyse en décomposition », Articles de recherche, Revue d'économie publique N° 24-25/2009, Vol. 1-2, pp 73-100.

-Bihr A. et **R. Pfefferkorn**, **(Juin 2008),** « Les inégalités sociales de santé » in Interrogations ; revue pluridisciplinaire en Sciences de l'Homme et de la Société, Numéro 6, la santé au prisme des sciences sociales, 18 pages.

-Bibi S., (2002). Mesurer la pauvreté dans une perspective multidimensionnelle : une revue de la littérature, Faculté des sciences économiques et de gestion de Tunis et CREFA –CIPREE, Université Laval, Canada, 42 pages.

-Bishop J. A., Chow K.V. and Zheng B. (1995), « Statistical inference and decomposable poverty measures », *Bulletin of Economic Reasearch*, Vol. 47, Pages 329-340.

-Bishop J. A., Fomby J. P. and Zheng B. (1997), « Statistical inference and the Sen index of poverty », *International Economic Review*, Vol 38, Pages 381-387.

-Blackorby C., Bossert W., et Donaldson D., (1999), «Income inequality measurement: The normative approach », dans Silber J. (ed), "Handbook of income inequality measurement"; *Kluwer Academic Publishers*, Pages 133-161.

-Blaxter M., (2003), «Biology, social class and inequalities in health», their synthesis in «Health capital», In "S. J. Williams, L. Birke and G. A. Bendelow (eds)"; *Debating Biology*, London-*Routledge*.

-Blinder A. S., (1973),«Wage discrimination: Reduced form and structural estimates », *The Journal of Human Resources*, Vol.8, Pages 436-455.

-Bosco, J., Faye, B., Faye, S., (2005). Pauvreté multidimensionnelle au Sénégal: Une approche non-monétaire par les besoins de base. Communication à la conférence PEP, Brasilia, Brésil 29-31 Août 2005, 27 pages.

-Bossert W. et Pfingsten A., (1990), «Intermediate inequality: Concepts, indices and welfare implication », *Mathematical Social Science*, Vol. 19, Pages 117-134.

-Bouchnak L. et Ayadi M. (2007), « L'effet des inégalités d'opportunité sur le niveau d'éducation des élèves: Une approche non paramétrique, le cas de la Tunisie », 33 pages.

-Bourdieu P., (1986), « The forms of capital », In « Handbook of theory and research for the sociology of education », Edited by by John G. Richardson; *Connecticut,Greenwood Press Inc.*

-Bourguignon F., (1979), «Decomposable inequality measures», Econometrica, Vol. 47, Pages 901-920.

-Bourguignon, F., et Chakravarty S. R , (2002), « Multidimensional Poverty Orderings », *DELTA,* Centre Canadien d'Etude et de Coopération international, 87 pages.

-Bourguignon F., Ferreira F. H., Leite P. G., (2002), « Beyond Oaxaca-Blinder : Accounting for differences in household income, distributions across countries », *The World Bank policy research working paper* N° 2828.

-Brillouin L.,

- **(1920)**, «La théorie des solides et quanta», Thèse de Doctorat.
- **(1956),** « Science and information theory », *Academic Press, National Academy of Sciences, Washington, USA.*

-Cerioli, A. et Zani S. (1990), «A fuzzy set approach on the measurement of poverty », Income and wealth distribution, Inequality and poverty (eds) Dagum C., and Zenga M., Studies in contemporary economics, Springer Verlap, Berlin, 114 pages.

-Chakravarty S. R., (1999), «Measuring inequality: The axiomatic approach» in Silber Jacques (ed.), «Handbook of income inequality measurement», Kluwer academic publishers, pp 163-186.

-Champernowne G., (1952), «The graduation of income distribution», Econometrica, Vol. 20(4), pp 591-615.

-Chameni Nembua C.,

- **(Janvier 2006)**, «Linking Gini to Entropy: Measuring inequality by an interpersonal class of indices», *Economics Bulletin*, Volume 4, N°5, Pages 1-9.
- **(Février 2006)**, «A note on the decomposition of the coefficient of variation squared: comparing entropy and Dagum's methods», *Economics Bulletin*, Volume 4, N°8 Pages 1-8.
- **(2011)**, «A generalization of the Gini coefficient: Measuring economics inequality», Miméo, 24 pages.

-Chameni Nembua C. et Miamo Wendji (2009), « Les déterminants du niveau et de l'inégalité de la pauvreté au Cameroun : Une analyse de décomposition multidimensionnelle », Document de Travail, 26 pages.

-Chantreuil F. et Trannoy A., (Juin 1999), « Inequality decomposition values: the trade-off between marginality and consistency », 25 pages.

-Cover T., et Thomas J.,(2003), «Elements of information theory», Tsinghua *University Press*, Beijing.

-Cowell F. A.,

- **(1980a)**, «Generalized entropy and the measurement of distributional change»,

European Economics Review, Vol. 13, Pages 147-159.

- **(1980b), «**On the structure of additive inequality measures**»,** *Review of Economics Studies*, Vol. 47, Pages 521-531.
- **(2000)**, «Measurement of inequality», in Atkinson A. et Bourguignon F., (ed), «Handbook of income distribution».

-Dagum C.,

- **(1959)**, «*Transvariazione fra più di due distribuzione* », in Gini C. (ed.). *Memorie di metodologia statistica*, Vol. 2, *Libreria Goliardica, Roma.*
- **(1960)**, «*Teoria de la transvariacion, sus aplicaciones a la economia», Metron*, Vol. 10, Pages 1-206.
- **(1961)**, «*Transvariacion en la hipotesis de variables aleatorias normales multidimensionales*», *Proceedings of the Interantional Statistical Institute*, Vol. 38, Book 4, Pages 473-486.Tokyo.
- **(1977)**, «A new model of personal income distribution: specification and estimation», Economie Appliquée, Vol. XXX (3), Pages 413-436.
- **(1997a)**, «A new approach to the decomposition of the Gini income inequality ratio», Empirical Economics, Vol. 22(4), Pages 515-531
- **(1997b)**, «Decomposition and interpretation of Gini and the generalized entropy inequality measure», *Proceedings of the American Statistical Association, Business and Economic Statistics section*, 157th meeting, Pages 200-205.
- **(1998),** «Fondements de bien-être social et décomposition des mesures d'inégalité dans la répartition du revenu», Economie Appliquée, Tome L1 N°4, Pages 151-202.

- **(1999)**, «Linking the functional and personal distributions of income», dans Silber J. (ed), « Handbook of income inequality measurement», Kluwer *Academic Publishers*, Pages 101-128.

-Dagum C. et Costa M., (2004), «Analysis and measurement of poverty, Univariate and multivariate approaches and their policy implications, A case of study: Italy», In Dagum C. and Ferrari G. (eds.); «Household Behaviour, Equivalence Scales, Welfare and Poverty», *Springer Verlag, Germany*, Pages 221-271.

-Dagum C., Mussard S., Seyte F. et Terraza M., (2012), «Program for Dagum's Gini index decomposition», *University of* Ottawa, *University of* Montpellier, *with* SOCREES'*participation*, 6 pages.

-Dalton H., (1920), «*The measurement of inequality of incomes*», Economic Journal, Vol. 30, Pages 348-361.

-Davidson R., et Mackinnon J. G., (2000), « Bootstrap tests *: how many bootstrap ?», Econometrics review*, 19, Pages 55-68.

-Deaton A.

- **(1997)**, «*The analysis of households surveys: a microeconometric approach to development policy*», Baltimore, M D., Johns Hopkins *University press.*
- **(Mars 2003)**, « *Health, inequality and economic development », American Economic Association, Journal of Economic Litterature*, volume 41, Pages. 113-158.

-Deutsch J. et Silber J., (1999), «Inequality decomposition by population subgroups and the analysis of inter-distributional inequality», in Silber J. (ed), Handbook of Income inequality measurement, Kluwer *Academic Publishers*, Pages 163-186.

-Direction de la Statistique et de la Comptabilité Nationale (DSCN) du Cameroun, (1997), «Résultats préliminaires de la première enquête camerounaise auprès des ménages », 53 pages.

-Dubois, J-L et Amin A. (2000). « Evolution de la pauvreté au Cameroun : où en Sommes-nous ? », CEPED-IFORD, Paris, 402 Pages.

-Duclos J-Y., (décembre 2002),«Vulnerability and poverty measurement issues for public policy », *Social protection discussion* *paper series*, N° 0230, *World Bank, Human development network, Social protection unit*, 36 pages.

-Duclos J-Y. et Araar A., (2006),«Poverty and equity: Measurement, policy and estimation with DAD», Springer/IDRC 2006, ISBN0-38733-317, e-ISBN 1-55250-229-5, 416 pages

-Ebert U., (1988), «On the decomposition of inequality: Partitions into non overlapping subgroups», in Eichorn W., (ed.), «Measurement in economics», New York; Physica Verlag, Pages 399-412.

-Edgeworth F. Y., (1881), «Mathematical psychics» Kegan Paul *Publishers*, London, *reprinted in* 2003; P. Newman (ed), «F. Y. Edgeworht's Mathematical psychics and further paper on political economy», Oxford *University Press*.

-Emini A. C. et al,

- **(2009)**, «Analyse spatiale de la croissance pro-pauvres au Cameroun: une double approche monétaire et non monétaire », 211 pages.
- **(2010a),** «Libéralisation commerciale et pauvreté en Afrique : Le cas du Cameroun », Pages 121-172 in J. Cokburn, B. Décaluwé, et I. Fofana, (2010), «Libéralisation commerciale et pauvreté en Afrique», Presses Universitaires de Laval, Québec, Canada et Centre de Recherche sur le Développement International (CRDI), Ottawa, Canada. 297 pages
- **(2010b),** «Incidences de la crise économique mondiale 2008-2009, et des options de politique de réponse sur la pauvreté des enfants au Cameroun », *Innocenti Working Paper* N° IWP-2010-04, 65 pages

-Emini, A. C. (2000), « Libéralisation commerciale et pauvreté en Afrique: cas du Cameroun », Pages 186-238.

-Epo Ngah B. et Baye Menjo F., (2011), «Constructing multidimensional education and health welfare indexes in Cameroon: A Multiple Correspondence Analyses », African Journal of Science Technology, Innovation and Development, Vol. 3, N° 2-2011; Pages 169-188.

-F. Cailliez et J-P. Pagès, (1976), « Introduction à l'analyse des données », éditions Smash.

-Fairlie R.,

- **(1999),** «The absence of the African-American owned business: An analysis of the dynamic of self-employment», *Journal of Labor Economics* Vol. 17(1), Pages 80-108.
- **(2003)**, «An extension of the Blinder-Oaxaca decomposition technique to Logit and Probit models», *Economics Growth Center* (Yale *University*), *Discussion Paper* N° 873.
- **(2005)**, « An extension of the Blinder-Oaxaca decomposition technique to Logit and Probit models », *Journal of Economics and Social Measurement*, Vol. 30, Pages 305-316.

-Fambon, S., Amin A. A., Baye, M. F., Noumba I., Tamba I et Tawah R. (2001), « Pauvreté et répartition des revenus au Cameroun durant les Années 90 », cahier de recherche, N°01-06 du CREFA, département d'économie, Université de Laval, 167 pages.

-Fei J. C. H., Ranis G. et Kuo S.W.Y. (1978), « Growth with equitiy: the taiwan case », Oxford University Press.

-Feubi Pamen E. P., Gankou J-M. et Emini A. C., (2010), « Dynamique de la pauvreté monétaire au Cameroun : Analyse en Composantes Principales et Tests de Dominance Stochastique. », Editions Universitaires Européennes, 96 pages.

-Feunou, K. (2007), « Pauvreté monétaire et activités des femmes sur le marché du travail: Le rôle de la discrimination en genre au Cameroun », 89 pages.

-Flückiger Y. et **Ramses A. N., (2005),** « Evaluation de différentes mesures de l'inégalité», Office Fédéral de la Statistique de la Confédération suisse, Situation économique et sociale, 45 pages.

-Foko B., Ndém F., Tchakoté R., (Juin, 2006), «Pauvreté et inégalités des conditions de vie au Cameroun : Une approche micro multidimensionnelle »,*5th PEP Research Network general meeting*, Addis Abeba Ethiopia.50 pages.

-Foko, T. et al, (2007), « Pauvreté et inégalités des conditions de vie au Cameroun : Une analyse micro multidimensionnelle », 58 pages

-Foster J. E., (1983), «*An axiomatic characterization of the Theil measure of income inequality*», *Journal of Economic Theory*, Vol. 31, Pages 105-121.

-Foster, J.E., Greer, J., Thorbecke E., (1984), «*A class of decomposable poverty measures*», *Econometrica*, 52, Numéro 3, Pages 761-767.

-Foster, J. E., and Shorrock, A.F., (1988), « *Poverty Orderings* », *Econometrica*, Volume 56, Pages 173-177.

-Fusco, A. (2005), «La Contribution des Analyses Multidimensionnelles à la Compréhension et à la Mesure du Concept de Pauvreté : Application Empirique au Panel Communautaire des Ménages», Thèse en français pour l'obtention du Doctorat en Sciences Economiques, Université de Nice– Sophia Antipolis, France

-Garner T. (1993), «Consumer expenditures and inequality: an analysis based on decomposition of the Gini coefficient », Review of economics and statistics, volume 75(1): Pages 134-138.

-Gillies D. B., (1959), «*Solutions to general non-zero-sum games», in A. W. Tucker and R. D. Luce (eds), «Contributions to the theory of games IV», Princeton University Press*, Pages 47-85.

-Gini C.

- **(1912),** «*Variabilità et mutabilità», Mémori de métodologia statistica,* Vol. 1, *Variabilità e concentrazione. Libreria Eredi Virgilio Veschi,* Rome , Pages 211-382.
- **(1914),** « *L'ammontare e la composizione della ricchezza delle nazione», Bocca*, Torino
- **(1916),** «*Il concetto di transvariazione e le sue prime applicazioni», Giornale degli Economisti e Rivista di Statistica,* dans Gini C. (édition, 1959), Pages 21-44.

-Gwatkin D. R., (2000), « Réflexion critique, Inégalités de santé et santé des pauvres : Que sait-on et que peut –on en faire ? ». Bulletin de l'Organisation Mondiale de la Santé, 1818H Street, N., W.,Washington, DC. 20433, Etats-Unis d'Amérique, recueil d'article N° 3, 15 pages.

-Hart P. E., (1970), «Entropy and others measures of concentration », *Journal of the Royal Statistical Society*, Séries A 134, Pages 73-85.

-Institut National de la Statistique du Cameroun, **(INS),**

- **(2002a)**, «Evolution de la pauvreté au Cameroun en 1996 et 2001», 53 pages.
- **(Juin 2005)**, « Enquête Démographique et de Santé du Cameroun en 2004 », 324 pages.
- **(Septembre 2006)**, « Résultats de l'Enquête Nationale à Indicateurs Multiples au Cameroun en 2006 », 43 pages.
- **(Juillet 2008)**, «Tendances, profil et déterminants de la pauvreté au Cameroun entre 2001 et 2007 », 108 pages.
- **(Août 2008),** « Conditions de vie des populations et profil de pauvreté au Cameroun en 2007 », rapport principal de la troisième Enquête Camerounaise Auprès des Ménages, 145 pages.
- **(Octobre 2011)**, «Note de présentation des résultats préliminaires de l'EDS-MICS 2011», 8 pages.
- **(Février 2012)**, «Enquête Démographique et de Santé et à Indicateurs Multiples, EDS-MICS : rapport préliminaire sur la prévalence du VIH », 10 pages.

-Jacquet P., (2009), «Naissance de la théorie de l'information», *bibnum, INRIA*, France, 12 pages.

-Jean de la garde, (1998), « Initiation à l'analyse des données », Collection Eco Sup, Editeur ; Dunod ; 3èmeédition, Manuel, 164 pages.

-Justino P., (2003), «Measuring non-income inequalities», PRUS *Working paper* N° 15.

-Kamgnia Dia B., Douya, E., et Ongolo, Zogo V. (Février, 2003), « Des stratégies de lutte contre la pauvreté au Cameroun : une analyse en équilibre général calculable », réseau Politiques Economiques et Pauvreté, 14 pages

-Kaur Amarjot, Prakasa Rao B. L. S. et Singh H., (1994), «Testing for second-order stochastic dominance of two distributions », *Econometric Theory*, 10, 5, Pages 849-866.

-Keynes J. M., (1936), «Théorie générale de l'emploi, de l'intérêt et de la monnaie », traduit de l'anglais par Jean-de Largentaye (1942), collection les classiques des sciences sociales, livres 4, 5 et 6, 181 pages.

-Kolm S-C,

- **(1976a)**, «Unequal inequalities I», *Journal of Economic Theory*, Vol. 12, Pages 416-442.
- **(1976b)**, «Unequal inequalities II», *Journal of Economic Theory*, Vol. 13, Pages 82-111.
- **(1977)**, «Multidimensional egalitarianisms», *Quarterly journal of economics*, Vol. XCI, N°1, Pages 1-13.

-Lachaud, J. P. (1999), «Le différentiel spatial de pauvreté au Burkina Faso : capacité versus dépenses », in RASEG, Presses Universitaires de Yaoundé, Vol 1, N° 2, 20pages.

-Lallement J., (2012), « Les économistes et les pauvres, de Smith à Walras », Colloque « Inégalité et pauvreté dans les pays riches », IUFM Auvergne, Chamalières, 20 janvier 2012, version provisoire, 18 pages.

-Lebart L., Morineau A. et Piron M., (Juillet 1995), « Statistique exploratoire multidimensionnelle », Collection Sciences Sup, Editeur ; Dunod-Paris, 2è édition, 419 pages.

-Lelli S., (2000), «Factor Analysis vs. Fuzzy Sets Theory: Assessing the Influence of Different Techniques on Sen's Functioning Approach», *Discussion Paper Series DPS* 01.21, November 2001, *Center for Economic Studies, Catholic University of* Louvain.

-Lorenz M. O., (1905), «Methods for measuring concentration of wealth», *Journal of the American Statistical Association*, Vol. 70, Pages 209-219.

-Maasoumi E..,

- **(1986),** «The measurement and decomposition of multidimensional inequaltiy», Econometrica, Vol 54, N° 4, Pages 991-997.
- **(1989),** «Composite Index of Income and others Development Indicators : a general approach», Research on economic inequality, Vol. 1, Pages 269-286.

-Manga Eteme N. et Epo Ngah B., (2007), «Pauvreté multidimensionnelle au Cameroun : Une alternative par l'Analyse en Composantes Principales », 18 pages.

-**Mesnard (de) L., (1997)**, «A propos des problèmes causés par les indices de mesure d'inégalité de Gini et de Kakwani», Document de travail N° 9713, Université de Bourgogne.

-**Ministère de l'Economie, de la Planification et de l'Aménagement du Territoire**

- **(2009),** «Document de Stratégie pour la Croissance et l'Emploi », République du Cameroun, MINEPAT, 167 pages.
- **(2011)**, « Guide pratique d'élaboration du cadrage macroéconomique et budgétaire du Cameroun», Division des Analyses et de Politiques Economiques, République du Cameroun, 115 pages.

-**Mookherjee D. et A. Shorrocks, (1982)**, «A decomposition analysis of the trend in UK income inequality», he Economic Journal, Vol. 92, Pages 886-902.

-**Montpetit C. et al., (Septembre 2007)**, « Le point sur l'effet de quartier : Mieux comprendre le lien entre le quartier et la santé », Centre Léa-Roback, Centre de recherche sur les inégalités sociales de santé ; Montréal (Quebec), Vol. 1, 8 pages.

-**Morduch J. et Sicular T. (2002)**, « Rethinking inequality decomposition with evidence from rural China», *Economic Journal*, Vol. 112 (476), Pages 93-106.

-**Muhammad J. H., (Avril 2010)**, «Contribution of health to economic development: A survey and overview», *Research Institute for Public Policy and Management*, Keele *University*, UK; Vol. 4, 2010-14, *Economics, the open access, open assessment E-journal*; 54 pages.

-**Munda G., (2003)**, «Measuring sustainability: A multi-criterion framework», *Environment, development and sustainability review*.

-**Munda G et Nardo M., (2005)**, «Non-compensatory composite indicators for ranking countries: A defensible setting», *Joint Research Centre, ipsc*.

-**Mussard S., Seyte F. et Terraza M., (2003a)**, «*Decomposition of Gini and the Generalised Entropy Inequality measures* », *Economics Bulletin*, Vol. 4, N°7, Pages 1-6.

-**Mussard S.**

- **(Juin 2005),** « La décomposition des mesures d'inégalité en sources de revenu : l'indice de Gini et les généralisations », Cahiers de recherche/*Working paper*, Groupe de Recherche en Economie et Développement International, Université de Sherbrooke, département d'économique, 31 pages.

- **(2006),** «Une réconciliation entre la décomposition en sous-groupes et la décomposition en sources de revenu de l'indice de Gini : la multi décomposition de l'indicateur de Gini », Anales d'Economie et de statistique, N° 81, année 2006, 26 pages.

-Mussard S. et M. N. Pi Alperin, (2006), « Théorie des ensembles flous et décomposition multidimensionnelle de la pauvreté : le cas du Sénégal », Cahier de recherche 05-03. Université de Sherbrooke.

-Mussard S et M. Terraza

- **(2005)**, « Gini ou entropie ? Un choix basé sur le critère de multi décomposition », LAMETA, Université de Montpellier I, Avenue de la mer, site de Richter, CS 79606-34960 ; 22 pages.
- **(2009),** « Décomposition des mesures d'inégalité : le cas des coefficients de Gini et d'entropie », Institut mondial pour la recherche en économie du développement de l'université des nations unies, Laboratoire Montpelliérain d'Economie Théorique et Appliquée; Louvain Economic Review 75(2) ; 31 pages.

-Mussard S., F. Seyte, et M. Terraza,

- **(2011)**, «La décomposition de l'indicateur de Gini en sous-groupes : une revue de la littérature», Cahier de Recherche 06/11, Groupe de Recherche en Economie et Développement International, 54 pages.
- **(2012)**, « Décomposition de l'indicateur de Gini et des mesures dérivées de l'entropie », LAMETA, Faculté des Sciences Economiques, Montpellier, France, 26 pages

-Nana Djomo J. M. et Fondo Sikod, (Mai 2012), «Multidimensional analysis for agricultural producers' health care in Cameroon »,

International Journal of Economics and Finance, Vol. 4, N° 5, Pages 124-135, *Published by Canadian Center of Science and Education.*

-Ndongo Odia Y. F., Ebene A. J. et Tegnerowicz J., (2006), «Religion, capital social et réduction de la pauvreté au Cameroun: le cas de la ville de Yaoundé », 36 pages.

-Nduwimana G., (2007), «Enquêtes par sondage: avantages et inconvénients », 10 pages.

-Nembot Ndeffo L., Emini A. C. et P. Ningaye, (Janvier 2009), « Analyse spatiale de la croissance pro-pauvre au Cameroun : une double analyse monétaire et non monetaire », Banque Mondiale et Coopération allemande (GTZ), 47 pages.

-Neumann J. V. et Morgenstern O., (1944), « Theory of games and economic behavior », *Princeton University Press, Princeton N.J.*

-Ningaye P., (2005), « Diversité ethno-culturelle et différentiel de pauvreté multidimensionnelle au Cameroun », *Poverty Monitoring Measurement and Analysis* (PMMA) Network, 66 pages.

-Njinkeu D., et Bamou E., (1996), « Trade and exchange rate policy, options for the CFA countries: Simulations with a CGE model for Cameroon". Revised final report, AERC, 37 pages.

-Njong, M. A. (2007), « Multidimensional spatial poverty comparisons in Cameroon », *final report submitted to* AERC *Research workshop*, Nairobi Kenya, December, 68 pages.

-Oaxaca R., (1973), «Male-Female wage differentials in urban labor markets», *International Economics Review*, Vol.14, Pages 693-709.

-Omilola B., (2004), « Decomposing inequalities in nutritional status of children in Kenya». *Paper presented at the international conference, "Promoting human right and social policies for children and women: Monitoring and achieving the Millennium Development Goal", organized by the United Nation's Children Fund and the Graduate Program in International Affairs at the New School University in* New York *city between April* 28-30, 2004.

-Organisation pour la Coopération et le Développement Economique, OCDE, (2003), «Combattre le travail des enfants, un bilan des politiques», Paris.

-Organisation Mondiale de la Santé, (OMS),

- **(1995),** «An evaluation infant growth, the use and interpretation of anthropometry in infants »,

Bulletin of the world health organization, N° 73, pages 165-174.

- **(2005),** « La face cachée des villes : mettre au jour et vaincre les inégalités en santé en milieu urbain », chapitre 3, 6 pages.

-Pareto V., (1896), « Ecrits sur la courbe de répartition de la richesse », Œuvres complètes de Vilfredo Pareto publiées sous la direction de Giovanni Busino. Genève : librairie Droz, 1965.

-Picard A., (2006), «Mécaniques des corps rigides: Statique », Editeur, Loze-Dion,95 rue Saint Sylvestre, Longueuil (Québec), J4H2W1DITEUR, 511Pages.

-Pradhan M., Sahn D. E., Stephen D., Younger, (Septembre 2001), « Decomposing world health inequality», Tinbergen Institute discussion paper, TI 2001-091/2, 26 pages.

-Programme des Nations Unies pour le Développement (PNUD), (2007), «Mesure de la pauvreté selon le degré de satisfaction des besoins essentiels : expérience du Niger », 214 pages.

-Ponty, N., (1998), «Mesurer la pauvreté dans un pays en développement ». Economie et Statistique, N° 90-91, INSEE, Paris, Pages 53-67.

-Pyatt G., (1976), «On the interpretation and disaggregation of Gini coefficients », *Economic Journal*, Vol. 86, Pages 243-268.

-Pyatt G., Chen C-N., et Fei J. (1980), «The distribution of income by factor component», *Quaterly journal of economics* Vol. 95 (3): Pages 451-473.

-Rao V., M., (1969), « Two decompositions of concentration ratio», *Journal of the royal statistics society*, Séries A 132, Pages 418-425.

-Ravallion M., (Février 1996), « Comparaisons de la pauvreté, concepts et méthodes ». Document de travail LSMS N°122, février 1996, Banque mondiale, Washington D-C, 180 pages

-Rawls J., (1971), «Théorie de la justice», Havard *University Press*, Cambridge, MA, USA, 600 pages.

-Sahn et Younger, (2007), « Inequality and poverty in Africa in an Era of globalization looking beyond income to health and education», UNU/WIDER, *Research Paper* N° 2007/74.

-Salas R., (2002), «Multilevel inter-territorial convergence and additive multidimensional inequality decomposition», *Social Choice and Welfare*, Vol.19, Pages 207-218.

-Sastre M. et Trannoy A., (2002), «Shapley inequality decomposition by factor components: some methodological issues », in Moyes P., Seidl C., and Shorrocks A. F. (Eds), Inequalities: Theory, experiments and applications, *journal of economics*, supplement 9, Pages 51-90.

-Sen A. K.,

- **(1981)**, «Poverty and famines: An essay on entitlements and deprivation», Oxford, Clarendon *Press*.
- **(1983)** «Poor relatively speaking», Oxford *Economic Papers*, vol.35, n°2, Pages 153-169.
- **(1992)**, «Minimal liberty», *Economica*, Volume 27.

-Serrano R., (Juillet 2007), « Cooperative games: Core and Shapley value », *Department of economics, Brown University and* IMDEA-*Social Sciences*; *Encyclopedia of complexity and systems science*, *Springer*, Berlin, 21 pages.

-Shannon C. E., (Juillet, 1948), « A mathematical theory of communication », *The Bell system technical journal*, Vol. 27, Pages 379-423

-Shapley L. S., (1953), « A value of n-person games», in «*Contributions to the theory of games*», H., W., Kuhn et A., W., Tucker (eds), Vol 2, *Annals of mathematics studies 28, Princeton University Press*, Pages 307-317.

-Shorrocks A. F.,

- **(1980),** «*The class of additively decomposable inequality measures*», *Econometrica*, Vol. 48, Pages 613-625.
- **(1982),** «*Inequality decomposition by factor component*», *Econometrica*, Vol. 50, Pages193-211.
- **(1983)**, «The impact of income component on the distribution of family incomes», *Quaterly journal of economics*, Pages 311-326.
- **(1984)**, «*Inequality decomposition by population subgroups*», *Econometrica,* Vol. 52, Pages 1385-1396

- **(1988),** *«Aggregation issues in inequality measurement»*, in W. Heichhorn, (ed), *«Measurement in economics»*, New York, *Physica* –Verlag, Pages 429-452.
- **(1999)**, *«Decomposition procedures for distributional analysis: A unified framework based on the shapley value», Mimeo, University of Essex, Institute of Fiscal Studies,* Colchester, Angleterre.

-Shorrocks, A. F., et Foster J., (1988), « *Poverty Orderings* », Econometrica, Volume 56, Pages 173-177.

-Silber J.,

- **(1989),** «Factor components, population subgroups and the computation of the Gini index of inequality», *Review of economics and statistics*, Vol. 71, Pages. 107-115.
- **(1993)**, «Inequality decomposition by income sources: a note», *Review of economics and statistics*, Vol. 75, N°3, Pages. 545-547.

-Singh S. K. et Maddala G. S., (1976), « A function for size distribution of income », Econometrica, Vol. 25(4), Pages 568-590.

-Smith A., (1776), « Recherche sur la nature et les causes de la richesse des nations », les classiques des sciences sociales, bibliothèque Paul-Emile-Boulet de l'université du Quebec à Chicoutimi, 237 pages.

-Stafford J et P. Bodson, (2006), « L'analyse multivariée avec SPSS », Presses de l'Université du Québec, Edifice le Delta I, 2875, boulevard Laurier, bureau 450, sainte Foy, Québec, 256 pages.

-Tambi S. K., (2002), « The dynamics of poverty: A review of decomposition approaches and application to data from Burkina-Faso», UFR-SEG-Université de Ouagadougou, 14 pages.

-Theil H., (1967), « Economics and information theory », Amsterdam, North-Holland, *Centre for mathematical studies in business and economics*, *University of* Chicago, IL 60637, 488 pages.

-Volle M., (1985), «Analyse des données », Economica 49, rue Héricart, 75015 Paris, 3è édition. Collection, « Economie et statistiques avancées », Série Ecole Nationale de la Statistique et de l'Administration Economique (ENSAE) et Centre d'Etudes des Programmes Economiques.

-**Wagstaff A., (2003)**, « Inequality aversion, health inequalities and health achievement », *Journal of Health Economics*, Vol. 19, Pages 627-641.

-**Yun M. S., (2004)**, « Decomposing differences in the first moment », *Economics Letters*, Vol.82, Pages 275-280.

-**Zadeh L. A. (1965)**, « Fuzzy Sets », *in Information and Control*, Vol.8, Pages 338-353.

ANNEXES

<u>Tableau A1</u>: Taux de croissance du PIB réel du Cameroun en (%) de 2000 à 2011

	2000	**2001**	**2002**	**2003**	**2004**	**2005**	**2006**	**2007**	**2008**	**2009**	**2010**	**2011**
Secteur primaire	**4,0**	**3,7**	**3,7**	**3,5**	**4,4**	**2,7**	**3,0**	**5,9**	**5,3**	**3,0**	**4,2**	**4,8**
Agriculture	4,0	3,7	4,7	3,4	4,3	3,0	2,4	4,4	6,6	4,7	4,8	5,1
Elevage	3,8	8,6	2,6	2,0	4,8	4,4	1,9	4,9	2,7	3,8	4,1	4,1
Exploitation forestière	4,5	-9,3	-4,5	9,0	6,0	-5,2	13,0	26,9	3,8	-10,0	0,0	5,0
Pêche	3,5	12,7	2,9	2,3	2,1	4,6	1,7	2,0	2,7	2,5	2,5	2,5
Secteur Secondaire	**2,1**	**1,0**	**0,8**	**0,5**	**-0,2**	**-0,9**	**1,8**	**-0,8**	**0,6**	**0,6**	**1,0**	**5,6**
Industries extractives	-8,2	-3,9	-4,3	-4,9	-9,1	-9,4	7,6	-5,4	-1,8	-9,8	-10,0	12,5
Industries manufacturières	8,7	3,4	3,0	2,4	2,3	2,0	-0,6	0,5	2,8	2,4	3,8	4,1
Energie, Gaz, Eau	5,0	1,2	-4,6	7,2	6,9	2,1	3,3	4,5	5,6	2,0	3,0	3,5
BTP	2,1	3,9	5,7	4,3	8,4	1,1	4,0	0,5	-8,2	11,3	6,5	7,5
Secteur tertiaire	**9,0**	**8,5**	**7,3**	**7,4**	**6,6**	**3,0**	**3,5**	**5,0**	**2,6**	**3,1**	**3,8**	**4,4**
Commerce	7,4	13,8	7,3	10,5	7,2	2,6	1,7	0,8	0,8	2,9	3,7	3,8
Service de réparation	4,3	5,1	6,1	6,5	4,4	0,6	1,6	0,8	-1,7	3,1	3,8	5,8
Hôtels et Restaurants	10,3	7,7	8,1	6,0	5,6	3,4	2,6	11,0	9,5	8	7	9
Transports	18,4	9,5	9,8	2,8	3,1	-10,5	1,7	1,4	1,8	1,9	2	2,1
Postes et Télécommunications	45,6	0,3	16,7	35,5	25,3	51,4	25,2	17,2	18	19	17,5	18,7
Autres services privés	5,5	3,6	5,7	3,7	4,7	1,3	1,7	7,4	6,3	5,6	4,6	6,0
Administration	8,0	6,4	5,9	3,1	6,9	0,4	2,9	5,5	4,2	2,8	2,4	3,2
PIB au coût des facteurs	**5,3**	**4,7**	**4,2**	**4,2**	**3,9**	**1,7**	**2,9**	**3,5**	**2,6**	**2,4**	**3,1**	**4,8**
Impôts sur les biens et services	-7,9	1,7	1,3	1,4	0,7	10,5	7,3	2,9	3,1	3,4	4,1	3,9
PIB au prix du marché	**4,2**	**4,5**	**4,0**	**4,0**	**3,7**	**2,3**	**3,2**	**3,4**	**2,9**	**2,4**	**3,1**	**4,8**

<u>Sources</u> : « Tendances, profil et déterminants de la pauvreté au Cameroun entre 2001 et 2007 », (INS, 2008) ; « Guide pratique d'élaboration du cadrage macroéconomique et budgétaire du Cameroun », (MINEPAT, 2011).

Tableau A.2 : Résultats de l'Analyse en Correspondances Multiples avec ECAM II

ACM sur les ménages (urbains+ruraux) ECAM II				ACM sur les ménages urbains ECAM II				ACM sur les ménages ruraux ECAM II			
ID	ICP	ID	ICP	ID	ICP	ID	ICP	ID	ICP	ID	ICP
1	1.404	22	1.226	1	1.357	22	0.923	1	-0.100	22	-0.252
2	0.601	23	-0.126	2	0.163	23	-0.423	2	-0.396	23	0.517
3	1.402	24	1.147	3	0.966	24	0.757	3	-0.422	24	0.339
4	0.193	25	0.763	4	-0.226	25	0.436	4	-1.019	25	0.313
5	0.618	26	0.144	5	0.107	26	-0.229	5	-0.881	26	0.517
6	0.656	27	1.202	6	0.316	27	0.780	6	-0.446	27	0.071
7	0.871	28	0.858	7	0.428	28	0.475	7	0.247	28	-0.018
8	0.302	29	0.785	8	-0.145	29	0.326	8	-0.082	29	-0.082
9	1.454	30	0.355	9	1.086	30	0.015	9	0.483	30	-0.252
10	0.361	31	0.832	10	-0.084	31	0.486	10	-0.149	31	0.313
11	1.082	32	0.562	11	0.594	32	0.118	11	-0.100	32	0.305
12	-0.056	33	1.604	12	-0.378	33	1.243	12	-0.498	33	0.152
13	0.889	34	1.169	13	0.587	34	0.827	13	-0.139	34	0.417
14	0.463	35	0.438	14	-0.002	35	0.120	14	-0.319	35	-0.252
15	0.092	36	0.873	15	-0.280	36	0.584	15	-0.498	36	-0.252
16	-0.246	37	1.320	16	-0.554	37	0.899	16	0.483	37	0.097
17	1.737	38	0.649	17	1.534	38	0.338	17	-0.754	38	0.097
18	0.615	39	0.465	18	0.238	39	0.108	18	-0.559	39	0.097
19	1.674	40	1.370	19	1.346	40	1.058	19	-0.559	40	0.079
20	0.632	41	1.404	20	0.163	41	1.102	20	-0.100	41	-0.252
21	0.761	42	0.567	21	0.448	42	0.222	21	0.273	42	-0.100

Tableau A.3 : Les huit premières valeurs propres (ECAM II, rural+urbain)

1ère ACM	Numéro	**1**	**2**	**3**	**4**	**5**	**6**	**7**	**8**
	Valeur propre	0.3158	0.1070	0.0562	0.0534	0.0507	0.0470	0.0457	0.0443
	Pourcentage	22.70	7.69	4.04	3.84	3.64	3.38	3.28	3.19
	Pourcentage cumulé	22.70	30.39	34.43	38.27	41.91	45.29	48.58	51.76
2e ACM	Numéro	**1**	**2**	**3**	**4**	**5**	**6**	**7**	**8**
	Valeur propre	0.3430	0.1154	0.0628	0.0553	0.0516	0.0475	0.0451	0.0401
	Pourcentage	28.59	9.62	5.23	4.61	4.30	3.96	3.76	3.34
	Pourcentage cumulé	28.59	38.21	43.44	48.04	52.34	56.31	60.06	63.41

Tableau A.4 : Les huit premières valeurs propres (ECAM II, urbain)

1er ACM	Numéro	1	2	3	4	5	6	7	8
	Valeur propre	0.2786	0.0960	0.0624	0.0568	0.0533	0.0526	0.0507	0.0494
	Pourcentage	20.64	7.11	4.62	4.21	3.95	3.89	3.75	3.66
	Pourcentage cumulé	20.64	27.75	32.37	36.57	40.52	44.41	48.17	51.82
2e ACM	Numéro	1	2	3	4	5	6	7	8
	Valeur propre	0.3019	0.1031	0.0606	0.0598	0.0548	0.0527	0.0498	0.0469
	Pourcentage	25.88	8.83	5.20	5.12	4.70	4.52	4.27	4.02
	Pourcentage cumulé	25.88	34.71	39.91	45.03	49.73	54.25	58.52	62.54

Tableau A.5 : Les huit premières valeurs propres (ECAM II, rural)

1er ACM	Numéro	1	2	3	4	5	6	7	8
	Valeur propre	0.3367	0.1183	0.1026	0.0951	0.0866	0.0838	0.0825	0.0816
	Pourcentage	21.27	7.47	6.48	6.00	5.47	5.29	5.21	5.15
	Pourcentage cumulé	21.27	28.74	35.22	41.22	46.69	51.98	57.19	62.34
2e ACM	Numéro	1	2	3	4	5	6	7	8
	Valeur propre	0.3659	0.1240	0.1059	0.0969	0.0896	0.0855	0.0825	0.0781
	Pourcentage	25.16	8.53	7.28	6.66	6.16	5.88	5.67	5.37
	Pourcentage cumulé	25.16	33.68	40.96	47.62	53.78	59.66	65.33	70.70

Tableau A.6 : Résultats de l'Analyse en Correspondances Multiples avec ECAM III

ACM sur les ménages (urbains+ruraux) ECAM III				ACM sur les ménages urbains ECAM III				ACM sur les ménages ruraux ECAMIII			
ID	ICP	ID	ICP	ID	ICP	ID	ICP	ID	ICP	ID	ICP
1	-0.313	21	-0.422	1	1.70	21	-0.88	1	-0.044	21	0.690
2	-0.189	22	-0.083	2	1.89	22	0.39	2	0.288	22	0.690
3	-0.453	23	-0.937	3	0.72	23	-2.05	3	0.176	23	0.644
4	-0.381	24	-1.045	4	0.71	24	-4.21	4	0.251	24	0.690
5	-0.290	25	-0.875	5	-1.42	25	-1.20	5	0.158	25	0.746
6	-0.737	26	-0.893	6	-0.35	26	-3.72	6	0.409	26	0.576
7	-0.689	27	-0.944	7	-0.45	27	-5.93	7	0.120	27	0.690
8	-0.928	28	-0.897	8	-0.82	28	-2.89	8	0.004	28	0.626
9	-0.844	29	-0.376	9	-6.44	29	-0.73	9	0.158	29	0.626
10	-0.504	30	-1.159	10	-0.64	30	-1.75	10	-0.337	30	0.562

11	-0.911	31	-1.014	11	-5.76	31	-4.30	11	0.307	31	0.626
12	-0.729	32	-0.547	12	-1.04	32	-1.21	12	0.130	32	0.495
13	-0.389	33	-0.120	13	0.36	33	2.30	13	-0.035	33	0.364
14	-0.929	34	-1.345	14	-1.08	34	-5.30	14	-0.143	34	0.626
15	-0.890	35	-0.782	15	-1.28	35	0.08	15	-0.520	35	0.331
16	-0.761	36	-0.772	16	-0.42	36	-0.16	16	0.359	36	0.449
17	-0.822	37	-0.414	17	1.31	37	0.99	17	0.409	37	0.153
18	-0.267	38	-1.098	18	1.54	38	0.43	18	0.628	38	0.313
19	-0.520	39	-0.604	19	-0.99	39	-0.71	19	0.223	39	0.153
20	-1.110	40	-0.355	20	1.82	40	-0,74	20	0.672	40	0.358

<u>Tableau A.7</u> : <u>Les huit premières valeurs propres (ECAM III, rural+urbain)</u>

1er ACM	Numéro	**1**	**2**	**3**	**4**	**5**	**6**	**7**	**8**
	Valeur propre	0.2979	0.1011	0.0749	0.0551	0.0545	0.0427	0.0386	0.0358
	Pourcentage	18.33	6.22	4.61	3.39	3.35	2.62	2.38	2.21
	Pourcentage cumulé	18.33	24.55	29.16	32.55	35.91	38.53	40.91	43.11
2e ACM	Numéro	**1**	**2**	**3**	**4**	**5**	**6**	**7**	**8**
	Valeur propre	0.3105	0.1044	0.0713	0.0580	0.0553	0.0440	0.0385	0.0368
	Pourcentage	19.40	6.52	4.45	3.63	3.46	2.75	2.40	2.30
	Pourcentage cumulé	19.40	25.93	30.38	34.01	37.46	40.22	42.62	44.92

Tableau A.8 : Les huit premières valeurs propres (ECAM III, urbain)

1er ACM	Numéro	**1**	**2**	**3**	**4**	**5**	**6**	**7**	**8**
	Valeur propre	0.2236	0.0999	0.0727	0.0721	0.0529	0.0481	0.0444	0.0432
	Pourcentage	14.34	6.40	4.66	4.62	3.39	3.08	2.85	2.77
	Pourcentage cumulé	14.34	20.74	25.40	30.02	33.41	36.49	39.34	42.11
2e ACM	Numéro	**1**	**2**	**3**	**4**	**5**	**6**	**7**	**8**
	Valeur propre	0.2527	0.1024	0.0730	0.0648	0.0534	0.0479	0.0472	0.0463
	Pourcentage	17.94	7.26	5.18	4.60	3.79	3.40	3.35	3.28
	Pourcentage cumulé	17.94	25.20	30.38	34.98	38.76	42.16	45.51	48.79

Tableau A.9 : Les huit 8 premières valeurs propres (ECAM III, rural)

1er ACM	Numéro	1	2	3	4	5	6	7	8
	Valeur propre	0.2253	0.0935	0.0762	0.0726	0.0666	0.0592	0.0526	0.0491
	Pourcentage	12.80	5.31	4.33	4.13	3.78	3.36	2.99	2.79
	Pourcentage cumulé	12.80	18.12	22.44	26.57	30.35	33.72	36.70	39.49
2e ACM	Numéro	1	2	3	4	5	6	7	8
	Valeur propre	0.2747	0.1194	0.0975	0.0970	0.0758	0.0667	0.0608	0.0583
	Pourcentage	15.95	6.93	5.66	5.63	4.40	3.87	3.53	3.38
	Pourcentage cumulé	15.95	22.89	28.55	34.18	38.58	42.45	45.98	49.37

Tableau A.10 : Dominance de pauvreté (ECAM II rural /ECAM III rural)

Poverty (Dominance)

Session Date	Tue Jun 29 15:44:39 WAT 2012	
Execution Time	0.036 sec	
FileName	ICP_corrige_ec2_rur.csv	ICP_corrige_ec3rur.csv
OBS	6009	4981
Sampling Weight	No Selection	No Selection
Variable of interest	ICP_ec2_rural	ICP_ec3_rural
Size variable	Without size	Without size
Group variable	No Selection	No Selection
Index of Groups	1	1
Option	Standard Error=No	
Parameter	Dominance Order: s=1 + alpha >= 1=1.0	

Crossing	Value Of Z	Case
1	0,01932140	2

Case #1 = Before, Distribution #1 Dominates Distribution #2

Case #2 = Before,Distribution #2 Dominates Distribution #1

Tableau A.11 : Dominance de pauvreté (ECAM II urbain /ECAM III urbain)

Poverty (Dominance)

Session Date	Tue Jun 29 15:49:12 WAT 2012	
Execution Time	0.034 sec	
FileName	ICP_ec2urb.csv	ICP_corrige_ec3urb.csv
OBS	4967	6247
Sampling Weight	No Selection	No Selection
Variable of interest	ICP	ICP_ec3_urbain
Size variable	Without size	Without size
Group variable	No Selection	No Selection
Index of Groups	1	1
Option	Standard Error=No	
Parameter	Dominance Order: s=1 + alpha >= 1=1.0	

Crossing	Value Of Z	Case
1	-0,49604568	1
2	0,39845333	2

Case #1 = Before, Distribution #1 Dominates Distribution #2

Case #2 = Before,Distribution #2 Dominates Distribution #1

Tableau A.12 : Dominance de pauvreté (ECAM II /ECAM III)

Poverty (Dominance)

Session Date	Tue Jun 29 15:36:48 WAT 2012	
Execution Time	0.068 sec	
FileName	ICP.csv	ICP_corrige.csv
OBS	10975	11227
Sampling Weight	No Selection	No Selection
Variable of interest	ICP_ec2	ICP_ec3
Size variable	Without size	Without size
Group variable	No Selection	No Selection
Index of Groups	1	1
Option	Standard Error=No	
Parameter	Dominance Order: s=1 + alpha >= 1=1.0	

Crossing	Value Of Z	Case
1	-0,44998372	1
2	0,63413787	2

Case #1 = Before, Distribution #1 Dominates Distribution #2

Case #2 = Before,Distribution #2 Dominates Distribution #1

Tableau A.13. Les variables retenues pour ECAM II :

1. Pour les ménages sans distinction du milieu de résidence :

Ménages camerounais (Urbain+Ruraux)
1-Instruction du ménage -Taux d'alphabétisation du ménage -Savoir lire et écrire
2-Santé du ménage -Dépenses de médicaments (pharmacie) -Dépenses de consultations médicales -Dépenses de soins personnels -Dépenses totales de santé
3-Activité du ménage -Possession d'une entreprise familiale non agricole par un membre du ménage
4-Logement du ménage -Principal matériau du sol -Principal matériau du toit -Principal matériau des mûrs -Mode d'approvisionnement en eau de boisson -Type des lieux d'aisance -Source d'éclairage du logement -Statut d'occupation du logement
5-Equipements du ménage -Possession d'un téléphone fixe -Possession d'un téléphone mobile -Possession d'un ordinateur -Possession d'un poste téléviseur -Possession d'un réfrigérateur -Possession d'un congélateur -Possession d'un ventilateur -Possession d'un climatiseur -Possession d'un véhicule -Possession d'un lecteur DVD/VCD -Possession d'une chaîne musicale -Possession d'une bouteille de gaz -Possession d'un fer à repasser électrique -Possession d'un fax ou d'un télécopieur -Possession d'un réchaud à pétroler -Possession d'une bicyclette/vélo -Possession d'une charrette/pousse pousse -Possession d'un ventilateur -Possession d'un poste radio

6-**<u>Environnement du ménage et assainissement</u>** -Mode d'évacuation des ordures ménagères
7-**<u>Accessibilité aux infrastructures de base</u>** -Distance du logement à la route bitumée la plus proche -Distance du logement à la gare routière la plus proche -Distance par rapport à l'école primaire la plus proche -Distance par rapport au centre de santé le plus proche - Distance au centre de santé le plus proche (pharmacie) -Distance au marché de produits alimentaires le proche -Distance par rapport à l'établissement secondaire le plus proche -Distance par rapport au centre de santé de référence le plus proche
8-**<u>Patrimoine matériel et financier ; épargne et capital social du ménage</u>** -Possession d'un âne ou d'un cheval -Possession d'une machine agricole
9-**<u>Agriculture et activités du monde rural</u>** - Pratique de l'agriculture -Utilisation des engrais -Pratique de l'élevage -Pratique de l'agriculture et de l'élevage -Pratique de la sylviculture -Pratique de l'apiculture -Pratique de la pêche -Possession des équipements pour son activité -Faire exploiter une terre pour l'agriculture

2. <u>Pour les ménages, suivant le milieu de résidence</u> :

Ménages Urbains	**Ménages Ruraux**
1-**<u>Instruction du ménage</u>** -Taux d'alphabétisation du ménage -Savoir lire et écrire	1-**<u>Instruction du ménage</u> :** -Taux d'alphabétisation du ménage -Savoir lire et écrire
2-**<u>Santé du ménage</u>** -Dépenses de médicaments (pharmacie) -Dépenses de consultations médicales -Dépenses de soins personnels -Dépenses totales de santé	2- **<u>Santé du ménage</u>** -Dépenses de médicaments (pharmacie) -Dépenses de consultations médicales -Dépenses de soins personnels -Dépenses totales de santé
3-**<u>Activité du ménage</u>** -Possession d'une entreprise familiale non agricole par un membre du ménage	3-**<u>Activité du ménage</u>** -Possession d'une entreprise familiale non agricole par un membre du ménage
4-**<u>Logement du ménage</u>** -Principal matériau du sol -Principal matériau du toit	4-**<u>Logement du ménage</u>** - Matériau du sol - Matériau du toit

-Principal matériau des mûrs -Mode d'approvisionnement en eau de boisson -Type des lieux d'aisance -Source d'éclairage du logement -Statut d'occupation du logement	- Matériau des mûrs -Mode d'approvisionnement en eau de boisson -Type des lieux d'aisance - Source d'éclairage du logement
5-<u>Equipements du ménage</u> -Possession d'un téléphone fixe -Possession d'un téléphone mobile -Possession d'un ordinateur -Possession d'un poste téléviseur -Possession d'un réfrigérateur -Possession d'un congélateur -Possession d'un ventilateur -Possession d'un climatiseur -Possession d'un véhicule -Possession d'un lecteur DVD/VCD -Possession d'une chaîne musicale -Possession d'une bouteille de gaz -Possession d'un fer à repasser électrique -Possession d'un fax ou d'un télécopieur -Présence d'un CT phone fixe -Présence d'un CT phone mobile	**5-<u>Equipements du ménage</u>** -Possession d'un téléphone fixe -Possession d'un téléphone mobile -Possession d'un réchaud à pétrole -Possession d'un poste téléviseur -Possession d'une bicyclette/vélo -Possession d'une charrette/pousse pousse -Possession d'un ventilateur -Possession d'un poste radio
6-<u>Environnement du ménage et assainissement</u> -Mode d'évacuation des ordures ménagères	**6-<u>Environnement du ménage et assainissement</u>** -Mode d'évacuation des ordures ménagères
7-<u>Accessibilité aux infrastructures de base</u> -Distance du logement à la route bitumée la plus proche -Distance du logement à la gare routière la plus proche -Distance par rapport à l'école primaire la plus proche -Distance par rapport au centre de santé le plus proche -Distance à la pharmacie la plus proche -Distance au marché de produits alimentaires le proche	**7-<u>Accessibilité aux infrastructures de base</u>** -Distance du logement à la route bitumée la plus proche -Distance du logement à la gare routière la plus proche -Distance par rapport à l'école primaire la plus proche -Distance par rapport au centre de santé le plus proche -Distance à la pharmacie la plus proche -Distance au marché de produits alimentaires le proche

-Distance par rapport à l'établissement secondaire le plus proche	-Distance par rapport à l'établissement secondaire le plus proche
8-Patrimoine matériel et financier ; épargne et capital social du ménage -Accès au crédit de production ou d'investissement	**8-Patrimoine matériel et financier ; épargne et capital social du ménage** -Accès au crédit de production ou d'investissement -Possession d'un âne ou d'un cheval
	9-Agriculture et activités du monde rural - Pratique de l'agriculture -Utilisation des engrais -Pratique de l'élevage -Pratique de l'agriculture et de l'élevage -Pratique de la sylviculture -Pratique de l'apiculture -Pratique de la pêche -Possession des équipements pour son activité -Faire exploiter une terre pour l'agriculture

Tableau A.14. Les variables retenues pour ECAM III :

1. Pour les ménages sans distinction du milieu de résidence :

Ménages camerounais (Urbain+Rural)
1-Education du ménage -Taux d'alphabétisation du ménage -Savoir lire et écrire
2-Santé du ménage : -Dépenses de médicaments (pharmacie) -Dépenses de consultations médicales -Dépenses de soins personnels -Dépenses totales de santé
3-Activité du ménage -Possession d'une entreprise familiale non agricole par un membre du ménage
4-Logement du ménage -Principal matériau du sol -Principal matériau du toit -Principal matériau des mûrs -Mode d'approvisionnement en eau de boisson

-Type des lieux d'aisance -Source d'éclairage du logement -Statut d'occupation du logement
5-<u>Equipements du ménage</u> -Possession d'un téléphone fixe -Possession d'un téléphone mobile -Possession d'un ordinateur -Connexion internet -Câblage au réseau télé/satellite -Possession d'un poste téléviseur -Possession d'un réfrigérateur/frigo -Possession d'un congélateur -Possession d'un ventilateur -Possession d'un climatiseur -Possession d'un véhicule -Possession d'un lecteur DVD/VCD -Possession d'une chaîne musicale -Possession d'une bouteille de gaz -Possession d'un fer à repasser électrique -Possession d'un fax ou d'un télécopieur -Possession d'un CT phone fixe -Possession d'un CT phone mobile -Possession d'un réchaud à pétrole -Possession d'une bicyclette/vélo -Possession d'une charrette/pousse pousse -Possession d'un ventilateur -Possession d'un poste radio -Possession d'une cuisinière -Possession d'un groupe électrogène
6-<u>Environnement du ménage et assainissement</u> -Mode d'évacuation des ordures ménagères
7-<u>Accessibilité aux infrastructures de base</u> -Distance du logement à la route bitumée la plus proche -Distance du logement à la gare routière la plus proche -Distance par rapport à l'école primaire la plus proche -Distance par rapport au centre de santé le plus proche - Distance à la pharmacie à la plus proche - Distance au marché de produits alimentaires le proche -Distance par rapport à l'établissement secondaire le plus proche -Distance par rapport au centre de santé de référence le plus proche
8-<u>Patrimoine foncier, accès au crédit pour la production et capital social du ménage</u> -Accès au crédit pour la production ou l'investissement

-Type de crédit obtenu
9-Agriculture et activités du monde rural - Pratique de l'agriculture -Utilisation des engrais -Pratique de l'élevage -Pratique de l'agriculture et de l'élevage -Pratique de la sylviculture -Pratique de l'apiculture -Pratique de la pêche -Possession des équipements pour son activité

2. Pour les ménages, suivant le milieu de résidence :

Ménages Urbains	Ménages ruraux
1-Education du ménage -Taux d'alphabétisation du ménage -Savoir lire et écrire	**1-Education du ménage :** -Taux d'alphabétisation du ménage -Savoir lire et écrire
2-Santé du ménage : -Dépenses de médicaments (pharmacie) -Dépenses de consultations médicales -Dépenses de soins personnels -Dépenses totales de santé	**2- Santé du ménage** -Dépenses de médicaments (pharmacie) -Dépenses de consultations médicales -Dépenses de soins personnels -Dépenses totales de santé
3-Activité du ménage -Possession d'une entreprise familiale non agricole par un membre du ménage	**3-Activité du ménage** -Possession d'une entreprise familiale non agricole par un membre du ménage
4-Logement du ménage -Matériau du sol -Matériau du toit -Matériau des mûrs -Mode d'approvisionnement en eau de boisson -Type des lieux d'aisance -Source d'éclairage du logement -Statut d'occupation du logement	**4-Logement du ménage** - Matériau du sol - Matériau du toit - Matériau des mûrs -Mode d'approvisionnement en eau de boisson -Type des lieux d'aisance -Source d'éclairage du logement
5-Equipements du ménage -Possession d'un téléphone fixe -Possession d'un téléphone mobile -Possession d'un ordinateur -Possession d'un poste téléviseur -Possession d'un réfrigérateur -Possession d'un congélateur	**5-Equipements du ménage** -Possession d'un téléphone fixe -Possession d'un téléphone mobile -Possession d'un réchaud à pétrole -Possession d'un poste téléviseur -Possession d'une bicyclette/vélo

-Possession d'un ventilateur -Possession d'un climatiseur -Possession d'un véhicule -Possession d'un lecteur DVD/VCD -Possession d'une chaîne musicale -Possession d'une bouteille de gaz -Possession d'un fer à repasser électrique -Possession d'un fax ou d'un télécopieur	-Possession d'une charrette/pousse pousse -Possession d'un ventilateur -Possession d'un poste radio -Possession d'un groupe électrogène
6-<u>Environnement du ménage et assainissement</u> -Mode d'évacuation des ordures ménagères	**6-<u>Environnement du ménage et assainissement</u>** -Mode d'évacuation des ordures ménagères
7-<u>Accessibilité aux infrastructures de base</u> -Distance du logement à la route bitumée la plus proche -Distance du logement à la gare routière la plus proche -Distance par rapport à l'école primaire la plus proche -Distance par rapport au centre de santé le plus proche -Distance à la pharmacie la plus proche -Distance au marché de produits alimentaires le proche -Distance par rapport à l'établissement secondaire le plus proche -Distance par rapport au centre de santé de référence le plus proche	**7-<u>Accessibilité aux infrastructures de base</u>** -Distance du logement à la route bitumée la plus proche -Distance du logement à la gare routière la plus proche -Distance par rapport à l'école primaire la plus proche -Distance par rapport au centre de santé le plus proche - Distance à la pharmacie la plus proche -Distance au marché de produits alimentaires le proche -Distance par rapport à l'établissement secondaire le plus proche
8-<u>Patrimoine foncier, accès au crédit pour la production et capital social du ménage</u> -Accès au crédit pour la production ou l'investissement -Type de crédit obtenu	**8-<u>Patrimoine foncier, accès au crédit pour la production et capital social du ménage</u>** -Accès au crédit pour la production ou l'investissement -Type de crédit obtenu
	9-<u>Agriculture et activités du monde rural</u> - Pratique de l'agriculture -Utilisation des engrais

	-Pratique de l'élevage -Pratique de l'agriculture et de l'élevage -Pratique de la sylviculture -Pratique de l'apiculture -Pratique de la pêche -Possession des équipements pour son activité -Faire exploiter une terre pour l'agriculture

La Lorenz Dominance

Pour l'analyse de la dominance en ce qui concerne les inégalités, on s'intéresse généralement, la boîte à outils est généralement constituée des indices de Gini généralisé, des courbes de Lorenz et des courbes de Lorenz généralisé. La courbe de Lorenz permet d'explorer la robustesse des comparaisons d'inégalités : de deux courbes de Lorenz qui ne se coupent pas, la distribution dont la courbe de Lorenz est la plus proche de la droite à 45°est la moins inégalitaire. Pour les comparaisons en termes de bien-être social, les courbes de Lorenz généralisées indiquent l'apport cumulé en bien-être du quantile p le plus pauvre de la population ; pour $0 \leq p \leq 1$. Si la courbe de Lorenz généralisée d'une sous population A est au dessus de celle d'une sous population B, cela signifie que les p% les plus pauvres de A ont plus de ressources au total que les p% les plus pauvres de la sous population B [Deaton A., (1997), page 159].

POST-SCRIPTUM

While Cameroon as others African countries has made commendable efforts in fighting extreme poverty and reducing inequality, there is room for improvement, particularly if the country aims to meet the Sustainable Development Goals of ending extreme poverty by 2030 ($1.90 a day). About ten years on the way to the 2030 deadline and little more as far as the African Union 2063 development agenda is concerned, it is time to check whether Cameroon remains on track to achieve its poverty and inequality alleviation's commitments and how targeting economic growth inclusiveness could help accelerate the pace. Although Cameroonian's economic growth performance has been stable and moderate with an average growing rate of the real Gross Domestic Product (GDP) of about 4.23% between 2000 and 2019, the quality of the growth has not been adequate over the last decades.

Around the world, only about a third of countries have managed to achieve inclusive growth and cater for the poor and vulnerable in society. Africa's growth in the past two decades has disproportionately benefited the middle class and the rich more than the poor. Under business-as usual scenarios, many countries in Africa would not achieve the Sustainable Development Goal of eradicating extreme poverty (reducing it to 3 percent) by 2030. Bold and pragmatic actions are needed to accelerate progress. Policymakers need to address a combination of macroeconomic and structural rigidities to accelerate Cameroonian's economic growth and to improve its quality and inclusiveness.

Let's recall that a central concept in development economics is the notion of structural change. Structural change, which we narrowly define as the reallocation of labour across sectors with different productivity levels, featured prominently in the early literature on economic development by Kuznets (1966). Technological change typically takes place at the detailed industry level and thereby induces differential patterns of sector productivity growth. At the same time, changes in demand and international trade drive a process of structural transformation in which production factors such as capital, labour, and

intermediate inputs are continuously relocated across locations and economic activities.
In addition, over the last decade, the development of the digital economy has created unprecedented opportunities for growth and inclusiveness within and between countries, regardless the continent. In this increasingly interconnected world, digitalization stands like a driver for social and economic inclusion. It gives people and organizations of any size access to a global marketplace and repository of information. To the benefit of all economic sectors and consumers, it deepens and broadens trading patterns, takes productivity to a higher level, and scales up services. It allows customizing production, facilitates new forms of collaboration, accelerates access to knowledge, inspires innovation and entrepreneurship, and fosters competition. The economics literature also establishes a positive relationship between digital technologies, productivity, growth and wellbeing. New digital technologies are particularly important to better connect disadvantaged groups. For example, mobile connectivity in Cameroon helps reaching remote populations as well as those with lower incomes, due to its low costs. But this can be possible if and only if there is a development of infrastructure in Cameroon.

Infrastructure as a social overhead capital not only enhances socioeconomic growth, but it is also an important driver for sustainable development. Infrastructure is a key ingredient of Cameroon's post-2015 development agenda. For example, access to safe water supplies saves time and prevents the spread of waterborne diseases including diarrhea and cholera, which are leading causes of infant mortality. Health and education services, as well as small business, can be established if there is reliable energy supply. Good road networks provide links to markets, as well as enhancing access to producer and consumer services. Information and Communications Technology (ICT) democratizes access to information, thus strengthening governance and inclusion, as well as reducing transport costs.
Infrastructure comprises the stock of basic facilities and capital equipment required for society to function, including roads, bridges, rail lines, airports, schools, hospitals, water, power supply, irrigation, drainage system, law and order, regulatory frameworks and other public works. Infrastructure or social overhead capital, is critical for take-off into self-sustained growth. Infrastructure provides the basis for expansion of economics activities by enhancing scale economies and,

in turn, profitability growth. Good infrastructure supports the emergence of an educated labor force, superstructures of communication networks, and mechanisms for the provision of energy, basic civic amenities and law and order. A conductive environment for inclusive economic growth, shared prosperity and industrial take-off is thus created through infrastructure investment.

Nevertheless, the required investments in infrastructure in Cameroon are about three times as much than the current level that has been realized to date. It is almost certain that it will be impossible to scale up investments from current financing sources alone if the demand is to be met. New sources of financing have to be identified and developed while at the same time making greater efforts to maximize the potential of existing infrastructure financing mechanisms. In fact, as in many Middle Income Countries and Lower Income Countries across Africa, public infrastructure financing in Cameroon falls far short of its infrastructure needs and aid for example alone cannot close this gap. Official aid is not projected to increase in line with public investment spending. Therefore financing options for closing Cameroon's infrastructure gaps should focus on broadening the source of finance and a better allocation of public resources, both domestic and donor funds. It is advisable for Cameroonian's government to mobilizing foreign private capital flow to co-finance infrastructure: in such a perspective South-South partnerships in infrastructure financing are gaining traction with increasing developing Economies' share in Africa's annual Foreign Direct Investment inflows. In addition, alternative domestic and regional private sources of financing infrastructure can also be implemented in Cameroon such as infrastructure bonds, sovereign wealth funds, commodity-linked bonds, etc. ….

Let's us also highlight that sustainable democracy is vital to sustainable development and share prosperity. Governance factors play an important role in poverty and inequality alleviation. The relationship between governance and social wellbeing is well known. Political and Economic Institutions are the fundamental cause of income inequality in today's world. Political and Economic Institutions, which are ultimately the choice of society, can be inclusive and encourage economic growth. Or they can be extractive and become impediments to economic growth. A country fail when it has extractive Economic Institutions, supported by extractive Political Institutions that impede and even block economic growth. But this means that the choice of

Institutions that is, the politics of Institutions is central to our quest for improving households and individual living conditions. We have to understand why the politics of some countries lead to Inclusive Institutions that foster economic growth and shared prosperity so that nobody is left behind, while the politics of the vast majority of societies throughout history has led, and still leads today, to extractive Institutions that hamper economic growth. In the same view, it is important to emphasis-according to the Institute for Economics and Peace (IEP) that measures peace and produces the Positive Peace Index (PPI) and the Global Peace Index (GPI) annually, and ranks 163 independent states and territories according to their level of peacefulness-that among the eight key factors or pillars that comprise Positive Peace, there are well-functioning government (a well-functioning government delivers high-quality public and civil services, engenders trust and participation, demonstrates political stability and upholds the rule of law), equitable distribution of resources (peaceful countries tend to ensure equity in access to resources such as education, health, and to a lesser extent, equity in income distribution) and low levels of corruption (in societies with high levels of corruption, resources are inefficiently allocated, often leading to a lack of funding for essential services and civil unrest. Low corruption can enhance confidence and trust in Institutions). Following this track will ensure shared prosperity in Cameroon.

Prof. Adebayo OLUKOSHI

Director for Africa and West Asia of the International Institute for Democracy and Electoral Assistance (International IDEA)

Executive Director of the Africa Governance Institute

Former Director of the United Nations African Institute for Economic Development and Planning (IDEP),

Former Executive Secretary of the Council for the Development of Social Science Research in Africa (CODESRIA)

Research Professor and Director of research and studies at the Nigerian Institute of International Affairs,

Member of the Scientific Committee of the Comparative Research Programme on Poverty (CROP)

TABLE DES MATIERES

Structures éditoriales du groupe L'Harmattan

L'Harmattan Italie
Via degli Artisti, 15
10124 Torino
harmattan.italia@gmail.com

L'Harmattan Hongrie
Kossuth l. u. 14-16.
1053 Budapest
harmattan@harmattan.hu

L'Harmattan Sénégal
10 VDN en face Mermoz
BP 45034 Dakar-Fann
senharmattan@gmail.com

L'Harmattan Cameroun
TSINGA/FECAFOOT
BP 11486 Yaoundé
inkoukam@gmail.com

L'Harmattan Burkina Faso
Achille Somé – tengnule@hotmail.fr

L'Harmattan Guinée
Almamya, rue KA 028 OKB Agency
BP 3470 Conakry
harmattanguinee@yahoo.fr

L'Harmattan RDC
185, avenue Nyangwe
Commune de Lingwala – Kinshasa
matangilamusadila@yahoo.fr

L'Harmattan Congo
67, boulevard Denis-Sassou-N'Guesso
BP 2874 Brazzaville
harmattan.congo@yahoo.fr

L'Harmattan Mali
ACI 2000 - Immeuble Mgr Jean Marie Cisse
Bureau 10
BP 145 Bamako-Mali
mali@harmattan.fr

L'Harmattan Togo
Djidjole – Lomé
Maison Amela
face EPP BATOME
ddamela@aol.com

L'Harmattan Côte d'Ivoire
Résidence Karl – Cité des Arts
Abidjan-Cocody
03 BP 1588 Abidjan
espace_harmattan.ci@hotmail.fr

Nos librairies en France

Librairie internationale
16, rue des Écoles
75005 Paris
librairie.internationale@harmattan.fr
01 40 46 79 11
www.librairieharmattan.com

Librairie des savoirs
21, rue des Écoles
75005 Paris
librairie.sh@harmattan.fr
01 46 34 13 71
www.librairieharmattansh.com

Librairie Le Lucernaire
53, rue Notre-Dame-des-Champs
75006 Paris
librairie@lucernaire.fr
01 42 22 67 13

www.ingramcontent.com/pod-product-compliance
Lightning Source LLC
LaVergne TN
LVHW011500061026
849535LV00004BA/1152
* 9 7 8 2 3 4 3 1 7 7 3 7 3 *